Gesellschaftstheorien und Gender

Herausgegeben von
Heike Kahlert, Bochum, Deutschland
Christine Weinbach, Potsdam, Deutschland

Weitere Bände in dieser Reihe
http://www.springer.com/series/12501

Heike Kahlert · Christine Weinbach
(Hrsg.)

Zeitgenössische Gesellschaftstheorien und Genderforschung

Einladung zum Dialog

2., aktualisierte Auflage

 Springer VS

Herausgeberinnen
Heike Kahlert
Ruhr-Universität Bochum
Deutschland

Christine Weinbach
Universität Potsdam
Deutschland

ISBN 978-3-531-19936-8
DOI 10.1007/978-3-531-19937-5

ISBN 978-3-531-19937-5 (eBook)

Die Deutsche Nationalbibliothek verzeichnet diese Publikation in der Deutschen National-
bibliografie; detaillierte bibliografische Daten sind im Internet über http://dnb.d-nb.de ab-
rufbar.

Springer VS
© Springer Fachmedien Wiesbaden 2012, 2015

Lektorat: Dr. Cori Mackrodt, Daniel Hawig

Gedruckt auf säurefreiem und chlorfrei gebleichtem Papier

Springer VS ist eine Marke von Springer DE. Springer DE ist Teil der Fachverlagsgruppe
Springer Science+Business Media
www.springer-vs.de

Vorwort zur zweiten Auflage

Seit einiger Zeit steigt in der Genderforschung das Interesse an konstruktiven Verknüpfungen mit Gesellschaftstheorien. Dieses Anliegen verbindet auch den konzentrierten wissenschaftlichen Austausch in der internationalen und interdisziplinären Arbeitsgruppe *GeschlechterGesellschaftsTheorien* (GGT). Zentrale Fragestellungen der Geschlechterforschung aufzugreifen und an verschiedene Gesellschaftstheorien heranzutragen, dabei das Potenzial der Gesellschaftstheorien für die Geschlechterforschung auszuloten und lohnende Ansätze in wechselseitigen Verflechtungen weiterzuentwickeln, ist das Ziel dieser seit Februar 2007 bestehenden Arbeitsgruppe, aus der heraus die Buchreihe *Gesellschaftstheorien und Gender* entstanden ist.

Im vorliegenden Sammelband, der den Auftakt dieser Reihe bildet, erfolgen die Verknüpfungen von gesellschafts- und geschlechtertheoretischen Perspektiven noch relativ allgemein. In weiteren Bänden sollen konkrete Themen und Fragestellungen aufgegriffen und systematischer bearbeitet werden. Die nunmehr nach nur zwei Jahren vorgelegte zweite Auflage belegt das breite Interesse an diesem Vorhaben.

Für die Neuauflage wurden alle Beiträge durchgesehen. Aktualisiert sind die Texte von Heike Kahlert und Christine Weinbach, Heike Kahlert, Annette Treibel, Gabriele Michalitsch, Angelika Poferl, Günter Burkart und Christine Weinbach. Die Aufsätze von Ulle Jäger, Tomke König und Andrea Maihofer sowie von Nina Degele und von Gudrun-Axeli Knapp erscheinen in unveränderter Form.

Wir danken Dr. Cori Mackrodt für die Begleitung bei der Realisierung der zweiten Auflage sowie den wissenschaftlichen Hilfskräften Christian Helbig und Silvia Retzlaff für die Unterstützung bei der Manuskriptbearbeitung.

Bochum und Potsdam, August 2014 Heike Kahlert
Christine Weinbach

Inhaltsverzeichnis

Einleitung: Zeitgenössische Gesellschaftstheorien und
Genderforschung 1
Heike Kahlert und Christine Weinbach

Teil I   Rekonstruktionen

Pierre Bourdieu: Die Theorie männlicher Herrschaft als
Schlussstein seiner Gesellschaftstheorie 15
Ulle Jäger, Tomke König und Andrea Maihofer

Heteronormativitätskritik light: Manuel Castells' Beitrag zu einer
geschlechtertheoretisch informierten Gesellschaftstheorie 37
Nina Degele

Dis/Kontinuitäten der Geschlechterverhältnisse in der Moderne.
Skizzen zu Anthony Giddens' Verbindung von Gesellschaftstheorie
und Genderforschung 57
Heike Kahlert

Teil II   Integrationen

‚Frauen sind nicht von der Venus und Männer nicht vom Mars,
sondern beide von der Erde, selbst wenn sie sich manchmal auf den
Mond schießen könnten‘ – Elias und Gender 83
Annette Treibel

Geschlecht ist Geschichte: Komplexitäten der Macht.
Ein Foucaultsches Denksystem 105
Gabriele Michalitsch

,Gender' und die Soziologie der Kosmopolitisierung   127
Angelika Poferl

Boltanski/Chiapello: Ein feministischer Geist im
neuen Kapitalismus?   153
Günter Burkart

Teil III   Revisionen

Konstellationen von Kritischer Theorie und Geschlechterforschung   179
Gudrun-Axeli Knapp

Funktionale Differenzierung und Wohlfahrtsstaat: Zur
gesellschaftstheoretischen Verortung der Geschlechterdifferenz   199
Christine Weinbach

Autorinnen und Autor

Günter Burkart Prof. Dr., Professor für Kultursoziologie an der Leuphana Universität Lüneburg. Arbeitsschwerpunkte: Geschlechterforschung, Paarbeziehungen, Familie und Privatheit; Technik, Medien und Kultur. Neuere Publikationen: (2013) Konsequenzen gesellschaftlicher Entwicklungstrends für Familie und private Lebensformen der Zukunft. In *Familie(n) heute. Entwicklungen, Kontroversen, Prognosen*, hrsg. Dorothea Christa Krüger, Holger Herma und Anja Schierbaum, 392–411. Weinheim; (2011) Grundfragen der Geschlechterforschung. In *Vielfalt und Geschlecht – relevante Kategorien in der Wissenschaft*, hrsg. Bettina Jansen-Schulz und Kathrin van Riesen, 25–49. Opladen; (2010) When privacy goes public: New media and the transformation of the culture of confession. In *Modern privacy. Shifting boundaries, new forms*, hrsg. Harry Blatterer, Pauline Johnson und Maria R. Markus, 23–38. Houndmills.

Nina Degele Professorin für Soziologie und empirische Geschlechterforschung an der Universität Freiburg. Arbeitsschwerpunkte: Gesellschaftstheorie, Soziologie der Geschlechterverhältnisse, des Sports und des Körpers, qualitative Methoden. Neuere Publikationen: (2013) *Fußball verbindet – durch Ausgrenzung*. Wiesbaden; (2011, mit Gabriele Winker) Intersektionalität als Beitrag zu einer gesellschaftstheoretisch informierten Ungleichheitsforschung. *Berliner Journal für Soziologie* 21 (1): 69–90; (2010, mit Sigrid Schmitz) Embodying – ein dynamischer Ansatz für Körper und Geschlecht in Bewegung. In *Gendered bodies in motion*, hrsg. Nina Degele, Sigrid Schmitz, Elke Gramespacher und Marion Mangelsdorf, 13–38. Opladen.

Ulle Jäger Dr. phil., Soziologin und Supervisorin, assoziierte Forscherin am Zentrum Gender Studies der Universität Basel. Arbeitsschwerpunkte: Anwendungsorientierte Forschung und Evaluation im Bereich Gleichstellung der Geschlechter, Geschlechterverhältnisse in Wissenschaft und Hochschule, Geschlechtertheorie(n),

Theorien des Körpers und Phänomenologien des Leibes. Neuere Publikationen: (2013) Gendersensibles Coaching (nicht nur) im Berufsfeld Wissenschaft. In *Coaching-Praxisfelder – Praxis & Forschung im Dialog*, hrsg. Robert Wegener, Michael Loebbert und Agnès Fritze, 343–352 (Online-Teil). Wiesbaden; (2013) *Verschieden sein. Nachdenken über Geschlecht und Differenz*, hrsg. Dominique Grisard, Ulle Jäger und Tomke König. Königstein; (2011) Individuell Erlebtes strukturell betrachtet: Mentoring für Akademikerinnen an Schweizer Universitäten. *femina politica* 20 (2): 122–126.

Heike Kahlert Prof. Dr. rer. soc. habil., Inhaberin des Lehrstuhls für Soziologie/ Soziale Ungleichheit und Geschlecht an der Fakultät für Sozialwissenschaft der Ruhr-Universität Bochum. Arbeitsschwerpunkte: Transformationen des Wissens in der Moderne, Geschlechterverhältnisse und sozialer Wandel im Wohlfahrtsstaat, Institutionalisierte Ungleichheiten im Bildungswesen, Gleichstellungsbezogene Organisationsentwicklung im Public-Profit-Bereich. Neuere Publikationen: (2015) *Generativität und Geschlecht in alternden Wohlfahrtsgesellschaften. Soziologische Analysen zum ‚Problem‘ des demographischen Wandels.* Wiesbaden; (2011) Engendering transformation. Post-socialist experiences on work, politics, and culture. *Special Issue 1 of Gender. Journal for Gender, Culture and Society*, hrsg. Heike Kahlert und Sabine Schäfer. Leverkusen-Opladen, Berlin, Farmington Hills/MI; (2009, mit Lars Gertenbach, Stefan Kaufmann, Hartmut Rosa und Christine Weinbach) *Soziologische Theorien.* München.

Gudrun-Axeli Knapp Professorin i.R. am Institut für Soziologie und Sozialpsychologie der Leibniz Universität Hannover (bis April 2010). Arbeitsschwerpunkte: Sozialpsychologie der Geschlechterdifferenz, Soziologie des Geschlechterverhältnisses, Ungleichheit/Intersektionalität. Neuere Publikationen: (2012) *Im Widerstreit. Feministische Theorie in Bewegung. Wiesbaden;* (2008) *ÜberKreuzungen. Fremdheit, Ungleichheit, Differenz*, hrsg. Gudrun-Axeli Knapp und Cornelia Klinger. Münster; (2007) *Achsen der Ungleichheit. Zum Verhältnis von Klasse, Geschlecht und Ethnizität*, hrsg. Gudrun-Axeli Knapp, Cornelia Klinger und Birgit Sauer. Frankfurt a. M., New York.

Tomke König Dr. phil., Professorin für Geschlechtersoziologie an der Fakultät für Soziologie der Universität Bielefeld. Arbeitsschwerpunkte: Geschlechterforschung, soziale Ungleichheit, Familie. Neuere Publikationen: (2012) *Familie heißt Arbeit teilen. Transformationen der symbolischen Geschlechterordnung.* Konstanz; (2011, mit Ulle Jäger) Reproduktionsarbeit in der Krise und neue Momente der Geschlechterordnung. Alle nach ihren Fähigkeiten, alle nach ihren Bedürfnissen!

In *VielfachKrise. Im finanzdominierten Kapitalismus*, hrsg. Alex Demirovic, Julia Dück, Florian Becker und Pauline Bader (in Kooperation mit dem Wissenschaftlichen Beirat von Attac), 147–164. Hamburg; (2007) Geschlechterarrangements zwischen staatlicher Regulierung und privater Angelegenheit. Eine Analyse des medialen Diskurses um die Einführung des Elterngeldes. *Zeitschrift für Frauenforschung & Geschlechterstudien* 25 (3 + 4): 55–68.

Andrea Maihofer Dr. phil., Philosophin, Soziologin und Geschlechterforscherin; Professorin für Geschlechterforschung an der Universität Basel und Leiterin des Zentrums Gender Studies. Arbeitsschwerpunkt: Analyse von Wandel und Persistenz in den Geschlechterverhältnissen im Rahmen der gegenwärtigen gesellschaftlichen Transformationsprozesse. Neuere Publikationen: (2014) Familiale Lebensformen zwischen Wandel und Persistenz. Eine zeitdiagnostische Zwischenbetrachtung. In *Wissen – Methode – Geschlecht: Erfassen des fraglos Gegebenen*, hrsg. Cornelia Behnke, Diana Lengersdorf und Sylka Scholz, 313–334. Wiesbaden; (2013, mit Alex Demirovic) Vielfachkrise und Geschlecht – Überlegungen zu einigen gesellschaftstheoretischen Herausforderungen. In *Krise, Kritik, Allianzen. Arbeits- und geschlechtersoziologische Perspektiven*, hrsg. Hildegard Maria Nickel und Andreas Heilmann, 30–48. Weinheim; (2013) Überlegungen zu einem materialistisch (de) konstruktivistischen Verständnis von Normativität. In *Nach Marx. Philosophie, Kritik, Praxis*, hrsg. Rahel Jaeggi und Daniel Loick, 164–191. Frankfurt a. M.

Gabriele Michalitsch Mag.ª phil., Mag.ª rer. soc. oec., Dr.ⁱⁿ phil., Lehrbeauftragte an den Universitäten Wien und Klagenfurt. Arbeitsschwerpunkte: Politische Ökonomie, Politische Theorie, Feministische Ökonomik. Neuere Publikationen: (2012) Politische Ökonomie. Begriffe, Horizonte und Wissenspolitik In *Theoriearbeit in der Politikwissenschaft*, hrsg. Eva Kreisky, Marion Löffler und Georg Spitaler, 117–129. Wien; (2013) Das Geheimnis der Gouvernementalität: Der maskulinistische Ökonomie-Begriff und die verdrängte Reproduktion. *femina politica* 22 (1): 20–31.

Angelika Poferl Dr. phil., Professorin für Soziologie am Fachbereich Sozial- und Kulturwissenschaften der Hochschule Fulda. Arbeitsschwerpunkte: Theorien der Moderne; Globalisierung soziale Ungleichheiten; Kultur der Menschenrechte; Wissenssoziologie. Neuere Publikationen: (im Erscheinen) Kosmopolitische Sozialität und Subjektivität. Zur Wahrnehmung globaler Probleme im Rahmen einer Kultur der Menschenrechte. In *Handeln und Subjekt in der reflexiven Moderne*, hrsg. Fritz Böhle und Werner Schneider. Weilerswist; (2012) Problematisierungswissen und die Konstitution von Globalität. In *Transnationale Vergesellschaftungen. Verhand-*

lungen des 35. Kongresses der Deutschen Gesellschaft für Soziologie in Frankfurt am Main 2010, Teil 1, hrsg. Hans-Georg Soeffner, 619–632. Frankfurt a. M., New York; (2010) *Große Armut, großer Reichtum: Zur Transnationalisierung sozialer Ungleichheiten*, hrsg. Ulrich Beck und Angelika Poferl. Berlin.

Annette Treibel Dr. rer. soc., Professorin am Institut für Transdisziplinäre Sozialwissenschaft der Pädagogischen Hochschule Karlsruhe. Arbeitsschwerpunkte: Migrationssoziologie, Geschlechterforschung, Soziologische Theorien und Zivilisationstheorie. Neuere Publikationen: (2014) *Gender interdisziplinär. Forschungsbeiträge der PH Karlsruhe*, hrsg. Annette Treibel und Marianne Soff. Karlsruhe; (2012, mit Stefan Selke) Soziologie für die Öffentlichkeit – zwei Perspektiven. *Soziologie. Forum der Deutschen Gesellschaft für Soziologie* 41 (4): 398–421; (2008) *Die Soziologie von Norbert Elias. Eine Einführung in ihre Geschichte, Systematik und Perspektiven.* Wiesbaden.

Christine Weinbach PD Dr. rer. soc., zurzeit Vertretungsprofessorin für Geschlechtersoziologie an der Universität Potsdam. Arbeitsschwerpunkte: Politische Soziologie, Geschlechtersoziologie, Systemtheorie. Neuere Publikationen: (2013) Gendering Luhmann: The paradoxical simultaneity of gender equality and inequality. In *Luhmann observed: radical theoretical encounters*, hrsg. Anders La Cour und Andreas Philippopoulos-Mihalopoulos, 85–107. Basingstoke; (2012) Extra-vertragliche Zumutungen im New Public Contractualism: Die doppelte Logik der Eingliederungsvereinbarung und die Rechtsstellung des Klienten im Sozialgesetzbuch II. *Der moderne Staat. Zeitschrift für Public Policy, Recht und Management* 5 (2): 377–399; (2010) Hyperinklusion durch Hartz IV. Differenztheoretische Überlegungen zur ‚Modernisierung‘ der Geschlechterrollen im SGB II. In *Prekarisierung zwischen Autonomie und Normalisierung. Geschlechtertheoretische Bestimmungen*, hrsg. Alexandra Manske und Katharina Pühl, 133–164. Münster.

Einleitung: Zeitgenössische Gesellschaftstheorien und Genderforschung

Heike Kahlert und Christine Weinbach

1 ‚Geschlecht' als Kategorie in der Soziologie

Die Marginalisierung der Kategorie Geschlecht in der Soziologie hat ihre Wurzeln in der funktionalen Ausdifferenzierung der Wissenschaft, die im 17. Jahrhundert einsetzt und „ihre Außengrenzen erst im 19. Jahrhundert" stabilisiert, „zeitgleich zur Ausdifferenzierung der Familie als privater Sphäre, die von nun an den Gegenpol zur Berufswelt bildet" (Heintz et al. 2004, S. 20; vgl. auch die Beiträge in Wobbe 2003). In der Wendezeit zum 20. Jahrhundert ist die Soziologie damit befasst, die sozialen Gesetze zu verstehen, welche sie hinter den gewaltigen Gesellschaftsumbrüchen, deren Zeugin sie ist, vermutet. Dabei reflektiert und verschleiert sie mit ihren neuen Gesellschaftstheorien die materiale Basis ihrer Existenz. So rekonstruieren Simmel (1985) und auch Durkheim (1973) einerseits die sozialen Strukturen, welche die Geschlechterbeziehung als Machtverhältnis und Resultat von Arbeitsteilung herstellen – um sie andererseits zugleich als Naturphänomene zu substantialisieren und zu verklären (vgl. Wobbe et al. 2011, S. 10–11). In den 1940er Jahren dreht Parsons (1964) dieses Verhältnis von Dekonstruktion und Substantialisierung um, wenn er die geschlechtliche Arbeitsteilung als unumgänglich für den Strukturerhalt funktional differenzierter Gesellschaften konstatiert, aber die geschlechtstypischen Charakterzüge von Männern und Frauen auf ihre unterschiedliche Sozialisation und gesellschaftliche Verortung zurückführt (vgl. Becker-

H. Kahlert (✉)
Fakultät für Sozialwissenschaft, Ruhr-Universität Bochum, Universitätsstr. 150, 44801 Bochum, Deutschland
E-Mail: mail@heike-kahlert.de

C. Weinbach
Wirtschafts- und Sozialwissenschaftliche Fakultät, Universität Potsdam, August-Bebel-Str. 89, 14482 Potsdam, Deutschland
E-Mail: weinbach@uni-potsdam.de

H. Kahlert, C. Weinbach (Hrsg.), *Zeitgenössische Gesellschaftstheorien und Genderforschung*, Gesellschaftstheorien und Gender,
DOI 10.1007/978-3-531-19937-5_1, © Springer Fachmedien Wiesbaden 2015

1

2 Heike Kahlert und Christine Weinbach

Schmidt 2010, S. 65). Insgesamt lässt sich also festhalten, dass die Soziologie „[t]rotz weitreichender Entnaturalisierungsversuche [...] immer noch eine natürliche [bzw. indisponible; H.K. und C.W.] Ordnung unterstellt" hat (Degele 2003, S. 13), zumindest wenn es um die Geschlechterdifferenz und die Geschlechterverhältnisse geht: In ihren Theorien gelten Frauen überwiegend als ‚natürlich' und Männer als ‚rational' (vgl. Sydie 1994; ähnlich bereits Kandal 1988).

2 Herausforderungen durch die Frauen- und Geschlechterforschung

In den späten 1960er Jahren bildet sich die Frauenforschung heraus, die sich im Zuge ihrer Weiterentwicklung nunmehr überwiegend Frauen- und Geschlechterforschung oder Geschlechterforschung und nur noch selten feministische Wissenschaft nennt. Sie ist in weiten Teilen von der Frauenbewegung herrschaftskritisch informiert und profitiert vom analytischen und partiell sozialkritischen Forschungszugang der Soziologie, findet in ihm aber keine ausreichenden Anhaltspunkte für die kritische Analyse der Geschlechterkonstruktionen und der Geschlechterhierarchie. Mit ihren theoretischen und methodologischen Debatten um Wertfreiheit, Universalismus und ihrem inter- und transdisziplinären Zugriff überschreitet sie wissenschaftstheoretische und -institutionelle Grenzen. Seither lassen sich vier Dimensionen beim Umgang mit der Geschlechterdifferenz im wissenschaftlichen Erkenntnisprozess unterscheiden (vgl. Schmuckli 1996, S. 25–30; Schiebinger 2008, S. 52–65): die Integration von Frauen in die Wissenschaft durch veränderte Rekrutierungs- und Partizipationspraxen; die Analyse von Wissenschaftskulturen als unausgesprochen vergeschlechtlichte Annahmen, Spielregeln und Werte der Mitglieder, die sich in subtiler Form ausgeprägt und tradiert haben; Kritik und Erweiterung der durch die implizite Orientierung an einem vermeintlich männlich geprägten Allgemeinen beschränkten Forschungsthemen und Fragestellungen; und schließlich die Auseinandersetzung mit Epistemologien und Method(ologi)en im Zusammenhang mit Wertfreiheit, Objektivität sowie vorgeblich geschlechtlichen Präferenzen für bestimmte Forschungsmethoden.

Niklas Luhmanns Einschätzung von 1988, die Frauenforschung habe sich „in einem fachlich ernstzunehmenden, methodisch kontrollierten, theoretisch und empirischen Sinne bisher nicht ausdifferenzieren können" (Luhmann 1988, S. 48), bildet bis heute keine Minderheitsposition in der Soziologie. Gutwilliger formuliert Reinhard Kreckel (1991) wenig später, dass von Seiten der Soziologie die Beseitigung von „empirischen ‚weißen Flecken' durch die Frauenforschung begrüßt" werde, und dass „auch bestimmte begriffliche Neuerungen – wie etwa die Ausweitung des sozialwissenschaftlichen Arbeitsbegriffs auf den Bereich der Hausarbeit – [...]

akzeptiert" werden. „Die Vorstellung aber, dass es eine spezifisch weibliche Gesellschaftstheorie und eine eigene feministische Forschungslogik gäbe, die womöglich nur für Frauen zugänglich sei, löst heftigere Reaktionen aus" (Kreckel 1991, S. 370). Darüber hinaus jedoch wird die Frauen- und Geschlechterforschung „vom Rest der Soziologie als wenig interessantes ‚Sonderproblem' betrachtet, dessen Behandlung man den ‚Frauenforscherinnen' überließ" (Heintz 2001, S. 27). Eine solche Sichtweise wird bis heute beispielsweise dadurch unterstützt, dass in soziologischen Einführungs- und Lehrbüchern, wenn überhaupt, der Frauen- und Geschlechterforschung ein Kapitel gewidmet wird, in dem die virulenten Theorienperspektiven und vielfältigen forschungsstrategischen Zugänge gebündelt abgehandelt werden (vgl. z. B. Joas und Knöbl 2004, S. 598–638; Villa 2009; als Ausnahme Treibel 1993). In diesem Sinne belegt eine Studie von 2002, dass Beiträge zu Gender Studies kaum Eingang in wichtige soziologische Fachzeitschriften wie die *Kölner Zeitschrift für Soziologie und Sozialpsychologie* und die *Zeitschrift für Soziologie* gefunden haben (vgl. Allmendinger und Hinz 2002).

Im internationalen sozialwissenschaftlichen Kontext lässt sich eine größere Offenheit für die Anliegen der Frauen- und Geschlechterforschung beobachten. Hier haben Women's und Gender Studies nicht nur mehr und selbstverständlicheres institutionelles Gewicht in den Hochschulen und der Wissenschaft, etwa in Gestalt eigener Forschungszentren und Studiengänge, sondern scheinen auch auf mehr Akzeptanz im Hinblick auf die soziologische Erkenntnis- und Wissenschaftsproduktion zu treffen. So greift beispielsweise Anthony Giddens die Frage nach der Bedeutung der Kategorie Geschlecht für die soziologische Theorienbildung erstmals 2001 in seinem einflussreichen Lehrbuch *Sociology* auf. Giddens macht unmissverständlich deutlich, dass die Klärung der Frage, ob Geschlecht eine generelle Kategorie soziologischen Denkens sei oder ob Geschlechterfragen kontextbezogen in den Analysen berücksichtigt werden sollten, zu den wichtigsten Aufgaben soziologischer Theorienbildung in der Gegenwart gehört: „Since we have very little to build on in relating issues of gender to the more established forms of theoretical thinking in sociology, this is perhaps at the current time the most acutely difficult problem [...] to grapple with." (Giddens 2001, S. 667)

3 Wechselseitige Rezeptionslücken

Die faktische Parallelentwicklung geschlechtskategorialer Gesellschaftsanalysen und einer vorwiegend gegenüber der kategorialen Bedeutung von Geschlecht und Geschlechterverhältnissen blinden soziologischen Theorienbildung hat auf Seiten der traditionellen Soziologie dazu geführt, dass zentrale gesellschaftstheoretische Fragen in Bezug auf den askriptiven Mechanismus Geschlecht in modernen Ge-

sellschaften noch heute weitgehend ausgeklammert werden (vgl. Heintz 2001,
S. 9; dazu auch Gerhard 1998, S. 371). Die von der soziologischen Frauen- und
Geschlechterforschung als wesentlich erachtete Verbindung von Geschlechterkonstruktionen und -verhältnissen und Sozialstruktur findet somit in den Gesellschaftstheorien nur unzureichende Berücksichtigung.

Doch auch der Geschlechterforschung tut die „zweigeteilte Theoriebildung"
(Aulenbacher 2005, S. 12) auf Dauer nicht gut. So ist es ihr bislang nicht gelungen,
alternative gesellschaftstheoretische Entwürfe von vergleichbarer Komplexität, wie
sie die Gesellschaftstheorien aufweisen, vorzulegen. Selbst die breite, systematische
Auseinandersetzung mit den Angeboten der etablierten Gesellschaftstheorien ist
noch weitgehend unabgeschlossen. Dies zeigen auch eine Analyse von Einfüh-
rungs- und Lehrbüchern in die soziologische Frauen- und Geschlechterforschung
(Kahlert 2013) sowie das Lehrbuch zur *Geschlechtersoziologie* von Regine Gildemeister und Katja Hericks (2012). Es lassen sich also auch hier Rezeptionslücken
konstatieren.

Aus der Frauen- und Geschlechterforschung melden sich seit einigen Jahren
Stimmen, welche die systematische ‚Gesellschaftstheoretisierung' der Geschlechterforschung einfordern. Gudrun-Axeli Knapp hat das Übergewicht mikrosozio-
logischer Geschlechterforschung beklagt, der „nach wie vor wenig kompetente und
häufig indifferente Makrosoziologie bzw. Gesellschaftstheorie" gegenüberstehen,
und eine *„integrative* Perspektive" für eine feministische Theorienbildung gefordert (Hirschauer und Knapp 2006, S. 35, Herv. i. O.). Auch für Andrea Maihofer ist
der *„Versuch einer produktiven Verbindung von Gesellschaftstheorie und Geschlechterforschung"* für die „kritische Analyse der Geschlechterverhältnisse im Kontext
der gegenwärtigen Transformationsprozesse" unabdingbar (Maihofer 2007, S. 281,
Herv. i. O.). Das Spektrum vorhandener Gesellschaftstheorien sei auszuschöpfen,
auf vorhandenes Potenzial für die Geschlechterforschung systematisch auszuleuch-
ten und in ein größeres inter- und transdisziplinäres Forschungsnetzwerk einzu-
betten (vgl. Maihofer 2007, S. 285–286).

4   Selbstverortung

Die Beiträge des vorliegenden Sammelbandes greifen diese Forderungen auf. Ihr
Anliegen, ausgewählte sozialwissenschaftliche Theorien hinsichtlich ihrer Erkenntnismöglichkeiten für die geschlechtskategoriale Gesellschaftsanalyse auszuloten,
verbindet den Band mit bereits vorliegenden, vergleichbar ausgerichteten Projekten. Für den frankophonen Raum haben Danielle Chabaud-Rychter et al. (2010)
ein ähnliches, wenn auch mit 33 Beiträgen breiter konzipiertes Projekt vorgelegt.
Sie vertreten die Position, dass Forschungen zu Geschlecht und Geschlechterverhältnissen stets im Dialog mit den traditionellen Gesellschaftstheorien stehen.

Im angelsächsischen Raum hat Terry R. Kandal (1988) die Schriften der frühen soziologischen Klassiker hinsichtlich ihrer Aussagen über Frauen und die so genannte Frauenfrage analysiert. Dagegen beschäftigt sich Rosalind Sydie (1994) aus feministischer Perspektive mit den Arbeiten der frühen Klassiker – Émile Durkheim, Max Weber, Karl Marx, Friedrich Engels und Sigmund Freud – mit dem Ziel, einen integrativen feministischen Erkenntnisrahmen zu entwickeln. Inmitten der breiten soziologischen Debatten über Moderne und Postmoderne untersucht Barbara L. Marshall (1994) vorliegende Theorieentwürfe aus feministischer Perspektive und argumentiert, dass auch diese neueren Entwürfe, trotz aller Differenzen, mit den klassischen Debatten eines gemeinsam haben: die Ausblendung der Rolle von Frauen und Gender in der Entwicklung moderner Gesellschaften. Mary Evans' (2003) Interesse geht über die Aufdeckung geschlechtsbezogener Leerstellen soziologischer Theorien hinaus. Sie erörtert, ob und wieweit eine größere Geschlechterreflexivität die Anliegen und Schlussfolgerungen von Gesellschaftstheorien verschieben würde. Ähnlich werden in den Beiträgen in einem von Barbara L. Marshall und Anne Witz (2004) editierten Sammelband ausgewählte Theorien der frühen klassischen Soziologie diskutiert. Sie fragen, ob diese lediglich Theorien der Geschlechterdifferenz reflektieren oder aktiv konstruieren, und unterbreiten in diesem Zusammenhang rekonstruktive und weiterführende Vorschläge für eine adäquatere Konzeptualisierung des Sozialen.

Auch im deutschsprachigen Raum liegen einige geschlechtskategoriale Auseinandersetzungen mit ausgewählten sozialwissenschaftlichen Theorien vor. Die beiden von Gudrun-Axeli Knapp und Angelika Wetterer herausgegebenen Sammelbände *TraditionenBrüche. Entwicklungen feministischer Theorie* (1992) und *Soziale Verortung der Geschlechter. Gesellschaftstheorie und feministische Kritik* (2001) nehmen explizit die wechselseitige und doch asymmetrische Verwobenheit der Frauen- und Geschlechterforschung mit traditionellen Theorien in den Blick. Ein vergleichbares Vorhaben, mit Fokus auf dem Gegenstand Politik und politisches Handeln, wurde 2005 unter dem Titel *Forschungsfeld Politik. Geschlechtskategoriale Einführung in die Sozialwissenschaften* von Cilja Harders et al. (2005) herausgeben. Daneben gibt es einige Versuche, die Kategorie Geschlecht in verschiedene Theorien zu integrieren (vgl. z. B. Bock et al. 2007; Weinbach 2007). Prononciert bemüht sich der von Bettina Heintz (2001b) unter dem Titel *Geschlechtersoziologie* herausgegebene Sonderband der *Kölner Zeitschrift für Soziologie und Sozialpsychologie* um Forschungsarbeiten an der Schnittstelle von Geschlechterforschung und soziologischer Theorienbildung. Heintz spricht hier mutig in der Vergangenheitsform, wenn sie die „gegenseitige Ignoranz" von Geschlechtersoziologie und soziologischer Theorie benennt (Heintz 2001a, S. 27). Schließlich untersuchen Regine Gildemeister und Katja Hericks (2012) in ihrem Lehrbuch zur *Geschlechtersoziologie*, wie die Soziologie und ihre philosophischen Vordenker die Geschlechterunterscheidung seit dem 19. Jahrhundert in ihr Denkgebäude integriert haben. Dabei rekonstruieren die beiden Soziologinnen, wie auch die sich in den 1960er Jahren herausbildende Frauen- und Geschlechterforschung den Gedanken von einer vorgegebenen Geschlechterdifferenz aufgreift und sich in der systematischen Auseinandersetzung mit der Unterscheidung von *sex* und *gender* in den 1990er Jahren davon zu verabschieden beginnt. Das Ziel von Gildemeister und Hericks ist es nun, diese Entwicklung weiterzuführen und dazu „„Geschlecht als Gegenstand' mit soziologischen Mitteln zu erforschen" (Gildemeister und Hericks 2012, S. 187).

Brigitte Aulenbacher (2008) betont hingegen, dass vor dem Hintergrund der Bemühungen der Genderforschung um die etablierten Gesellschaftstheorien die Bringschuld bei der Soziologie liegt. Dazu gehört Johanna Hofbauer und Angelika Wetterer zufolge auch „eine breite Auseinandersetzung mit der Frage, ob nicht einige der grundlegenden Einsichten der Geschlechterforschung und feministischen Theorie weniger in eine gesonderte Bindestrich-Soziologie als vielmehr in die ‚Herzstücke' unseres Faches gehören: in die allgemeine soziologische Theorie und Gesellschaftsanalyse, in die Handlungstheorien, die Theorien der Institutionalisierung, der sozialen Ordnung oder des sozialen Wandels" (Hofbauer und Wetterer 2008, S. 3).

Auch wenn wir dieser Einschätzung zustimmen, so sehen wir dennoch auch auf Seiten der Genderforschung deutliche Defizite, die die systematische Auslotung der Gesellschaftstheorien im Hinblick auf Verknüpfungen mit den zentralen Einsichten der Frauen- und Geschlechterforschung betreffen. Eine solche Auslotung, so unsere Einschätzung, könnte die Diskussion mit neuen Argumenten anreichern und neu beleben. Hierzu will der vorliegende Sammelband einen Beitrag leisten.

5 Institutioneller Kontext

Die meisten Beiträge sind im Rahmen der Arbeitsgruppe *GeschlechterGesellschaftsTheorien* (GGT) entstanden, in der sich seit Februar 2007 Sozialwissenschaftlerinnen und -wissenschaftler aus Deutschland, Österreich und der Schweiz halbjährlich zum konzentrierten wissenschaftlichen Austausch treffen.

Den Anstoß zu dieser Arbeitsgruppe gab eine Ad-hoc-Gruppenveranstaltung zum Thema „Beharrungsvermögen und Wandlungstendenzen in den Geschlechterverhältnissen: Erkenntnispotenziale soziologischer Gegenwartstheorien", die von Heike Kahlert und Andrea Maihofer im Rahmen des 32. Kongresses der Deutschen Gesellschaft für Soziologie (DGS) „Soziale Ungleichheit – kulturelle Unterschiede" im Oktober 2004 an der Ludwig-Maximilians-Universität München mit Beiträgen von Günter Burkart, Nina Degele und Anneli Rüling durchgeführt wurde. Anknüpfend an diesen Dialog zwischen der Frauen- und Geschlechterforschung und soziologischen Theorien führten Heike Kahlert und Anneli Rüling im Rahmen des 33. Kongresses der DGS „Die Natur der Gesellschaft" im Oktober 2006 an der Universität Kassel die Ad-hoc-Gruppe „Die Organisation von Geschlecht und Generativität zwischen Re-Naturalisierungs- und Vergesellschaftungsprozessen – Analysen im Anschluss an Giddens und Foucault" durch, an der sich Günter Burkart, Tomke König sowie Andreas Hirseland und Werner Schneider mit Beiträgen beteiligten.

Im Februar 2007 fand schließlich auf Initiative von Heike Kahlert und Andrea Maihofer gemeinsam mit Katharina Pühl an der Universität Basel die erste zweitägige Arbeitstagung zum Thema „Gender und zeitdiagnostische Gesellschaftstheorien" statt, an der circa 15 eingeladene Sozial- und KulturwissenschaftlerInnen aus Deutschland, Österreich und der Schweiz teilnahmen. Seither werden regelmäßige, zweitägige Arbeitstreffen in halbjährlichem Abstand veranstaltet, bei denen vor allem die Auslotung des zuvor skizzierten Forschungsdesiderats anhand der Diskussion verschiedener Theorieangebote erfolgt. Auf dem Soziologiekongress 2010 in Frankfurt am Main nahm die Ad-hoc-Gruppe „Die paradoxe Gleichzeitigkeit von geschlechtlicher Gleichheit und Ungleichheit – Was leisten soziologische Theorien zu ihrer Erklärung?" eine Art Zwischenbilanzierung vor. Sie wurde von Heike Kahlert und Christine Weinbach ausgerichtet, Nina Degele, Stephanie Bethmann und Karolin Heckemeyer, Annette Treibel, Annette Knaut und Katja Kristina Hericks steuerten Vorträge bei.

Die Buchreihe *Gesellschaftstheorien und Gender* dient als Forum der skizzierten Theoriediskussionen der GGT-Arbeitsgruppe, deren bisherige Ergebnisse der vorliegende Sammelband dokumentiert. Zwei Beiträge von externen Autorinnen – Gudrun-Axeli Knapp und Angelika Poferl – wurden zusätzlich eingeworben.

6 Leitgesichtspunkte

Die Arbeitsgruppe hat in ihren Diskussionen nach Kriterien gesucht, die sie für eine GeschlechterGesellschaftsTheorie für wichtig hält. Anknüpfend an diese Kriterien waren die AutorInnen dieses Bandes aufgefordert, die folgenden Leitgesichtspunkte in ihrem Text zu berücksichtigen:

- Welchen Begriff von *Macht und/oder Herrschaft* vertritt die Theorie?
- Welche Formen von *Ungleichheit* (wie Normalisierung, Distinktion etc.) behandelt die Theorie?
- Was sagen die Theorien zu *Identität, Sozialstruktur, Repräsentation*?
- Werden *Gesellschaftsgeschichte* und ein Konzept vom *sozialen Wandel* berücksichtigt und wenn ja, wie?

- Welchen Status hat der *Gesellschaftsbegriff* in der Theorie?
- Welche *Gesellschaftsbereiche* werden durch empirische Bezüge besonders hervorgehoben und mit welchen Ergebnissen?
- Hat die Theorie eine *politische Dimension*? Welche *Ängste und Visionen* einer gesellschaftspolitischen Ordnung werden artikuliert und mit welchem *Ziel*?
- Berücksichtigt die Theorie implizit oder explizit die *Kategorie Gender* und wenn ja, auf welche Weise? Auf welche Weise werden *Geschlechterverhältnisse* gedacht?
- In welchem Verhältnis stehen *Theorie und Zeitdiagnose*?

7   Rekonstruktionen, Integrationen, Revisionen

Die vorliegenden Beiträge liefern Rekonstruktionen, Integrationen und Revisionen im Umgang mit den Gesellschaftstheorien von Pierre Bourdieu, Norbert Elias, Michel Foucault, Max Horkheimer und Theodor W. Adorno, Anthony Giddens und Niklas Luhmann. Darüber hinaus wurden mit Ulrich Beck, Manuel Castells sowie Luc Boltanski und Ève Chiapello einflussreiche TheoretikerInnen aufgenommen, die vor allem an zeitdiagnostischen Analysen interessiert sind.

7.1   Rekonstruktionen

Einige der untersuchten Gesellschaftstheorien weisen bereits Ansätze oder gar systematische Integrationen der Kategorie Geschlecht auf. Diese werden von den Autorinnen rekonstruiert und bewertet, es werden weiterführende Perspektiven aufgezeigt oder über die Theorien hinausweisende Überlegungen angestellt.

Ulle Jäger, Tomke König und *Andrea Maihofer* finden in ihrer Auseinandersetzung mit der Gesellschaftstheorie Pierre Bourdieus lobende Worte, wenn sie Bourdieus Spätwerk *Die männliche Herrschaft* als Revision und Ergänzung seiner bisherigen Arbeiten rekonstruieren. Modernen Geschlechterverhältnissen würde nun eine gesellschaftskonstitutive Funktion zugewiesen und die moderne Gesellschaft als durchzogen von vergeschlechtlichten Strukturen gedacht. Damit erhalte Geschlecht für die gesellschaftliche Analyse einen unhintergehbaren Stellenwert.

Auch *Nina Degele* sieht in Manuel Castells' zeitdiagnostisch angelegter Gesellschaftstheorie die Kategorie Geschlecht gebührend berücksichtigt. Für Manuel Castells würden im bipolaren Gegensatz zwischen Netz und Ich eingefahrene Geschlechterverhältnisse aufgebrochen, wobei die Frauenbewegung eine zentrale Rolle spiele. Weil aber, so Degeles Kritik, Castells den Zusammenhang von Netz und Ich vermittels des Phänomens Familie verknüpft, bleibt er weiterhin im traditionell angelegten Konnex von Geschlecht und Patriarchalismus gefangen. Degele schlägt daher vor, das gesellschaftstheoretische Potenzial von Castells' Entwurf um eine heteronormativitätskritische Perspektive zu erweitern.

Heike Kahlert zeigt, dass Anthony Giddens die Geschlechterverhältnisse vor allem in seinen modernisierungstheoretischen Arbeiten berücksichtigt, während die Kategorie Geschlecht in der zugrunde liegenden Strukturierungstheorie keinen Platz hat. Die Autorin knüpft an das Konzept der Dualität von Struktur an und entwickelt es unter Rückgriff auf Giddens' Gesellschaftsanalysen aus geschlechtskategorialer Perspektive weiter. Die Dis/Kontinuitäten der Geschlechterverhältnisse der Moderne erscheinen in dieser Lesart als eng mit dem Modernisierungsprozess verknüpft.

7.2 Integrationen

Die Beiträge unter dem Stichwort ‚Integrationen' schließen an Gesellschaftstheorien an, die der Geschlechterdifferenz keine oder eine eher nachgeordnete Bedeutung einräumen. Die AutorInnen zeigen, dass diese Gesellschaftstheorien dennoch das Potenzial zur Integration von Gender in ihre Theoriearchitektur aufweisen. Sie spüren dieses Potenzial auf und entwickeln Ansatzpunkte für die weiterreichende Integration der Kategorie Geschlecht.

Der Wandel von Machtbeziehungen als ‚Balanceakte' in der Prozess- und Figurationssoziologie von Norbert Elias steht im Mittelpunkt des Beitrags von *Annette Treibel*. Die weiblichen und auffallend zahlreichen männlichen Prozess-SoziologInnen, die dieses Konzept Elias' für die Analyse moderner Geschlechterverhältnisse herangezogen haben, thematisierten diese vor allem als Machtkämpfe und Machtbalancen zwischen den Geschlechtern. Auf lange Sicht geht es nach Treibel jedoch darum, Veränderungen innerhalb geschlechtlicher Machtbalancen in Richtung Egalisierung in den Blick zu nehmen. Die Autorin zeigt, wie eine derartige Analyse vorgehen könnte.

Gabriele Michalitsch setzt sich mit der Entwicklung von Ansatzpunkten für einen geschlechterkritischen, gesellschaftstheoretischen Rahmen auf der Grundlage von Michel Foucaults heterogenem Werk auseinander. Dabei diskutiert die Autorin relevante Begriffe von Foucaults Theorie wie Macht und Wahrheit, Regierung, Gouvernementalität und Herrschaft, verknüpft sie mit Foucaults Konzeption von Kritik und erweitert sie um die Kategorie Geschlecht.

Der Bedeutung der Soziologie der Kosmopolitisierung von Ulrich Beck für eine Soziologie der Geschlechterverhältnisse geht *Angelika Poferl* nach. Deren Anspruch bestehe darin, eine neue Perspektive der sozialwissenschaftlichen Beschreibung

und Erklärung sich wandelnder politischer und gesellschaftlicher Verhältnisse mit
Verzicht auf einen methodologischen Nationalismus zu liefern, die Poferl um die
Überwindung des Androzentrismus ergänzt. Dementsprechend zeigt sie die weit
reichenden gesellschaftstheoretischen Folgen einer Ausblendung der Geschlechterdimension auf.

Für *Günter Burkart* provoziert die Beschreibung des „neuen Geistes" des Kapitalismus von Luc Boltanski und Ève Chiapello die Frage, ob dieses Rechtfertigungssystem nicht auch feministische Ideen integriere – und nicht nur Ideen der
‚Achtundsechziger', wie das AutorInnenpaar konstatiert. Burkart argumentiert,
dass mit der Durchsetzung des „neuen Geistes" möglicherweise eine Feminisierung der Kultur des Kapitalismus verbunden sei, und fragt abschließend, was der
„neue Geist" für eine gesellschaftstheoretisch orientierte Geschlechterforschung
bedeuten könnte.

7.3   Revisionen

Die beiden Beiträge im dritten Teil des Bandes befassen sich ebenfalls mit Gesellschaftstheorien, die geschlechtsblind sind. Sie zeigen auf, für welche geschlechter-
bezogenen Revisionen sich spezifische Begriffe und Konzepte dieser Gesellschaftstheorien dennoch eignen.

Gudrun-Axeli Knapp erörtert, wie der konservative und idealisierende Bezug
Max Horkheimers auf die bürgerliche Familie in Weiterentwicklungen der Kritischen Theorie durch Regina Becker-Schmidt aufgebrochen und im Anschluss an
Theodor W. Adornos Konzept einer gesamtgesellschaftlichen Totalität revidiert
wurde. Becker-Schmidts Begriff der „doppelten Vergesellschaftung von Frauen" in
der modernen kapitalistischen Gesellschaft liefere bereits eine eigenständige und
immanente Weiterentwicklung vorliegender Theorieelemente. Knapp plädiert dafür, diese theoretischen Revisionen fortzuführen.

Christine Weinbach konfrontiert die Systemtheorie von Niklas Luhmann mit
dem Tatbestand von Geschlecht als einem askriptiven Zurechnungsmuster, das
trotz (oder wegen) der funktionalen Differenzierungsform der Gesellschaft existiert. Ihre Revisionen zielen auf die Schärfung des systemtheoretischen Inklusions-
begriffs. Dazu fokussiert sie u. a. auf die Rolle des modernen Wohlfahrtsstaates für
die Institutionalisierung und Reformierung des Systems heterosexueller Zweigeschlechtlichkeit sowie auf die Funktion des Mediums Geld für die gesellschaftliche
Inklusion aller Individuen.

Literatur

Allmendinger, Jutta, und Thomas Hinz. 2002. Die Verteilung wissenschaftlicher Güter. Publikationen, Projekte und Professuren zwischen Bewerbung und Bewilligung. *Zeitschrift für Frauenforschung & Geschlechterstudien* 20 (1): 18–29.

Aulenbacher, Brigitte. 2005. *Rationalisierung und Geschlecht in soziologischen Gegenwartsanalysen.* Wiesbaden.

Aulenbacher, Brigitte. 2008. Auf gute Nachbarschaft? Über Bewegungen im Verhältnis von Soziologie und Geschlechterforschung. *Österreichische Zeitschrift für Soziologie* 33 (4): 9–27.

Becker-Schmidt, Regina. 2010. Doppelte Vergesellschaftung von Frauen: Divergenzen und Brückenschläge zwischen Privat- und Erwerbsleben. In *Handbuch Frauen- und Geschlechterforschung. Theorie, Methoden, Empirie,* 3., erw. und durchges. Aufl., Hrsg. Ruth Becker und Beate Kortendiek, 65–74. Wiesbaden.

Bock, Ulla, Irene Dölling und Beate Krais, Hrsg. 2007. *Prekäre Transformationen. Pierre Bourdieus Soziologie der Praxis und ihre Herausforderungen für die Frauen- und Geschlechterforschung.* Göttingen.

Chabaud-Rychter, Danielle, Virginie Descoutures, Anne-Marie Devreux und Eleni Varikas, Hrsg. 2010. *Sous les sciences sociale, le genre. Relectures Critiques de Max Weber à Bruno Latour.* Paris.

Degele, Nina. 2003. Happy together: Soziologie und Gender Studies als paradigmatische Verunsicherungswissenschaften. *Soziale Welt* 54 (1): 9–30.

Durkheim, Émile. 1973. *Der Selbstmord.* Neuwied am Rhein.

Evans, Mary. 2003. *Gender and social theory.* Buckingham.

Gerhard, Ute. 1998. „Illegitime Töchter". Das komplizierte Verhältnis zwischen Feminismus und Soziologie. *Die Diagnosefähigkeit der Soziologie. Kölner Zeitschrift für Soziologie und Sozialpsychologie, Sonderheft* 38: 343–379.

Giddens, Anthony. 2001. *Sociology.* 4th edition, fully revised and updated. Cambridge.

Gildemeister, Regine, und Katja Hericks. 2012. *Geschlechtersoziologie. Theoretische Zugänge zu einer vertrackten Kategorie des Sozialen.* München.

Harders, Cilja, Heike Kahlert und Delia Schindler, Hrsg. 2005. *Forschungsfeld Politik. Geschlechtskategoriale Einführung in die Sozialwissenschaften.* Wiesbaden.

Heintz, Bettina. 2001a. Geschlecht als (Un-)Ordnungsprinzip. Entwicklungen und Perspektiven der Geschlechtersoziologie. Geschlechtersoziologie. *Kölner Zeitschrift für Soziologie und Sozialpsychologie, Sonderheft* 41: 9–29.

Heintz, Bettina, Hrsg. 2001b. *Geschlechtersoziologie. Kölner Zeitschrift für Soziologie und Sozialpsychologie. Sonderheft* 41. Wiesbaden.

Heintz, Bettina, Martina Merz und Christina Schumacher. 2004. *Wissenschaft, die Grenzen schafft. Geschlechterkonstellationen im disziplinären Vergleich.* Bielefeld.

Hirschauer, Stefan, und Gudrun-Axeli Knapp. 2006. Wozu Geschlechterforschung? Ein Dialog über Politik und den Willen zum Wissen. In *FrauenMännerGeschlechterforschung. State of the Art,* Hrsg. Brigitte Aulenbacher, Mechthild Bereswill, Martina Löw, Michael Meuser, Gabriele Mordt, Reinhild Schäfer und Sylka Scholz, 22–63. Münster.

Hofbauer, Johanna, und Angelika Wetterer. 2008. Editorial: Soziologie und Geschlechterforschung. *Österreichische Zeitschrift für Soziologie* 33 (4): 3–27.

Joas, Hans, und Wolfgang Knöbl. 2004. *Sozialtheorien. Zwanzig einführende Vorlesungen.* Frankfurt a. M.

Kahlert, Heike. 2013. Frauen- und Geschlechterforschung in der Lehre. Curriculare Perspektiven und organisationale Strategien am Beispiel der Soziologie. In *Gender in der Lehre. Best-Practice-Beispiele für die Hochschule*, Hrsg. Nicola Hille und Barbara Unteutsch, 145–178. Opladen.

Kandal, Terry R. 1988. *The women question in classical sociological theory*. Miami.

Knapp, Gudrun-Axeli, und Angelika Wetterer, Hrsg. 1992. *TraditionenBrüche. Entwicklungen feministischer Theorie*. Freiburg. i. Br.

Knapp, Gudrun-Axeli, und Angelika Wetterer, Hrsg. 2001. *Soziale Verortung der Geschlechter. Gesellschaftstheorie und feministische Kritik*. Münster.

Kreckel, Reinhard. 1991. Geschlechtssensibilisierte Soziologie. Können askriptive Merkmale eine vernünftige Gesellschaftstheorie begründen? In *Die Modernisierung moderner Gesellschaften. Verhandlungen des 25. Deutschen Soziologentages in Frankfurt am Main 1990*, Hrsg. Wolfgang Zapf, 370–382. Frankfurt a. M.

Luhmann, Niklas. 1988. Frauen, Männer, und George Spencer Brown. *Zeitschrift für Soziologie* 17 (1): 47–71.

Maihofer, Andrea. 2007. Gender in Motion: Gesellschaftliche Transformationsprozesse – Umbrüche in den Geschlechterverhältnissen? Eine Problemskizze. In *Gender in Motion: Die Konstruktion von Geschlecht in Raum und Erzählung*, Hrsg. Dominique Grisard, Jana Häberlein, Anelis Kaiser und Sibylle Saxer, 281–315. Frankfurt a. M.

Marshall, Barbara L. 1994. *Engendering modernity. Feminism, social theory and social change*. Cambridge.

Marshall, Barbara L., und Anne Witz, Hrsg. 2004. *Engendering the social. Feminist encounters with sociological theory*. Maidenhead.

Parsons, Talcott. 1964 [1942]. Alter und Geschlecht in der Sozialstruktur der Vereinigten Staaten. In *Beiträge zur soziologischen Theorie*, Hrsg. Dietrich Rüschemeyer, 65–83. Neuwied am Rhein.

Schiebinger, Londa. 2008. Gendered innovations in science. In *Gender in der Forschung – Innovation durch Chancengleichheit. Konferenz im Rahmen der deutschen EU-Ratspräsidentschaft*, Hrsg. Jutta Dalhoff und Dorothee Kreuzer, 52–66. Bonn.

Schmuckli, Lisa. 1996. *Differenzen und Dissonanzen. Zugänge zu feministischen Erkenntnistheorien in der Postmoderne*. Königstein.

Simmel, Georg. 1985. *Schriften zur Philosophie und Soziologie der Geschlechter*. Frankfurt a. M.

Sydie, Rosalind Ann. 1994. *Natural women, cultured men. A feminist perspective on sociological theory*. Vancouver.

Treibel, Annette. 1993. *Einführung in soziologische Theorien der Gegenwart*. Opladen.

Villa, Paula-Irene. 2009. Feministische und Geschlechtertheorien. In *Handbuch Soziologische Theorien*, Hrsg. Georg Kneer und Markus Schroer, 111–132. Wiesbaden.

Weinbach, Christine, Hrsg. 2007. *Geschlechtliche Ungleichheit in systemtheoretischer Perspektive*. Wiesbaden.

Wobbe, Theresa, Hrsg. 2003. *Zwischen Vorderbühne und Hinterbühne. Beiträge zum Wandel der Geschlechterbeziehungen in der Wissenschaft vom 17. Jahrhundert bis zur Gegenwart*. Bielefeld.

Wobbe, Theresa, Isabelle Berrebie-Hoffmann und Michel Lallement. 2011. Einleitung. In *Die gesellschaftliche Verortung des Geschlechts: Diskurse der Differenz in der deutschen und französischen Soziologie um 1900*, Hrsg. Theresa Wobbe, Isabelle Berrebie-Hoffmann und Michel Lallement, 7–17. Frankfurt a. M.

Teil I
Rekonstruktionen

Pierre Bourdieu: Die Theorie männlicher Herrschaft als Schlussstein seiner Gesellschaftstheorie

Ulle Jäger, Tomke König und Andrea Maihofer

Zusammenfassung

Bourdieus Gesamtwerk ist durchzogen von einzelnen Auseinandersetzungen mit der bestehenden patriarchalen Geschlechterordnung. Doch erst in seinem Spätwerk *Die männliche Herrschaft* arbeitet Bourdieu seine Geschlechtertheorie aus. Nun erhält Geschlecht eine *konstitutive* Bedeutung für die Entstehung und Reproduktion gesellschaftlicher Ordnung. Diese wird als eine immer schon vergeschlechtlichte und vergeschlechtlichende Ordnung gefasst. Damit gibt Bourdieu seiner Gesellschaftstheorie am Ende insgesamt eine neue Wendung: Die Theorie männlicher Herrschaft wird unabdingbar für die Analyse bestehender bürgerlich-kapitalistischer Gesellschaften. In einer Rekonstruktion dieser Theorie zeigen die Autorinnen, wie Bourdieu hier zentrale Begriffe seiner Gesellschaftstheorie (symbolische Gewalt, Habitus, Körper) weiter ausarbeitet. Für die Analyse gegenwärtiger Transformationsprozesse in den Geschlechterverhältnissen bietet Bourdieus Spätwerk gerade deshalb produktive Ansatzpunkte, weil Gesellschafts- und Geschlechtertheorie systematisch miteinander verschränkt werden.

U. Jäger (✉)
Zentrum Gender Studies, Universität Basel, Petersgraben 9/11, 4051 Basel, Schweiz
E-Mail: ulle.jaeger@unibas.ch

T. König
Fakultät für Soziologie, Universität Bielefeld, Postfach 10 01 31, 33501 Bielefeld, Deutschland
E-Mail: tomke.koenig@uni-bielefeld.de

A. Maihofer
Zentrum Gender Studies, Universität Basel, Departement Gesellschaftswissenschaften, Petersgraben 9/11, 4051 Basel, Schweiz
E-Mail: andrea.maihofer@unibas.ch

H. Kahlert, C. Weinbach (Hrsg.), *Zeitgenössische Gesellschaftstheorien und Genderforschung*, Gesellschaftstheorien und Gender,
DOI 10.1007/978-3-531-19937-5_2, © Springer Fachmedien Wiesbaden 2015

Pierre Bourdieu's Theory of Male Domination: The Keystone of his Theory of Society

Abstract

Sporadic discussions about the current patriarchal gender order pervade Bourdieu's oeuvre. However, only in his later work *Masculine Domination* does he elaborate his gender theory. There, gender is given a constitutive meaning for the development and reproduction of social order. The latter is taken as an always already gendered and gendering order. Thereby Bourdieu, in the end, gives his social theory a totally new twist: The theory of male dominance becomes indispensable for analysing existing bourgeois-capitalist societies. In a reconstruction of this theory, the authors show how Bourdieu further elaborates central concepts of his social theory (symbolic violence, habitus, body). Because social and gender theory are systematically interconnected, Bourdieu's later work offers very productive starting points for the analysis of current transformation processes regarding gender and gender relations.

1 Einleitung

> Ich hätte mich sicherlich nicht einem solch schwierigen Thema gestellt, wenn nicht die ganze Logik meiner Forschung mich dazu veranlasst hätte. (Bourdieu 2005, S. 7)

Bereits in diesem ersten Satz seines Spätwerks *Die männliche Herrschaft* wird deutlich, dass Bourdieu seiner Theorie männlicher Herrschaft eine ganz besondere Bedeutung innerhalb seines Werkes zuweist. Zudem stellt sie für ihn offensichtlich eine große Herausforderung dar. Worin diese genau besteht, lässt er allerdings offen. Vermutlich ließ ihn jedoch die seiner Meinung nach zum Verständnis der männlichen Herrschaft nötige Verknüpfung von Gesellschafts- und Geschlechtertheorie immer wieder zögern – eine Aufgabe, die nicht nur ausgesprochen schwierig ist, sondern für die bislang kaum gelungene Vorbilder existieren. Wenn er sich in der Spätphase seines wissenschaftlichen Lebens trotz allem dieser Herausforderung stellt, liegt das seinen eigenen Worten nach daran, dass die ganze innere Logik seines Forschens ihn dazu geführt hat, letztlich doch noch diese schwierige Verbindung von Gesellschafts- und Geschlechtertheorie zu wagen. Das heißt, Bourdieus Theorie männlicher Herrschaft ist eine Art logischer Schlusspunkt seiner Forschung. Ohne sie wäre seine Gesellschaftstheorie unausgeführt geblieben; ein wesentliches Element, wenn nicht gar ein notwendiger Schlussstein würde fehlen: Nur in Verbindung mit einer Theorie männlicher Herrschaft ist die bürgerlich-kapitalistische Gesellschaftsordnung wirklich zu verstehen.

Die Ausarbeitung seiner Theorie der bestehenden patriarchalen Geschlechterordnung verläuft über viele Jahrzehnte und über mehrere Stufen. So haben die Gegensätze zwischen den Geschlechtern und insbesondere die gesellschaftlichen Prozesse ihrer Entgegensetzung und Differenzierung ihn in seinen empirischen Arbeiten von Anfang an interessiert.[1] Bereits in den frühen Hauptwerken *Entwurf einer Theorie der Praxis auf der Grundlage der kabylischen Gesellschaft* (1979) und *Sozialer Sinn* (1987) ist Geschlecht Beispiel für ein Ordnungsprinzip, das sich in seiner Binarität auf den gesamten Kosmos ausweitet. *Die feinen Unterschiede* (1989) stellen zwar Klassen und Klassenstrukturen in den Vordergrund der Analyse der französischen Gegenwartsgesellschaft, doch auch dort wird Geschlecht in seiner Bedeutung für die Konstruktion von Klassen thematisiert (z. B. Bourdieu 1989, S. 182; vgl. Böhnisch 1999). Ende der 1980er Jahre beginnt er, angeregt durch die Lektüre feministischer Arbeiten, sich auch theoretisch mit der Bedeutung der Geschlechtsklassifikation zu beschäftigen. Mit seinem Konzept der männlichen Herrschaft unternimmt er den Versuch, eine „systematische und kohärente Konstruktion" zu liefern, die empirischer feministischer Forschung als Rahmen dienen kann (Bourdieu 1997b, S. 219). Eine erste Version in Form eines Aufsatzes mit dem Titel *La domination masculine* erscheint 1990 (dt. Bourdieu 1997a). Es folgt 1992 ein Absatz zur männlichen Herrschaft in dem gemeinsam mit Loïc Wacquant verfassten Buch *Reflexive Anthropologie* (Bourdieu und Wacquant 1996, S. 207–209), hier im Zusammenhang mit einer Reflexion der Bedeutung symbolischer Gewalt. 1998 erscheint schließlich die Buchversion, die 2005 in der deutschen Übersetzung als *Die männliche Herrschaft* posthum veröffentlicht wird.[2]

In der feministischen Diskussion in Deutschland wird schon seit vielen Jahren in verschiedenen Kontexten konstruktiv an Bourdieus Arbeiten angeschlossen, insbesondere an das Habituskonzept und den Feldbegriff (Dölling 2009; Engler 2004; Krais 2005; Meuser 1998). Auch auf das Konzept der männlichen Herrschaft wird Bezug genommen, allerdings meist nur in der frühen Aufsatzfassung (Bock et al. 2007; Dölling 2004; Krais 1997; Meuser 1998) und meist nur im kritischen Sinne (Dölling 2009; Kröhnert-Othman und Lenz 2002; Rademacher 2001, 2002). Das gilt sowohl für Deutschland als auch für Frankreich.[3] Dort ist die Buchversion zwar in der allgemeinen Öffentlichkeit und in den Medien auf positive Resonanz ge-

---

[1] Vgl. Bourdieu und Wacquant (1996, S. 207–208, Fußnote).

[2] Dieses wiederholte Durcharbeiten eines Themas ist typisch für Bourdieus Theorie- und Forschungsarbeit; sie führt im Falle der männlichen Herrschaft wie in Bezug auf die symbolische Gewalt zu einer kumulativen Verdichtung der Gegenstände und Konzepte (vgl. Schultheis 2008).

[3] Für eine Ausnahme siehe Engler, die sich positiv auf Aufsatz und Buchversion bezieht (2004).

stoßen, in der Scientific Community der Geschlechterforschung wird jedoch kritisiert, Bourdieu habe Ergebnisse seiner Kolleginnen aus Soziologie, Ethnologie
und Geschichtswissenschaft nicht ausreichend zur Kenntnis genommen (Thébaud
2005). In Deutschland steht eine ausführliche Rezeption des Buches noch aus.
Selbst Darstellungen, die nach dessen Erscheinen veröffentlicht wurden, beziehen
sich hauptsächlich auf den Aufsatz (Dölling 2009).

Insbesondere die *gesellschaftstheoretischen Implikationen* von Bourdieus Theorie männlicher Herrschaft wurden bislang kaum rezipiert. Unserer Meinung nach
bietet sich jedoch gerade dieses Spätwerk als Ansatzpunkt für eine kritische Auslotung des Potenzials von Bourdieus Gesellschafts- und Geschlechtertheorie für die
Geschlechterforschung an. So sprechen insbesondere drei wichtige Unterschiede,
in denen Bourdieu über den Aufsatz hinausgeht, für ein Ansetzen bei der Buchversion. Erstens setzt sich Bourdieu hier stärker als zuvor mit aktuellen Entwicklungen
innerhalb der feministischen Theorie auseinander und präzisiert seine Überlegungen auf diese Weise neu. Zweitens nimmt Bourdieu eine Einordnung seiner Theorie der patriarchalen Geschlechterordnung in sein Gesamtwerk vor und arbeitet
in Folge nicht nur eine Reihe seiner zentralen gesellschaftstheoretischen Begriffe
weiter aus, sondern weist Geschlecht jetzt einen besonderen Stellenwert zu: Geschlecht erhält eine *konstitutive* Bedeutung für die Entstehung und Reproduktion
gesellschaftlicher Ordnung. Diese wird nun als eine immer schon vergeschlechtlichte und vergeschlechtlichende Ordnung gefasst. Damit gibt Bourdieu drittens
seiner Gesellschaftstheorie am Ende *insgesamt* eine neue Wendung. Die Theorie
männlicher Herrschaft wird unabdingbar für die Analyse der bestehenden bürgerlich-kapitalistischen Gesellschaften.

Vor dem Hintergrund dieser Ausgangsthesen werden wir im Folgenden zunächst eine Rekonstruktion von Bourdieus Theorie männlicher Herrschaft vornehmen. Abschließend werden wir einige Ansatzpunkte benennen, die sich – mit
Bourdieu und über ihn hinaus – für eine produktive Verbindung von Gesellschafts-
und Geschlechtertheorie ergeben.

2 Die Theorie männlicher Herrschaft – eine Rekonstruktion

2.1 Männliche Herrschaft und die Wirkmächtigkeit symbolischer Gewalt

Von Beginn an steht für Bourdieu die Frage der Reproduktion sozialer Ordnung,
also die Frage nach der Persistenz und Kontinuität von Herrschaft, im Zentrum seiner Forschungen. Fragen des Wandels oder der Subversion sind für ihn erst dann
zu beantworten, wenn genauer beschrieben ist, wie die Reproduktion einer Gesell

schafts- und Geschlechterordnung funktioniert. Die Tatsache, dass die bestehende „Weltordnung" (Bourdieu 2005, S. 7) normalerweise ohne großen Widerspruch von den Menschen respektiert wird und die „Mühelosigkeit" (Bourdieu 2005, S. 7), mit der sie sich trotz „ihren Herrschaftsverhältnissen, ihren Rechten und Bevorzugungen, ihren Privilegien und Ungerechtigkeiten" erhält (Bourdieu 2005, S. 7), haben ihn stets ausgesprochen verwundert. Dieses „Paradox der doxa" (Bourdieu 2005, S. 7), wie er es nennt, ist daher in seinem gesamten Werk von zentraler Bedeutung. Entsprechend stehen weniger solche Mechanismen von Herrschaft im Mittelpunkt seiner Analysen, welche die Reproduktion sozialer Ordnung mit direktem Zwang und Gewalt garantieren, sondern solche, die mit dem Zwang und der Gewalt des Selbstverständlichen, Alltäglichen und Unbewussten operieren. Kurz: ihn interessiert vor allem die symbolische Gewalt.[4]

Diese Thematik der Reproduktion sozialer Ordnung und sozialer Ungleichheit ist also bereits aus früheren Werken bekannt. Das Phänomen der männlichen Herrschaft stellt für Bourdieu jedoch offensichtlich eine besondere Zuspitzung symbolischer Gewalt dar. Nun sieht er „in der männlichen Herrschaft und der Art und Weise, wie sie aufgezwungen und erduldet wird, *das Beispiel schlechthin* für diese paradoxe Unterwerfung" (Bourdieu 2005, S. 8, Herv. i. O.), die ein Effekt dessen ist, was er symbolische Gewalt nennt. In einer Reflexion über seinen Artikel von 1990 bezeichnet Bourdieu männliche Herrschaft als einen besonders interessanten Fall, „um diese ganz allgemeine Form von Herrschaft, nämlich die symbolische Herrschaft, zu verstehen". Zudem betont er, dass für ihn heute, weil diese Form der Gewalt an Bedeutung zunimmt, „die Phänomene symbolischer Herrschaft politisch ebenso wichtig [seien], wenn nicht wichtiger, wie die Phänomene ökonomischer Herrschaft". Daher ist eine Theorie der symbolischen Herrschaft für ihn heute sogar „vielleicht das politisch Allerdringlichste" (Bourdieu 1997b, S. 220).

Aber warum ist gerade die männliche Herrschaft für Bourdieu das „Beispiel schlechthin" für die paradoxe Unterwerfung bzw. für die symbolische Gewalt und damit „der geeignetste Gegenstand, um diese modernen Herrschaftsformen zu begreifen" (Bourdieu 1997b, S. 220)? Zunächst einmal sicher deshalb, weil die männliche Suprematie über so lange Zeit unhinterfragt geblieben ist und sie aufgrund ihrer Macht der Rechtfertigung nicht bedurfte (Bourdieu 2005, S. 21). Erst durch die Frauenbewegung hat sich das grundlegend geändert. Mit ihr hat eine nachhaltige „Infragestellung der Selbstverständlichkeit" dieser besonderen Form von Herrschaft stattgefunden und ist deren Legitimation in größerem Umfang notwen-

---

[4] Innerhalb seines Werkes steht die Theorie der männlichen Herrschaft in enger Verbindung mit seiner Theorie der symbolischen Gewalt, die als Schlüsselkonzept seiner Soziologie bezeichnet werden kann. Zur Genese dieses Konzepts vor einem biografisch-historisch-politischen Hintergrund siehe Schultheis (2008).

dig geworden (Bourdieu 2005, S. 154). Diese fast reibungslose Reproduktion der
patriarchalen Gesellschafts- und Geschlechterordnung zeigt die Mächtigkeit und
durchdringende Wirksamkeit symbolischer Gewalt für Bourdieu besonders ein-
drücklich.

Damit soll jedoch nicht die Tatsache direkter struktureller Gewalt und Unterdrückung von Frauen – „dass Frauen geschlagen, verletzt, ausgebeutet werden"
(Bourdieu 2005, S. 64) – verharmlost oder gar geleugnet werden. Bourdieu geht es
hier – umgekehrt – darum, die häufige Verharmlosung und Unterschätzung *symbolischer Gewalt* zu überwinden und darauf zu insistieren, dass die direkte Gewalt
und Unterdrückung nicht alleiniger oder gar eigentlicher Garant der Reproduktion
gesellschaftlicher Herrschaftsverhältnisse ist. Und gerade dafür ist die männliche
Herrschaft „das Beispiel schlechthin" (Bourdieu 2005, S. 8). Denn die patriarchale
Gesellschafts- und Geschlechterordnung „funktioniert wie eine gigantische symbolische Maschine zur Ratifizierung der männlichen Herrschaft, auf der sie grün-
det" (Bourdieu 2005, S. 21). An ihr wird sichtbar, dass mit symbolisch im Gegensatz zu realer, körperlicher Gewalt nicht eine rein geistige Gewalt gemeint ist, die
„letzten Endes ohne reale Auswirkungen sei" (Bourdieu 2005, S. 64). Diese idea-
listische Trennung zwischen real und symbolisch gilt es vielmehr zurückzuweisen
(Bourdieu 2005, S. 65).

Gerade an der männlichen Herrschaft wird Bourdieu zufolge also die grundlegende Wirkmächtigkeit des Symbolischen und dessen materielle Existenz und
Realität auf exemplarische Weise deutlich, „jene sanfte, für ihre Opfer unmerkli-
che, unsichtbare Gewalt, die im Wesentlichen über die rein symbolischen Wege der
Kommunikation und des Erkennens, oder genauer des Verkennens, des Anerken-
nens, oder, äußerstenfalls, des Gefühls ausgeübt wird" (Bourdieu 2005, S. 8). Sie ist
das Beispiel schlechthin für symbolische Gewalt, weil sich ihre Herrschaft in ganz
besonderem Maße in dieser Form reproduziert.

2.2   Prinzipien und Mechanismen männlicher Herrschaft

Als bedeutsames Charakteristikum der bestehenden männlichen Herrschaft hebt
Bourdieu die binär-hierarchische heteronormative Einteilung der Menschen in
zwei entgegengesetzte Geschlechter hervor, die zugleich „in der ‚Natur der Dinge'
zu liegen" scheint, „wie man manchmal sagt, um von dem zu sprechen, was normal, natürlich und darum unvermeidlich ist" (Bourdieu 2005, S. 19). Sie findet
sich „gleichermaßen" sowohl „in objektiviertem Zustand – in den Dingen (z. B. im
Haus, dessen Teile allesamt ‚geschlechtlich bestimmt' sind), in der ganzen sozialen
Welt" (z. B. in der geschlechtlichen Segregation des Arbeitsmarktes oder in der
traditionellen familialen Arbeitsteilung) als auch „in inkorporiertem Zustand – in

den Körpern, in den Habitus der Akteure [...], die als systematische Schemata der Wahrnehmung, des Denkens und Handelns fungieren" (Bourdieu 2005, S. 19–20).

Bourdieu zufolge sind also nicht nur die Gesellschaft und die Individuen in *all* ihren Elementen von der patriarchalen heteronormativen Zweigeschlechtlichkeit und den mit ihr verbundenen verschiedenen Aspekten durchzogen, sondern die binären Einteilungen und Differenzierungen in der Gesellschaft sowie die binären Denk- und Handlungsschemata *selbst* werden jetzt von ihm als deren Effekte gefasst. Zentrale Elemente seiner Gesellschaftstheorie werden in diesem grundlegenden Sinne modifiziert.

2.3 Androzentrische Wahrnehmungs-, Denk- und Handlungsschemata

Die Dispositionen, die sich aus im Laufe der Sozialisation erworbenen Wahrnehmungs-, Denk- und Handlungsschemata zusammensetzen, thematisiert Bourdieu bereits in *Entwurf einer Theorie der Praxis* (1979) und in *Sozialer Sinn* (1987) im Kontext seiner Beschreibung der kabylischen Gesellschaft. Bereits hier stehen die Unterschiede zwischen den Geschlechtern und die binäre Kodierung der sozialen Welt der Kabylen im Vordergrund. Mit *Die feinen Unterschiede* (1989) verschiebt sich der Fokus hin zu einer Beschreibung klassenspezifischer Schemata. In *Die männliche Herrschaft* (2005) nimmt Bourdieu unter Rückgriff auf seine frühen Untersuchungen zu den Kabylen eine Pointierung und gleichzeitig eine Verallgemeinerung seiner Überlegungen vor. Er benennt den Androzentrismus, d. h. insbesondere die patriarchale binär-hierarchische heteronormative Einteilung der Geschlechter, als *das* vorherrschende Strukturprinzip, das in der bürgerlich-kapitalistischen Gegenwartsgesellschaft Denken, Fühlen und Handeln anleitet.

Die herrschenden Wahrnehmungs-, Denk- und Handlungsschemata sind also Bourdieu zufolge konstitutiv *androzentrisch*. Als „historische Transzendentalien" (Bourdieu 2005, S. 63) strukturieren sie die Art und Weise, wie die Menschen gegenwärtig in westlichen Gesellschaften wahrnehmen und erkennen (z. B. andro- und phallozentrisch, binär-hierarchisch, heteronormativ). Zum anderen transformieren sie aber auch das Fühlen und Handeln sowie die Körper(praxen) grundlegend (z. B. im Sinne herrschender phallischzentrierter heterosexueller Sexualpraktiken (Bourdieu 2005, S. 35–43). Diese historischen Transzendentalien garantieren darüber hinaus eine „zirkelhafte Kausalbeziehung" (Bourdieu 2005, S. 23) von (V)Erkennen und Anerkennen.

Der Glaube an eine binär-hierarchische, heterosexuelle Zweigeschlechtlichkeit als natürlicher und legitimer *Grund* der patriarchalen Gesellschafts- und Geschlechterordnung ist folglich nach Bourdieu ein zentraler Effekt der symbolischen

Gewalt und wesentliches Element der Reproduktion männlicher Herrschaft. An dieser „hypnotischen Macht der Herrschaft" (Bourdieu 2005, S. 9), wie es Bourdieu im Anschluss an Virginia Woolf formuliert, die „mystische Demarkationslinien" (Bourdieu 2005, S. 9) zwischen den Geschlechtern sowohl im Denken als auch Fühlen und Handeln zieht, wird die Wirkmächtigkeit dieser symbolischen und eben zugleich auch realen Prozesse deutlich, deren Resultat die herrschende patriarchale Geschlechterordnung und ihre spezifische Geschlechterteilung ist. Damit sind die Erkenntnisakte der Individuen „Akte praktischer Anerkennung, einer doxischen Übereinstimmung, eines Glaubens, der sich nicht als solchen weiß und behaupten muss und der gleichsam die symbolische Gewalt ‚macht', der er unterliegt" (Bourdieu 2005, S. 63–64).

2.4 Der Geschlechtskörper und die Naturalisierung der Geschlechterdifferenz/en

Auch in Bezug auf den Körper geht Bourdieu über seine bisherigen Arbeiten hinaus.[5] Er vollzieht nun eine dekonstruktivistische Wende. So geht er nicht mehr von zwei bereits existierenden Geschlechtern aus, die dann je unterschiedliche Rollen innerhalb einer sozialen Ordnung einnehmen. Im Gegenteil, die Existenz zweier Geschlechter wird jetzt selbst als Ergebnis männlicher Herrschaft betrachtet. Der Geschlechtskörper ist nicht natürlich, sondern *naturalisiert*. „Der biologische Unterschied zwischen […] den männlichen und weiblichen Körpern, und insbesondere der anatomische Unterschied zwischen den Geschlechtsorganen" wird so zu einer „natürlichen Rechtfertigung" eines gesellschaftlich konstruierten Unterschieds zwischen den Geschlechtern (Bourdieu 2005, S. 23).

Ein zentrales Element der Reproduktion männlicher Herrschaft ist also auch bei Bourdieu, wie bei vielen anderen aktuellen GeschlechtertheoretikerInnen, ihre *Naturalisierung*. Damit geht für ihn sowohl der Anschein einer, sie und die mit ihr verbundene patriarchale Geschlechterordnung sei, weil in der natürlichen Geschlechterdifferenz von Männern und Frauen begründet, natürlich und legitim, als auch der Eindruck, es sei immer schon, seit Urzeiten, so gewesen. Doch beides, Naturalisierung, die „Verwandlung von Geschichte in Natur, des kulturell Willkürlichen *in Natürliches*" (Bourdieu 2005, S. 8, Herv. i. O.), sowie der Eindruck ahistorischer Invarianz sind Resultat einer unablässigen und intensiven gesellschaftlichen „*Reproduktionsarbeit* […], an der einzelne Akteure (darunter die Männer mit den

---

[5] Krais (2006) hebt mit Bezug auf die Buchversion hervor, Bourdieus entscheidender Beitrag bestehe darin, den Blick auf die körperliche Dimension des Handelns zu lenken und mittels des Konzepts des Habitus symbolische Ordnungen und Körperlichkeit zusammen zu denken.

Waffen der physischen und symbolischen Gewalt) und Institutionen, die Familien, die Kirche, die Schule, der Staat beteiligt sind" (Bourdieu 2005, S. 65, Herv. i. O.). Die „paradoxe Logik der männlichen Herrschaft und der weiblichen Unterwerfung" (Bourdieu 2005, S. 70) lässt sich nach Bourdieu also nur verstehen, „wenn man von den *nachhaltigen Auswirkungen* der sozialen Ordnung auf die Frauen (und die Männer), d. h. von den spontan an diese Ordnung angepassten Dispositionen, die sie ihnen aufzwingt, Kenntnis nimmt" (Bourdieu 2005, S. 70–71, Herv. i. O.).

Die *Inkorporierung* der vergeschlechtlichten und vergeschlechtlichenden Dispositionen verstärkt die Effekte der Naturalisierung und sorgt dafür, dass sich die Reproduktion der gesellschaftlichen Ordnung auf einer vor allem unbewussten Ebene vollzieht. Bourdieu weist dabei dem Körper eine besondere Bedeutung zu. Denn es ist der Körper, der bestimmte Bewegungsmuster und Körperpraxen erlernt und reproduziert, ohne dass in der Anwendung dieser Muster und Praxen eine Überlegung stattfindet. Die Unterscheidung zwischen der Dimension des Körpers und der des Leibes erlaubt es, dieses unbewusste Funktionieren theoretisch zu fassen und empirisch zu untersuchen. Diese Unterscheidung nimmt Bourdieu selbst zwar nicht systematisch vor, er impliziert sie jedoch, wenn er sagt: „Was der Leib gelernt hat, das besitzt man nicht wie ein wiederbetrachtbares Wissen, sondern das ist man" (Bourdieu 1987, S. 135).[6] Während die Dimension des Körpers dem Selbst als Gegenstand zugänglich ist, so wie andere Gegenstände auch, ist das besondere der Dimension des Leibes die „Selbststellung" (Plessner 1975): Es ist der eigene Körper, mein eigenes Selbst, was so spürbar wird. Das Selbst hat einen Körper, über den es als Objekt verfügt wie über andere Objekte auch, aber es *ist* sein Leib. Auf der Ebene des Leibes entfällt die Differenz zwischen dem wahrnehmenden Selbst und dem Wahrgenommenen, das, was leiblich gespürt wird, ist eine im Moment des Spürens unhintergehbare Wirklichkeit. Sozialisatorische Körperpraxen werden als leibliche Dispositionen für das Selbst spürbar und damit zugleich unhintergehbar real; der Leib funktioniert als „Gedächtnisstütze" für die soziale Ordnung (Bourdieu 1979, S. 199).

2.5 Der vergeschlechtlichte Habitus – männlicher und weiblicher Geschlechtshabitus

Schließlich wird auch das Habituskonzept modifiziert. Ausgangspunkt zur Entwicklung dieses Konzepts war die Frage, wie das Fortbestehen alter Handlungs-

---

[6] Mehr zur Differenzierung zwischen Körper und Leib und zum Habituskonzept als Grundlage einer Soziologie des Körpers siehe Jäger (2004).

muster unter neuen sozialen Verhältnissen zu erklären sei. In Anlehnung an den
Begriff der generativen Grammatik von Noam Chomsky (1965) definiert Bourdieu
den Habitus zunächst als ein „System verinnerlichter Muster, die es erlauben, alle
typischen Gedanken, Wahrnehmungen und Handlungen einer Kultur zu erzeugen
– und nur diese" (Bourdieu 1970, S. 143). Diese Muster sind sozial bestimmt und
damit grundsätzlich veränderlich. Später hebt Bourdieu, wie bereits beschrieben,
die besondere Bedeutung des Körpers sowie der Inkorporierung hervor, über die
der Habitus verinnerlicht wird. In *Die männliche Herrschaft* schließlich wird der
gegenwärtige Habitus als immer schon vergeschlechtlichter Habitus gedacht.

Es ist auffällig, dass hier der Begriff des Feldes, der in anderen Arbeiten als
zweite Existenzform des Sozialen neben den Habitus tritt (so in den Feldanalysen
zu Wissenschaft oder Sport), nicht auftaucht. Es scheint, als sei der Geschlechts-
habitus für Bourdieu nicht auf ein bestimmtes Feld zu reduzieren. Er durchzieht
vielmehr alle gesellschaftlichen Felder gleichermaßen und als solcher ist er in die
Analyse *aller* sozialen Felder einzubeziehen.

Darüber hinaus nimmt Bourdieu in *Die männliche Herrschaft* erstmals eine
ausführliche inhaltliche Differenzierung des dominanten männlichen und weiblichen Habitus in der bürgerlich-kapitalistischen Gesellschaft vor. Grundlage dafür ist sein ethnografisches Material aus der Kabylei. Dieser Rückgriff auf eine Art
überhistorisches Element zur Analyse der gegenwärtigen männlichen Herrschaft
war sicherlich zu Recht mehrfach Ansatzpunkt für Kritik (z. B. Kröhnert-Othman
und Lenz 2002). Bourdieu war sich dieses Problems durchaus bewusst. Der Umweg
„über diese gleichzeitig sehr ferne und doch so nahe Gesellschaft" erscheint ihm jedoch als „methodischer Kunstgriff" (Bourdieu 1997c, S. 90) zwingend, um sichtbar
zu machen, was sonst durch die eigene Verstrickung in die bestehende Ordnung
verborgen bleibt. Er dient als „Werkzeug einer historischen Archäologie des Unbewussten", das selbst wiederum „ein geschichtlich entstandenes Unbewusstes" ist
(Bourdieu 2005, S. 97).

Unserer Ansicht nach changiert Bourdieu hier zwischen zwei Haltungen. Als
Ethnologe tendiert er dazu, anthropologische Konstanten festzumachen, als Soziologe betont er das durch und durch gesellschaftlich Kontingente der männlichen
Herrschaft. Der Gewinn seines Rückgriffs auf sein ethnologisches Material liegt
unseres Erachtens aber darin, den Blick zu schärfen für die Bedeutung der Homo-
logien, der strukturellen Ähnlichkeiten zwischen verschiedenen sozialen Bereichen. So stützen sich vielfältige Unterschiede, die auf den ersten Blick nichts mit
Frauen und Männern zu tun haben, gegenseitig: „hoch/tief, oben/unten, vorne/
hinten, rechts/links, gerade/krumm (und hinterlistig), trocken/feucht, hart/weich,
scharf/fade, hell/dunkel, draußen (öffentlich)/drinnen (privat)" (Bourdieu 2005,
S. 18). Alle diese Gegensätze sind durch ihre binäre Struktur und ihren wertenden

Bezug auf das Männliche und Weibliche einander ähnlich. Es entsteht eine symbolische Ordnung, die alles umfasst. Diese homologe Struktur ist in der Tat auch heute noch (mit gewissen Modifikationen) zu finden und zentral für die Reproduktion der patriarchalen Geschlechterordnung. Trotzdem vermag Bourdieu das Problem, das scheinbar Ewige zu erklären, ohne es zu verewigen, nicht wirklich zu lösen. So hat er beispielsweise keinen Blick für die historischen Unterschiede in der Form geschlechtlicher Differenzierungen, dass z. B. die Differenzsetzung in Feudalgesellschaften eine eher *graduelle* und in den bürgerlich-kapitalistischen Gesellschaften eine eher *qualitative* ist (vgl. Maihofer 1995).

Die Herausbildung geschlechtsspezifischer Habitus ist Bourdieu zufolge ein zentraler Mechanismus der Reproduktion männlicher Herrschaft. Er versteht sie als einen Zwang zur Vergeschlechtlichung, als eine normative Anforderung an die Individuen, sich geschlechtlich zu differenzieren, die dazu führt, dass die Individuen einer unablässigen „Sozialisationsarbeit" (Bourdieu 2005, S. 90) unterworfen sind, einer „konstanten Differenzierungsarbeit", „die sie dazu bringt, sich zu unterscheiden, indem sie sich vermännlichen und verweiblichen" (Bourdieu 2005, S. 147). Um dem jeweiligen geschlechtlichen Ideal gerecht zu werden, was allerdings nie wirklich gelingt, müssen Männer alles Weibliche und Frauen alles Männliche abspalten, also Teile des Selbst abwehren, die nicht gelebt werden können, ohne das eigene Geschlecht und (s)eine heterosexuelle Orientierung in Frage zu stellen (Bourdieu 2005, S. 45). „Die Dinge bieten sich als machbare oder nicht machbare, selbstverständliche oder undenkbare, normale oder ungewöhnliche für *diese oder jene Kategorie*, d. h. insbesondere für *einen* Mann oder *eine* Frau (in dieser oder jener Lage) dar" (Bourdieu 2005, S. 101, Herv. i. O.). Die symbolische Ordnung etabliert somit nicht nur einen Unterschied zwischen dem Denk- und Undenkbaren, sondern auch zwischen dem für einen Mann oder eine Frau, je nach gesellschaftlicher Lage, Lebbaren und Nicht-Lebbaren.

Männlichkeit und Weiblichkeit konstituieren sich darüber hinaus in einer hierarchischen Relation zueinander, in der Männer die Herrschenden und Frauen die Beherrschten sind. Bourdieu nennt eine Reihe von qualitativen Besonderheiten, die männliche und weibliche Dispositionen aktuell voneinander unterscheiden. So gehört es zu den als männlich konnotierten Dispositionen, Macht- und Gewaltspiele zu lieben (*libido dominandi*) und die dafür nötigen Denkweisen, Gefühle und Praxen zu entwickeln. Und als weiblich konnotierte Dispositionen benennt Bourdieu, sich unterzuordnen und diejenigen zu begehren, die Herrschaft ausüben (*libido dominantis*). Da Männlichkeit „ein Seinsollen, eine virtus" (Bourdieu 2005, S. 90) ist, müssen Männer *aktive* Anstrengungen unternehmen, um diese Männlichkeit nicht nur zu erwerben, sondern auch tagtäglich unter Beweis zu stellen. Demgegenüber steht bei Frauen eine *passive* Haltung als wichtigste Disposition

im Vordergrund. „Das weibliche Sein" ist zuallererst „Wahrgenommen-Sein"
(Bourdieu 2005, S. 112). Frauen werden als „symbolische Objekte" konstituiert,
wodurch sie „in einen andauernden Zustand körperlicher Verunsicherung oder,
besser, symbolischer Abhängigkeit versetzt werden: Sie existieren zuallererst für
und durch die Blicke der anderen" (Bourdieu 2005, S. 117).

Doch neben der Beschreibung qualitativer Unterschiede zwischen den Geschlechtern benennt Bourdieu in Bezug auf Frauen mehrfach die *Differenzen
zwischen Frauen* durch Klasse und ‚Rasse'/Ethnizität: „[Ö]konomische und kulturelle Unterschiede […] wirken sich unter anderem auf die objektive und subjektive Art und Weise aus, wie sie die männliche Herrschaft erfahren und erleiden"
(Bourdieu 2005, S. 162). In diesem Sinne seien Frauen voneinander getrennt. Was
Frauen verbindet, wird nicht an bestimmten Eigenschaften festgemacht (Gebären,
Stillen, Menstruation), sondern an einem *relationalen Verhältnis*. Dieses sorgt wie
ein „Handicaprennen" dafür, dass die „Struktur der Abstände" im sozialen Raum
bestehen bleibt, selbst wenn es zu Veränderungen der Position von Frauen kommt
(Bourdieu 2005, S. 158). „Die sichtbaren Veränderungen der Lage verdecken in der
Tat das an den *relativen Positionen* Unveränderte" (Bourdieu 2005, S. 157, Herv.
i. O.).

Männlichkeit ist ebenfalls „ein eminent *relationaler* Begriff, der vor und für die
anderen Männer und gegen die Weiblichkeit konstruiert ist, aus einer Art Angst
vor dem *Weiblichen*, und zwar in erster Linie in einem selbst" (Bourdieu 2005,
S. 96, Herv. i. O.). Da Männlichkeit vor allem von anderen Männern bestätigt werden muss, misst Bourdieu homosozialen Räumen (Jugendbanden, Militär, Sport)
eine besondere Bedeutung bei (vgl. Meuser 1998). Denn nur der ist ein „wahrhaf-
ter Mann" (Bourdieu 2005, S. 93), dessen „Zugehörigkeit zur Gruppe der ‚wahren
Männer'" von anderen Männern „beglaubigt" (Bourdieu 2005, S. 94) wird und der
sich selbst und anderen Männern sein „sexuelles und soziales Reproduktionsver-
mögen" (Bourdieu 2005, S. 92) zu beweisen vermag. Gerade in diesem ständigen
Beweisen-müssen liegt Bourdieu zufolge auch die „außerordentliche Verletzlich-
keit" (Bourdieu 2005, S. 93), ja Fragilität von Männlichkeit begründet. Auch der
Hang zu Gewalt gegenüber sich selbst und anderen leitet sich aus dieser Angst vor
dem Verlust der Männlichkeit ab (Bourdieu 2005, S. 96).

Und nicht zuletzt müssen, wie Bourdieu betont, sowohl die Beherrschten als
auch die Herrschenden auf sich selbst, ihren Körper, ihre Psyche und ihre Praxen
die Schemata der binären Ordnung anwenden. Das heißt, auch die Männer sind
als Herrschende der Herrschaft unterworfen. Als Herrschende profitieren sie zwar
mehr von den strukturellen Zwängen, doch gleichwohl werden auch sie „von ihrer
Herrschaft beherrscht" (Bourdieu 2005, S. 122), wie es Bourdieu im Anschluss an
Marx formuliert. Diese spezifische Position, die Männer nicht nur als Unterdrü-

cker, sondern auch als Unterworfene denkt, wurde in der deutschsprachigen Rezeption lange Zeit entweder kritisiert oder ausgeblendet (z. B. Krais 1993, S. 219). Dies ändert sich grundlegend erst mit der Etablierung der Männerforschung (vgl. Connell 1995; Meuser 1998) bzw. der Geschlechterforschung. Für Letztere ist die Thematisierung von Geschlechterverhältnissen und somit eine Einbeziehung von Männern bzw. der Blick auf beide Geschlechter konstitutiv (vgl. Maihofer 2006).[7]

2.6 Permanenz im und durch den Wandel

Die grundsätzliche Infragestellung der Selbstverständlichkeit der männlichen Herrschaft, wie sie durch die Frauenbewegungen stattgefunden hat, sieht Bourdieu als eine der folgenreichsten Veränderungen in den Geschlechterverhältnissen an. Damit verbunden hat sich die Situation der Frau, „besonders in den begünstigten sozialen Kategorien" (Bourdieu 2005, S. 154), in mehrfacher Hinsicht gewandelt. Der Zugang von Frauen zur Bildung hat sich verbessert, ebenso haben sie eine höhere Erwerbsbeteiligung erreicht. Zudem hat sich die Akzeptanz von Homosexualität erhöht und die Familie als eine der „Hauptinstanzen" (Bourdieu 2005, S. 148) der Reproduktion der Geschlechterdifferenz ist aktuell im Wandel begriffen.

Aber diese und andere Veränderungen „verdecken", wie oben bereits erwähnt, Bourdieu zufolge „das an den *relativen Positionen* Unveränderte" (Bourdieu 2005, S. 157, Herv. i. O.), dass also die „Struktur der Abstände" (Bourdieu 2005, S. 158) der hierarchischen Differenzierung zwischen Frauen und Männern bislang gleich geblieben ist. Aus diesem Grund spricht er auch von einer „Permanenz im und durch den Wandel" (Bourdieu 2005, S. 159). So gehorchen die Entwicklungen in der Situation von Frauen nach wie vor „der Logik des traditionellen Modells der Teilung von männlich und weiblich" (Bourdieu 2005, S. 162). Drei Prinzipien leiten ihm zufolge die beruflichen Entscheidungen von Frauen weiterhin an: Erstens konzentrieren sie sich in ihren beruflichen Tätigkeiten auf Felder, die als Verlängerungen der häuslichen Funktionen betrachtet werden können. Zweitens vermeiden sie Positionen, in denen sie Männern gegenüber weisungsbefugt sind. Und drittens überlassen sie Männern das Monopol des Umgangs mit technischen Gegenständen und Maschinen. Es gibt einen „negativen symbolischen Koeffizienten" (Bourdieu 2005, S. 161), der für einen letztlich gleich bleibenden Abstand zu Männern der gleichen Klasse und Ethnizität sorgt, egal wie hoch eine Frau aufsteigt.

---

[7] Engler betont, dass Bourdieus relationale Betrachtungsweise dazu führt, nicht Männer und Frauen zum Ausgangspunkt der Untersuchung zu machen, „sondern das soziale Gefüge, in dem Männer und Frauen agieren" (Engler 2004, S. 230).

Eine grundlegende *Überwindung* der bestehenden Geschlechterverhältnisse ist Bourdieu zufolge daher nur durch eine „dauerhafte Umwandlung der inkorporierten Kategorien (der Denkschemata)" (Bourdieu 2005, S. 206) möglich. Nur so verlieren die bestehenden gesellschaftlichen Teilungsprinzipien ihren Status als „unbestrittene, naturgegebene Realität" (Bourdieu 2005, S. 206). Für diese Veränderung der *Dispositionen von Frauen und Männern als Herrschende und Beherrschte* reicht es jedoch nicht aus, auf der Ebene des Bewusstseins anzusetzen, weil das Bewusstsein selbst immer schon vergeschlechtlicht ist bzw. Bewusstsein und Struktur im Habitus immer schon miteinander verschränkt sind. Eine „symbolische Destruktions- und Konstruktionsarbeit neuer Wahrnehmungs- und Bewertungskategorien" (Bourdieu 2005, S. 209–210) kann nur über eine „radikale Umgestaltung der gesellschaftlichen Produktionsbedingungen" dieser Dispositionen nachhaltig durchgesetzt werden (Bourdieu 2005, S. 77). Das aber bedeutet, dass erst mit grundlegenden Veränderungen insbesondere in Familie, Schule, Staat als zentrale „gesellschaftliche Produktionsbedingungen" dieser Dispositionen (Bourdieu 2005, S. 145) das zirkuläre Reproduktionsverhältnis der patriarchalen Geschlechterordnung wirklich durchbrochen und von einem grundlegenden Wandel gesprochen werden kann.

In seiner Analyse der gegenwärtigen Geschlechterverhältnisse übersieht Bourdieu allerdings bereits stattfindende Veränderungen (vgl. Rademacher 2002). Tatsächlich zeichnen sich bezüglich der Zuweisung der Sphären (privat – öffentlich/ beruflich), die als Kernstück der *symbolischen Geschlechterordnung* zu begreifen ist und deren Verschränkung Bourdieu zufolge für die bestehende Geschlechterordnung von eminenter Bedeutung ist (Bourdieu 2005, S. 184), aktuell folgenreiche Transformationen ab. In seinem Nachweis der Persistenzen ist der Blick nur auf die Frauen gerichtet. Nimmt man die Männer hinzu, werden neue Formen der Arbeitsteilung im Privaten sichtbar, die das Binäre (privat/weiblich; beruflich/ männlich) nicht mehr ganz so eindeutig reproduzieren (Baumgarten et al. 2012; Jäger 2011; König 2012; König und Jäger 2011; König 2006; König und Maihofer 2004; Maihofer et al. 2010). In einer Fußnote verweist Bourdieu selbst darauf, wie wichtig es sei, den Blick auch auf Männer zu richten, denn: „das Bemühen um die Befreiung der Frauen von der Herrschaft" kann „ohne das Bemühen um die Befreiung der Männer von denselben Strukturen nicht erfolgreich sein" (Bourdieu 2005, S. 195, Fn). So, wie im Bereich der Sexualität die doxa entkräftet und der „Raum der Möglichkeiten" (Bourdieu 2005, S. 156) erweitert wurde, so verändert sich auch die Grenze des Machbaren oder Nicht-Machbaren, des Selbstverständlichen oder Undenkbaren, des Normalen oder Ungewöhnlichen (Bourdieu 2005, S. 101), wenn es um Beruf, Haushalt und Elternschaft geht.

3 Resümee und Ausblick: Eine kritische Gesellschaftstheorie des Geschlechts

Wie inzwischen von vielen betont (vgl. Kahlert und Weinbach in diesem Bd.), reichen Einzelanalysen nicht mehr aus, um die gegenwärtigen Transformationsprozesse in den Geschlechterverhältnissen und deren komplexe Gleichzeitigkeit von Wandel und Persistenz angemessen zu erfassen. Ihre kritische Einschätzung bedarf einer gesamtgesellschaftlichen Perspektive und damit einer produktiven Verbindung von Gesellschaftstheorie und Geschlechterforschung (vgl. auch Maihofer 2007). Hierzu leistet Bourdieu in *Die männliche Herrschaft* einen wichtigen Beitrag.

Im Folgenden möchten wir abschließend sechs Thesen formulieren, welche unseres Erachtens zentrale Ansatzpunkte für eine solche anstehende Verbindung von Gesellschafts- und Geschlechtertheorie darstellen – Ansatzpunkte, die es allerdings künftig theoretisch weiter zu entwickeln und empirisch zu konkretisieren gilt. Außerdem zeigen wir auch einige Grenzen auf, die mit Bourdieus Konzeption einhergehen.

(1) In bürgerlich-kapitalistischen Gesellschaften sind Gesellschaftsordnung und Geschlechterordnung konstitutiv miteinander verbunden.

Wie gezeigt, weist Bourdieu *Geschlecht* in seinem Spätwerk eine *konstitutive* Bedeutung für die Entstehung und Reproduktion sozialer Ordnung zu und gibt damit seiner Gesellschaftstheorie insgesamt eine neue Wendung. So ist die Art und Weise, wie in den gegenwärtigen westlichen Gesellschaften die Menschen sich selbst, ihren (Geschlechts-)Körper und die Dinge in der Welt wahrnehmen und fühlen, wie sie denken und erkennen und nicht zuletzt wie sie handeln (z. B. in ihren sexuellen Praktiken), immer schon gemäß der patriarchalen heteronormativen Zweigeschlechterordnung vergeschlechtlicht; ebenso die soziale Welt, wie sich z. B. an der geschlechtlichen architektonischen Aufteilung von Wohnräumen oder der geschlechtlichen Segregation des Arbeitsmarktes oder des Bildungssystems zeigt. Gesellschafts- und Geschlechterordnung fallen Bourdieu zufolge also in den bürgerlich-kapitalistischen Gesellschaften ineinander, oder anders ausgedrückt: hier sind sie koextensiv (deckungsgleich) und nur analytisch zu trennen.

Das bedeutet allerdings nicht, dass diese konstitutive Verschränkung immer schon in dieser Form gegeben war, noch dass es sie weiterhin geben wird. Vielmehr ist das Verhältnis von Gesellschaftsordnung und Geschlechterordnung historisch jeweils zu spezifizieren. Bourdieu selbst geht von der Möglichkeit, ja Wahrscheinlichkeit von historisch unterschiedlichen Ursachen für die Entwicklung von Gesellschafts- und Geschlechterordnungen aus. Danach sind die bürgerlich-patriarchale Geschlechterordnung und die bürgerlich-kapitalistische Gesellschaftsordnung sehr wahrscheinlich weder aus denselben Gründen entstanden noch haben sie per se dieselben Zeitrhythmen und Dynamiken. Bourdieu geht wie Foucault davon aus, dass sich verschiedene gesellschaftliche Entwicklungen immer stärker überschnitten, verknüpft und wechselseitig verstärkt haben bis hin zu einer weitgehend konstitutiven Verschränkung im Rahmen einer historisch spezifischen Gesellschaftsformation. Bourdieus Überlegungen bleiben hier jedoch eher auf der Stufe von Andeutungen, die Formulierung expliziter Thesen fehlt. So bleibt unklar, was genau eigentlich die gesellschaftlich-kulturelle Basis der Entstehung geschlechtlicher Ordnungen ist. Und nicht zuletzt bleibt offen, ob für ihn *jede* Gesellschaftsordnung wie die bestehende immer zugleich auch eine Geschlechterordnung war bzw. in Zukunft sein wird. Die Utopie eines menschlichen Zusammenlebens ohne Geschlechterordnung wird nicht thematisiert.

(2) Die Analyse der symbolischen Gewalt ist für die Erkenntnis der Reproduktionsbedingungen der bestehenden Gesellschafts- und Geschlechterordnung zentral.

Mit der These der konstitutiven Verbindung von Gesellschafts- und Geschlechterordnung ist für Bourdieu auf das engste die Erkenntnis der grundlegenden Wirkmächtigkeit symbolischer Gewalt verbunden. Hiernach ist die patriarchale heteronormative Einteilung der Menschen in zwei binär-hierarchisch entgegengesetzte Geschlechter Basis für die dichotome Einteilung der Welt. Dies betrifft sowohl die Herausbildung der herrschenden „historischen Transzendentalien" unseres Wahrnehmens, Denkens und Handelns als auch insgesamt die binär-hierarchische Logik gesellschaftlicher Differenzierungs-, Stratifizierungs- und Disziplinierungsmechanismen. In diesem Sinne trägt nach Bourdieu die symbolische Geschlechterordnung zentral zur Herstellung wie Aufrechterhaltung der gegenwärtigen *Form* gesellschaftlicher Hegemonie und Herrschaft bei. Darüber hinaus weist er damit die Behauptung zurück, dass für die (Re)Produktion der bestehenden Geschlechterordnung letztlich vor allem die ‚wirklich realen' Ungleichheitsverhältnisse und Stratifizierungsprozesse relevant seien (z. B. die Reproduktion von Ungleichheiten im ökonomischen Bereich). Demgegenüber insistiert Bourdieu unserer Meinung nach zu Recht auf der ebenso bedeutsamen Wirkmächtigkeit symbolischer Prozesse. Auch hier steht es an, empirisch nachzuzeichnen, wie das Symbolische auf der Ebene des Individuums bzw. in ihm real wird. In diesem Zusammenhang betont Bourdieu im Übrigen mehrfach die Notwendigkeit konkreter Analysen der geschlechtsspezifischen Sozialisationsprozesse.

(3) Aufgrund der konstitutiven Verschränkung von Subjektivem und Objektivem, Individuellem und Strukturellem sind für eine angemessene Einschätzung der bestehenden Gesellschafts- und Geschlechterordnung beide Aspekte gleichermaßen zentral.

Mit dieser These von der konstitutiven Verschränkung von subjektiver und objektiver Welt geht die Einsicht einher, dass die grundlegenden Strukturen beider homolog sind, d. h. in sich eine *gemeinsame* innere Logik besitzen, und sie sich wechselseitig fortwährend beeinflussen (was Ungleichzeitigkeiten und Widersprüche keineswegs ausschließt). Bourdieu wendet sich damit ausdrücklich gegen Positionen, die den Schwerpunkt der Reproduktion der bestehenden patriarchalen Geschlechterordnung in den gesellschaftlichen (Makro-)Strukturen und Institutionen verorten und die deren Analyse als bedeutsamer ansehen als die der vergeschlechtlichten Habitus mit ihren unterschiedlichen Denk-, Gefühls- und Handlungsweisen, Körperpraxen und psychischen Strukturen. Demgegenüber insistiert Bourdieu auf der gleichen Bedeutsamkeit beider Bereiche und Dimensionen.

In *Die feinen Unterschiede* hat Bourdieu die Verschränkung von Subjektivem und Objektivem am Beispiel des Klassengeschmacks ausführlich und detailreich beschrieben. Eine ähnlich ausführliche und umfassende Analyse des stärker auf Körper (und Leib) bezogenen geschlechtlichen Habitus steht bislang aus. Vor allem auf der mikrosoziologischen Ebene ist die Frage danach, *wie genau* der (geschlechtliche) Habitus in den Körper kommt, noch unbeantwortet. Dies bedarf weiterer theoretischer und insbesondere empirischer Präzisierung und Elaborierung.

(4) Zur Analyse der bestehenden Geschlechterordnung ist es notwendig, eine multidimensionale Perspektive einzunehmen und die Wechselwirkung zwischen verschiedenen Differenzierungsmechanismen in den Blick zu nehmen.

Bourdieu benennt in verschiedenen Zusammenhängen insbesondere vier Formen symbolischer Herrschaft, die alle die Merkmale des Natürlichen tragen: weiß, bürgerlich, männlich und heterosexuell. Alle vier Elemente hängen für ihn in einem Individuum stets konstitutiv miteinander zusammen. Das heißt, dass für die Analyse symbolischer Herrschaft die analytischen Kategorien ‚Rasse'/Ethnizität, Klasse, Geschlecht und Sexualität gleichermaßen relevant sind. Deshalb gilt es ihm zufolge auch nicht *theoretisch* zu entscheiden, welche Kategorie als Leitkategorie zu verstehen ist. Dies hat er nicht zuletzt in der Diskussion um das Verhältnis der Kategorien Klasse und Geschlecht mehrfach betont (Bourdieu 1997b). Stattdessen muss je nach Forschungsgegenstand entschieden werden, welche theoretischen Begriffe notwendig sind, um die jeweiligen hegemonialen Differenzierungs- und Disziplinierungsprozesse zu beschreiben, und inwiefern Überschneidungen zwischen verschiedenen Kategorien bzw. Phänomenen berücksichtigt werden müssen. So hat Bourdieu in *Die feinen Unterschiede* den Fokus auf die analytische Kategorie Klasse gelegt, aber dennoch Differenzen zwischen den Geschlechtern reflektiert und beschrieben. In *Die männliche Herrschaft* geht es demgegenüber um Geschlecht, aber gleichzeitig arbeitet er auch klassenspezifische Unterschiede heraus. Insgesamt bietet Bourdieu damit einen produktiven Anknüpfungspunkt für die gegenwärtigen Debatten in der Geschlechterforschung über Intersektionalität und/oder Interdependenz und macht die unabdingbare Notwendigkeit einer multidimensionalen

Analyse nicht nur für die Geschlechterforschung, sondern auch für die Gesellschaftstheorie deutlich.

*(5) Es gilt, den Blick auf beide Geschlechter und ihr jeweiliges Verhältnis zuein-
ander zu richten, denn beide sind der Gesellschafts- und Geschlechterordnung, wenn
auch auf unterschiedliche Weise, unterworfen.*

Richtet man neben Frauen- und Männerforschung im Sinne der Geschlechterforschung den Blick auf *beide* Geschlechter gleichermaßen, wird sichtbar, was für
das jeweilige Geschlecht möglich und unmöglich ist. So kann eine umfassendere
Einschätzung von den Geschlechterverhältnissen, ihrem Wandel und ihrer Persistenz in alltäglichen Praxen, institutionellen Mechanismen, symbolischen Repräsentationen und gesellschaftlichen Institutionen gewonnen werden (Maihofer
2006). Auch die Differenzen *zwischen* Frauen und *zwischen* Männern treten in
einer solchen Perspektive deutlicher hervor. Darüber hinaus wird die vermeintlich
klare Unterscheidung zwischen Tätern und Opfern unscharf und differenzierungs-
bedürftig.

So betont Bourdieu zwar, dass es sich um eine *männliche* Herrschaft handelt
und benennt mit dem negativen symbolischen Koeffizienten einen Unterschied
zwischen Männern und Frauen, der immer wieder für einen Abstand zwischen
deren gesellschaftlichen Positionen sorgt. Gleichzeitig macht er aber auch deutlich:
Männer sind ebenfalls Disziplinierungen ausgesetzt, die zwar anders inhaltlich bestimmt sind als die der Frauen, aber trotzdem dafür sorgen, dass auch sie „Unterworfene", „gleichfalls Gefangene und auf versteckte Weise Opfer der herrschenden
Vorstellungen" sind (Bourdieu 2005, S. 90). Und zwar genau darin, wie sie im Rahmen der „ungeheuren kollektiven Sozialisationsarbeit" (Bourdieu 2005, S. 45) zu
Tätern gemacht werden. *Alle* sind somit in die Prozesse der Vergeschlechtlichung
und des Vergeschlechtlichens eingebunden. Täter *und* Opfer sind Effekte einer gesellschaftlichen Ordnung, Ergebnis gesellschaftlicher Disziplinierungs- und Stratifizierungsprozesse. Die Unterscheidung zwischen beiden verliert mit Bourdieu ihre
Eindeutigkeit.

*(6) Eine Überwindung der bestehenden Gesellschafts- und Geschlechterordnung
ist nur durch eine dauerhafte Umwandlung der symbolischen Geschlechterordnung
und der mit ihr verbundenen inkorporierten Dispositionen zu erreichen.*

Bourdieus These von der Wirkmächtigkeit symbolischer Gewalt impliziert,
dass nur mit deren grundlegendem Wandel eine dauerhafte Überwindung der
bestehenden Gesellschafts- und Geschlechterordnung möglich ist. Um diese Veränderungen der vergeschlechtlichten Dispositionen – also die Etablierung neuer Wahrnehmungs- und Bewertungskategorien – zu erreichen, genügt es nach
Bourdieu nicht, auf der Ebene des Bewusstseins anzusetzen. Ihre Transformation
bedarf einer radikalen Umgestaltung der gesellschaftlichen Reproduktionsbedingungen dieser Dispositionen, wie z. B. grundlegender Veränderungen in Familie,

Schule und Staat. Erst auf diese Weise kann das zirkuläre Reproduktionsverhältnis der bestehenden patriarchalen Geschlechterordnung wirklich durchbrochen und von einem grundlegenden Wandel gesprochen werden. Dabei wird auch deutlich, dass eine angemessene kritische Einschätzung der gegenwärtigen Prozesse der „Zusammenschau aller Instanzen" (Bourdieu 2005, S. 153) bedarf. Die Priorisierung *eines* gesellschaftlichen Bereichs lehnt Bourdieu entschieden ab. Das aber impliziert zudem: eine Überwindung der bestehenden patriarchalen Geschlechterordnung ist nur in Verbindung mit einer Überwindung der bestehenden bürgerlich-kapitalistischen Gesellschaftsordnung möglich – und vice versa.

Hier stößt Bourdieus These von der Permanenz im Wandel im Übrigen an ihre Grenzen. Wie oben bereits angesprochen, wird sie der gegenwärtigen Komplexität der Prozesse nicht gerecht. Vielmehr gilt es unserer Ansicht nach, von einer *paradoxen Gleichzeitigkeit von Wandel und Persistenz* auszugehen (Maihofer 2007). Basierend auf dieser These stünde es als nächstes an, eine Art dynamisches zeitdiagnostisches Tableau zu entwickeln, das die Prozesse in den verschiedenen gesellschaftlichen Bereichen aufzeigt und miteinander in Beziehung setzt. Auf der Grundlage eines solchen Tableaus kann dann in einem zweiten Schritt analysiert werden, ob, wo und wie sich gemeinsame oder gegenläufige Dynamiken und innere Logiken finden lassen und in welchem Verhältnis Aspekte des Wandels und Aspekte der Persistenz zueinanderstehen (Maihofer 2007).

Insgesamt lässt sich also abschließend festhalten: Bourdieus Einsichten sind sowohl für die Gesellschaftstheorie als auch für die Geschlechterforschung folgenreich. Die bestehenden Verhältnisse sind danach nur dann wirklich begriffen, wenn sie als eine historisch bestimmte Gesellschafts- und Geschlechterordnung, also in ihrem jeweiligen gesellschaftlichen Gesamtzusammenhang, verstanden sind. Dies gelingt allerdings nur, wenn die bisherige Trennung von Gesellschafts- und Geschlechtertheorie grundlegend überwunden wird. Hierfür liefert Bourdieu, wie gezeigt, zentrale Bausteine, die als produktiver Ansatz für die weitere Ausarbeitung einer kritischen Theorie des Geschlechts und der Geschlechterverhältnisse genutzt werden können.

Literatur

Baumgarten, Diana, Karsten Kassner, Andrea Maihofer und Nina Wehner. 2012. Warum werden manche Männer Väter, andere nicht? Männlichkeit und Kinderwunsch. In *Das Väter-Handbuch. Theorie, Forschung, Praxis*, Hrsg. Heinz Walter und Andreas Eickhorst, 415–443. Gießen.

Bock, Ulla, Irene Dölling und Beate Krais, Hrsg. 2007. *Prekäre Transformationen. Pierre Bourdieus Soziologie der Praxis und ihre Herausforderungen für die Frauen- und Geschlechterforschung. Querelles. Jahrbuch für Frauen und Geschlechterforschung 2007.* Göttingen.

Böhnisch, Tomke. 1999. *Gattinnen. Die Frauen der Elite*. Münster.

Bourdieu, Pierre. 1970. *Zur Soziologie der symbolischen Formen*. Frankfurt a. M.

Bourdieu, Pierre. 1979 [1972]. *Entwurf einer Theorie der Praxis auf der Grundlage der kabylischen Gesellschaft*. Frankfurt a. M.

Bourdieu, Pierre. 1987 [1980]. *Sozialer Sinn*. Frankfurt a. M.

Bourdieu, Pierre. 1989 [1979]. *Die feinen Unterschiede: Kritik der gesellschaftlichen Urteilskraft*. Frankfurt a. M.

Bourdieu, Pierre. 1997a [1990]. Die männliche Herrschaft. In *Ein alltägliches Spiel. Geschlechterkonstruktion in der sozialen Praxis*, Hrsg. Irene Dölling und Beate Krais, 153–217. Frankfurt a. M.

Bourdieu, Pierre. 1997b. Eine sanfte Gewalt. Pierre Bourdieu im Gespräch mit Irene Dölling und Margareta Steinrücke. In *Ein alltägliches Spiel. Geschlechterkonstruktion in der sozialen Praxis*, Hrsg. Irene Dölling und Beate Krais, 218–230. Frankfurt a. M.

Bourdieu, Pierre. 1997c. Männliche Herrschaft revisited. *Feministische Studien* 15 (2): 88–99.

Bourdieu, Pierre. 2005 [1998]. *Die männliche Herrschaft*. Frankfurt a. M.

Bourdieu, Pierre, und Loïc J. D. Wacquant. 1996 [1992]. *Reflexive Anthropologie*. Frankfurt a. M.

Chomsky, Noam. 1965. *Aspects of the theory of syntax*. Cambridge.

Connell, Raewyn. 1995. *Masculinities*. Cambridge.

Cyba, Eva. 2008. Patriarchat: Wandel und Aktualität. In *Handbuch Frauen- und Geschlechterforschung. Theorie, Methoden, Empirie*. 2., überarb. und erw. Aufl., Hrsg. Ruth Becker und Beate Kortendiek, 17–22. Wiesbaden.

Dölling, Irene. 2004. Männliche Herrschaft als paradigmatische Form der symbolischen Gewalt. In *Pierre Bourdieu. Politisches Forschen, Denken und Eingreifen*, Hrsg. Margareta Steinrücke, 74–90. Hamburg.

Dölling, Irene. 2009. Männliche Herrschaft (domination masculine). In *Bourdieu-Handbuch. Leben – Werk – Wirkung*, Hrsg. Gerhard Fröhlich und Boike Rehbein, 172–178. Stuttgart.

Engler, Steffanie. 2004. Habitus und sozialer Raum: Zur Nutzung der Konzepte Pierre Bourdieus in der Frauen- und Geschlechterforschung. In *Handbuch Frauen- und Geschlechterforschung. Theorie, Methoden, Empirie*, Hrsg. Ruth Becker und Beate Kortendiek, 222–233. Wiesbaden.

Jäger, Ulle. 2004. *Der Körper, der Leib und die Soziologie. Entwurf einer Theorie der Inkorporierung*. Königstein.

Jäger, Ulle. 2011. *Wissenschaft, Partnerschaft, Elternschaft. Doppelkarrierepaare an der Universität St Gallen. Eine Untersuchung im Auftrag der Fachstelle für die Gleichstellung von Frauen und Männern*. St. Gallen.

König, Tomke. 2006. Familiale Geschlechterarrangements oder wie Paare Arbeit teilen und dabei Geschlecht herstellen. *Elternschaft. Freiburger FrauenStudien. Zeitschrift für Interdisziplinäre Frauenforschung* (18): 15–36.

König, Tomke. 2012. *Familie heißt Arbeit teilen. Transformation der symbolischen Geschlechterordnung*. Konstanz.

König, Tomke, und Ulle Jäger. 2011. Reproduktionsarbeit in der Krise und neue Momente der Geschlechterordnung. Alle nach ihren Fähigkeiten, alle nach ihren Bedürfnissen! In *VielfachKrise. Im finanzmarktdominierten Kapitalismus*, Hrsg. Alex Demirovic, Julia Dück, Florian Becker und Pauline Bader, 146–163. Hamburg.

König, Tomke, und Andrea Maihofer. 2004. „Es hat sich so ergeben". Praktische Normen familialer Arbeitsteilung. *Familiendynamik* 29 (3): 209–232.

Krais, Beate. 1993. Geschlechterverhältnis und symbolische Gewalt. In *Praxis und Ästhetik. Neue Perspektiven im Denken Pierre Bourdieus*, Hrsg. Gunter Gebauer und Christoph Wulf, 208–250. Frankfurt a. M.

Krais, Beate. 1997. Habitus und soziale Praxis. In *Ein alltägliches Spiel. Geschlechterkonstruktion in der sozialen Praxis*, Hrsg. Irene Dölling und Beate Krais, 91–106. Frankfurt a. M.

Krais, Beate. 2005. Die moderne Gesellschaft und ihre Klassen – Bourdieus Konstrukt des sozialen Raums. In *Pierre Bourdieu: Deutsch-französische Perspektiven*, Hrsg. Catherine Colliot-Thélène, Etienne François und Gunter Gebauer, 79–105. Frankfurt a. M.

Krais, Beate. 2006. Über einige theoretische Probleme der Soziologie des Geschlechterverhältnisses. Geschlechtsrollen, Gender und Bourdieus Die männliche Herrschaft. *Journal Phänomenologie. Schwerpunkt: Pierre Bourdieu: Die männliche Herrschaft* 25: 13–22.

Kröhnert-Othman, Susanne, und Ilse Lenz. 2002. Geschlecht und Ethnizität bei Pierre Bourdieu. Kämpfe um Anerkennung und symbolische Regulation. In *Theorie als Kampf? Zur politischen Soziologie Pierre Bourdieus*, Hrsg. Uwe Bittlingmayer, Rolf Eickelpasch, Jens Kastner und Claudia Rademacher, 159–178. Opladen.

Maihofer, Andrea. 1995. *Geschlecht als Existenzweise. Macht, Moral, Recht und Geschlechterdifferenz*. Frankfurt a. M.

Maihofer, Andrea. 2006. Von der Frauen- zur Geschlechterforschung. Ein bedeutsamer Perspektivenwechsel nebst aktuellen Herausforderungen an die Geschlechterforschung. In *MännerFrauenGeschlechterforschung. State of the Art*, Hrsg. Brigitte Aulenbacher, Mechthild Bereswill, Martina Löw, Michael Meuser, Gabriele Mordt, Reinhild Schäfer und Sylka Scholz, 64–77. Münster.

Maihofer, Andrea. 2007. Gender in Motion: Gesellschaftliche Transformationsprozesse – Umbrüche in den Geschlechterverhältnissen? Eine Problemskizze. In *Gender in Motion: Die Konstruktion von Geschlecht in Raum und Erzählung*, Hrsg. Dominique Grisard, Jana Häberlein, Anelis Kaiser und Sibylle Saxer, 281–315. Frankfurt a. M.

Maihofer, Andrea, Diana Baumgarten, Karsten Kassner und Nina Wehner. 2010. *Familiengründung und Kinderlosigkeit bei Männern. Bedingungen von Vaterschaft heute im Spannungsfeld zwischen alten und neuen Männlichkeitsnormen. Ergebnisse des Forschungsprojekts: Warum werden manche Männer Väter, andere nicht? Bedingungen von Vaterschaft heute*. ZGS Diskussions-Papier. Basel.

Meuser, Michael. 1998. *Geschlecht und Männlichkeit. Soziologische Theorie und kulturelle Deutungsmuster*. Opladen.

Plessner, Helmuth. 1975. *Die Stufen des Organischen und der Mensch*. Berlin.

Rademacher, Claudia. 2001. Geschlechterrevolution – rein symbolisch? Judith Butlers Bourdieu-Lektüre und ihr Konzept einer „subversiven Identitätspolitik". In *Geschlecht. Ethnizität. Klasse. Zur sozialen Konstruktion von Hierarchie und Differenz*, Hrsg. Claudia Rademacher und Peter Wiechens, 31–51. Opladen.

Rademacher, Claudia. 2002. Jenseits männlicher Herrschaft. Pierre Bourdieus Konzept einer Geschlechterpolitik. In *Theorie als Kampf? Zur politischen Soziologie Pierre Bourdieus*, Hrsg. Uwe Bittlingmayer, Rolf Eickelpasch, Jens Kastner und Claudia Rademacher, 145–158. Opladen.

Schultheis, Franz. 2008. Symbolische Gewalt: Zur Genese eines Schlüsselkonzepts der bourdieuschen Soziologie. In *Symbolische Gewalt. Herrschaftsanalyse nach Pierre Bourdieu*, Hrsg. Robert Schmidt und Volker Woltersdorff, 25–44. Konstanz.

Heteronormativitätskritik light: Manuel Castells' Beitrag zu einer geschlechtertheoretisch informierten Gesellschaftstheorie

Nina Degele

Zusammenfassung

Manuel Castells' Entwurf einer gesellschaftstheoretisch unterfütterten Zeitdiagnose verortet das treibende Moment sozialen Wandels im bipolaren Gegensatz zwischen Netz und Ich. Eine zentrale Rolle spielen dabei die informationstechnische Revolution und die Frauenbewegung, was Perspektiven einer geschlechtertheoretisch informierten Gesellschaftstheorie eröffnet. Um diese freizulegen, skizziert der Beitrag Castells' Konzept des informationellen Kapitalismus und rekonstruiert dessen Überlegungen zum Zusammenhang von Geschlechterverhältnissen und Netzwerklogik. Weil Castells den Zusammenhang von Netz und Ich dabei über das Phänomen Familie verknüpft, bleibt er allerdings – so die Kritik – in einem traditionell angelegten Konnex von Geschlecht und Patriarchalismus gefangen. Alternativ skizziert der Beitrag eine heteronormativitätskritische Perspektive, um das gesellschaftstheoretische Potenzial von Castells' Entwurf besser nutzen zu können.

Für geduldiges Lesen, kritisches Mitdenken und hilfreiches Kommentieren danke ich Heike Kahlert und Christine Weinbach.

N. Degele (✉)
Institut für Soziologie, Albert-Ludwigs-Universität Freiburg, Rempartstr 15, 79085 Freiburg, Deutschland
E-Mail: nina.degele@soziologie.uni-freiburg.de

H. Kahlert, C. Weinbach (Hrsg.), *Zeitgenössische Gesellschaftstheorien und Genderforschung*, Gesellschaftstheorien und Gender, DOI 10.1007/978-3-531-19937-5_3, © Springer Fachmedien Wiesbaden 2015

A Light Critique of Heteronormativity: Manuel Castells' Concept of Social Theory Based on Gender

Abstract

Manuel Castells' concept of a diagnosis of our time identifies the polarity between network and individual as being the most important driving force of social transformation. Essential for this transformation are the IT revolution and the women's movement which offer perspectives for a gender sensitive social theory based on gender theory. This paper outlines Castells' concept of informational capitalism and discusses his idea of linking gender relations and the logic of networks. Since Castells develops the nexus of network and identity based on the phenomenon of the family, he remains captured in a traditional interpretation of patriarchalism and gender. As an alternative, this article develops a perspective which is critical of heteronormativity, and thus allows a better use of Castells' potential for social theory.

1 Einleitung: Informationeller Kapitalismus und Patriarchalismus

Wessen Werk in einem Atemzug mit Max Webers *Wirtschaft und Gesellschaft* (1972) genannt wird, hat den soziologischen Ritterschlag erhalten. Wer seine Theorie auf Phänomene wie den Kollaps der Sowjetunion anwendet, ebenso auf die Entwicklung des pazifik-asiatischen Raums als *shooting star* der globalen Ökonomie, den Aufschwung der weltweiten Kriminalität von Drogenmafia bis zu Wirtschaftsverbrechen, christliche und islamische Formen des Fundamentalismus, soziale Exklusionen von Nordamerika bis Afrika, die Krise des Patriarchats und des Nationalstaats, sitzt im Globalisierungsdiskurs in der ersten Reihe. Und wer neben profunden Auseinandersetzungen mit informationeller und globaler Ökonomie, der Kultur der realen Virtualität, medialisierter und inhaltsentleerter Politik, der Transformation vom Nationalstaat zum Netzwerk-Staat, zeitloser Zeit und dem Raum der Ströme dann auch noch mit Ausführungen zu Familie, Patriarchalismus und Sexualität einerseits und zu Frauen-, Schwulen- und Lesbenbewegungen andererseits explizit Bezüge zum Feminismus herstellt, sollte den Gender Studies mehr als ein beiläufiges Nicken abringen. Denn hier sieht ein im soziologischen Mainstream etabliertes Schwergewicht treibende Kräfte sozialen Wandels in der informationstechnischen Revolution und der Frauenbewegung: „Die Krise des Patriarchalismus wurde durch das Zusammenwirken des informationellen Kapitalismus mit der feministischen Bewegung und der Bewegung um sexuelle Identität ausgelöst." (Castells 2003b, S. 237) Und weil sich inzwischen kein Familientypus mehr als vorherrschend abzeichnen würde, postuliert der spanischstämmige Kosmopolit Manuel Castells tendenziell ein Verschwinden der patriarchalischen Kernfamilie. Gleichzeitig – das ist seine Hoffnung – entstehe Neues, nämlich „Unterstützungsnetzwerke, zunehmende Frauenzentriertheit, Aufeinanderfolge von Partnern und Mustern über den gesamten Lebenszyklus hinweg" (Castells 2003b, S. 243). Schließlich spitzt Castells seine Beobachtungen auf folgende Diagnose zu: „Unsere Gesellschaften sind immer mehr um den bipolaren Gegensatz zwischen dem Netz und dem Ich herum strukturiert." (Castells 2003a, S. 3).

Theoretische Überlegungen und empirische Forschungen dazu hat er in drei Bänden zu Papier gebracht, die zwischen 1996 und 1998 in englischer, 2001 in deutscher Sprache erschienen sind (Castells 2003a, 2003b, 2003c). Darin buchstabiert er die Macht der Netzwerkgesellschaft als neue Herrschaftsstruktur und Identität als Gegenmacht im Informationszeitalter aus. Zum einen verleibe sich eine ausgreifende Netzwerklogik alles Inkompatible und Widerständige ein (dies ähnelt der Diagnose von Boltanski und Chiapello 2006; vgl. Burkart in diesem Bd.), zum anderen komme es aber auch zur Formierung von Widerstand, zu Re-Traditionalisierungen oder Katastrophen. Mit diesem Entwurf nimmt Castells Geschlechterverhältnisse als „die Art und Weise, in der das Verhältnis der Geschlechter als sozialen Gruppen in die Reproduktion der Gesamtgesellschaft eingelassen ist" (Gottschall 2000, S. 25) zeitdiagnostisch, ungleichheitssoziologisch und gesellschaftstheoretisch ernst. Denn Castells thematisiert Geschlecht in seiner Trilogie zum Informationszeitalter als sozialstrukturellen Ungleichheitsfaktor wie auch als Identitätskategorie an strategisch einschlägigen Orten:

- Im ersten (und im Hinblick auf Ostasien und besonders Japan im dritten) Band stellt geschlechtliche Segregation auf der sozialstrukturellen Ebene der informationellen Netzwerkgesellschaft einen Strukturfaktor für Arbeit und Beschäftigung dar. Eingebettet sind diese Beobachtungen in eine Diagnose zunehmender, auf Qualifikationen und Kompetenzen basierender *Ungleichheiten*.
- Diese makrostrukturelle Spur der Netzwerklogik führt Castells über die Diskussion *patriarchaler Geschlechterverhältnisse* bis hin zu (familialen) Interaktionen weiter. Dort findet er empirische Hinweise für einen substanziellen Niedergang traditioneller Formen der patriarchalen Familie.
- Im zweiten Band der Trilogie stellt Castells seine Analyse auf „die Macht der Identität" um. Darin fokussiert er Frauen- und sexuelle Freiheitsbewegungen als paradigmatische Bewegungen für *sozialen Wandel*.

Für eine geschlechtertheoretisch informierte Gesellschaftstheorie klingt das vielversprechend. Deshalb will ich im Folgenden die Bedeutung von Geschlecht und Geschlechterverhältnissen im Werk von Castells theoriestrategisch verorten, indem ich den dafür basalen Komponenten von informationellem Kapitalismus und Patriarchalismus[1] nachspüre. Castells' Zeitdiagnose liefert dazu aufschlussreiche Hinweise, im Vordergrund stehen hier aber dessen theoretische Entscheidungen und Konzepte. Darin liefert er – so meine These – ein erkleckliches Potenzial für eine geschlechtertheoretisch aufgeklärte und geerdete Gesellschaftstheorie, seiner gut gemeinten Heteronormativitätskritik geht aber auf den letzten Metern die Luft aus. Das liegt in Castells' traditionell angelegtem Konnex von Geschlecht, Patriarchalismus und Familie, den er aufgrund seiner mangelnden Differenzierung zwischen gesellschaftlichen Strukturen, Diskursen und Praxen nur halbherzig zu kritisieren vermag.

Um dies zu verdeutlichen, skizziere ich zunächst Castells' Konzept des informationellen Kapitalismus und stelle es in den Zusammenhang von Macht, Ungleichheit und Wissen (2). Die gesellschaftstheoretische Bedeutung und empirische Wirkung von Geschlecht werde ich in den folgenden beiden Abschnitten verdeutlichen. Zum einen konkretisiere ich, was Castells unter patriarchalisch strukturierten Geschlechterverhältnissen versteht (3), zum anderen beleuchte ich Castells' Überlegungen zu sozialen Bewegungen und sozialem Wandel (4). Abschließend will ich Castells' Verknüpfung zwischen Netz und Ich nicht wie er selbst über das Phänomen Familie, sondern – darin sehe ich vielversprechende Anschlüsse an seinen Entwurf zum Informationszeitalter – über heteronormativitätskritische Überlegungen zu Ungleichzeitigkeiten in Zusammenhang mit Strukturen, Diskursen und Praxen vorantreiben (5).

2 Informationeller Kapitalismus: Macht und Ungleichheit

Der innovative Gehalt von Castells' Konzept liegt nicht in den Bestandteilen oder der theoretischen Ausarbeitung seiner Beobachtungen: Die Diagnosen zur Netzwerkgesellschaft bringen Bells (1973) Konzept der postindustriellen Gesellschaft auf einen neueren Stand, die Überlegungen zu sozialen Bewegungen stammen von Touraine (1988), die Thesen zum Machtverlust des Staates sind aus der Glo-

---

[1] Unter informationellem Kapitalismus versteht Castells eine gesellschaftliche Organisationsweise, die „auf Informationstechnologien beruht" (Castells 2003a, S. 106) und unter Patriarchalismus die „institutionell erzwungene Autorität von Männern gegenüber Frauen und ihren Kindern in der Familieneinheit" (Castells 2003b, S. 147). Castells spricht von Patriarchalismus, ich gehe im Folgenden aber davon aus, dass damit auch Patriarchat bzw. patriarchale Verhältnisse gemeint sind (vgl. Abschn. 3). Als Patriarchat definieren GeschlechterforscherInnen „Beziehungen zwischen den Geschlechtern [...], in denen Männer dominant und Frauen untergeordnet sind" (Cyba 2008, S. 17).

balisierungsdiskussion bekannt, sein Konzept des Nationalstaats fußt auf Giddens (1981), die Beobachtungen zur Produktivität von Wissen durch Technik erinnern an Druckers (1993) These der Anwendung von Wissen auf Wissen, die Definition von Feminismus übernimmt er von Mansbridge (1995), das Identitätskonzept ist einer Verbindung der Arbeiten von Giddens (1991) und Calhoun (1994) geschuldet, seine Sicht auf virtuelle Gemeinschaften ähnelt der Diagnose Wellmans (1997), und sein Verständnis „realer Virtualität" kommt Baudrillard (1978) nahe. In theoretischer Hinsicht analysiert er den zeitgenössischen Kapitalismus auf Grundlage Webers (1972) wie auch Foucaults (1978) Theorien zu Macht und Herrschaft. Auch das ist nicht unbedingt original. Entsprechend sieht Castells sein Werk auch nicht primär als Gesellschaftstheorie, wohl aber als gesellschaftstheoretisch verwurzelt:

> My trilogy is *not* a work of social theory. It uses social theory (mine, and many others) to propose an empirically grounded analysis of processes of contemporary social change, including the rise of a new social structure, the network society. In fact, I make explicit that I present the underlying theoretical framework very succinctly, and only as far as it is necessary to understand and interpret the social phenomena I am observing. (Castells 2001, S. 542, Herv. i. O.)

Konsequent also, wenn Castells (dennoch) den Anspruch einer „übergreifenden Theorie" (Castells 2003a, S. 28) formuliert, gerade weil er sie nicht als „Selbstzweck intellektuellen egozentrischen Vergnügens" (Castells 2003a, S. 5) begreift, sondern „lediglich als Instrument und nicht als Endprodukt von Forschung" (Castells 2003a, S. 423).

Entsprechend folgen seine Ausführungen dem Ziel, „Theorie durch die Analyse von Praxis in aufeinanderfolgenden Beobachtungswellen in unterschiedlichen kulturellen und institutionellen Kontexten zu vermitteln" (Castells 2003b, S. 5). Empirie ist „Instrument der Vermittlung und auch [...] Methode zur Disziplinierung meines theoretischen Diskurses" (Castells 2003b, S. 5). Castells geht es um den Nutzen von Theorien, ihre Korrektheit ist kein Ziel an sich. Deshalb kam es auch Ende der 1970er zu seinem Bruch mit dem Marxismus – dort sollte Empirie die Theorie lediglich bestätigen. Stattdessen plädiert Castells für offene und flexible Theorien. Das führt dazu, dass er für deutsche Lesegewohnheiten so elementare Definitionen häufig recht allgemein hält und/oder in Fußnoten unterbringt (z. B. Castells 2003a, S. 17, 21, 76). Lose Enden und nicht zu Ende gedachte Ausführungen nimmt er dabei in Kauf (vgl. Degele 2004) – auch der Mut zur Lücke lässt sich in dieser Hinsicht und angesichts der historischen und geografischen Reichweite seiner Arbeiten programmatisch deuten.

Mit solchen Werkzeugen bewaffnet kommt Castells – und diese Verknüpfung ist durchaus original – zur *Diagnose* einer Welt, die erstens durch die Revolution der

Informationstechnologie, zweitens durch die Restrukturierung des Kapitalismus in den 1980ern als Antwort auf die Krisen der 1970er und drittens durch neue, an kulturellen Werten orientierte soziale Bewegungen entstanden ist (Castells 2003c, S. 386–391). Das Zusammenwirken dieser drei Prozesse wiederum führte zu einer neuen dominierenden Sozialstruktur (Netzwerkgesellschaft), zu einer neuen Wirtschaftsform (informationelle/globale Ökonomie) und zu einer neuen Kultur (der realen Virtualität): Der neue Kapitalismus – so Castells – ist durch die Globalisierung der wirtschaftlichen Kernaktivitäten, organisatorische Flexibilität und einen Machtzuwachs des Managements gegenüber der Arbeit gekennzeichnet. Ohne den Siegeszug mikroelektronisch basierter Informations- und Kommunikationstechnologien wäre das nicht denkbar gewesen. Im ersten Band der Trilogie spitzt Castells seine Analyse auf die Netzwerkgesellschaft als „die charakteristische Gesellschaftsstruktur des Informationszeitalters" (Castells 2001, S. 423) zu. Charakterisierbar sei sie durch digitale Informationstechnologien, eine Neustrukturierung des Kapitalismus mit einer Verschärfung ungleicher Entwicklungen, Globalisierung krimineller Aktivitäten und mafiaartiger Organisationen, einen fundamentalen Angriff auf den Patriarchalismus, entstandenes Umweltbewusstsein, die Suche nach Identität sowie eine strukturelle Legitimitätskrise der politischen Systeme.

Dieser Einschätzung liegt ein zwischen Foucault (1978) und Weber (1972) changierendes (und letztlich unpräzises) Verständnis von *Macht* und Machtverschiebung zugrunde. Letztere – das ist die Foucaultsche Variante – sei nicht mehr in Institutionen (im Staat), in Organisationen (kapitalistische Unternehmen) oder in symbolischen Kontrollinstanzen (Medienkonzerne, Kirchen) konzentriert, sondern über globale Netzwerke von Reichtum, Informationen und Bilder verstreut, „die in einem System variabler Geometrie und entmaterialisierter Geometrie zirkulieren und sich wandeln" (Castells 2003b, S. 383). Macht wandere vom Staat zur Einschreibung in kulturelle Codes und bildliche Repräsentationen, werde zunehmend irreal und kaum noch greifbar. Mit einer solchen Machtverschiebung vom Staat zu Netzwerken und Kultur bekommt Castells zwar Konstellationen in den Blick, die sich einer personellen Zuschreibung entziehen. Gleichzeitig präsentiert er Macht aber auch ganz weberianisch als auf andere Personen gerichtetes Handeln sozialer Akteure, um diesen durch den Einsatz von Gewalt den eigenen Willen aufzuzwingen (Castells 2001, S. 424). Macht basiert dann auf der Möglichkeit der Gewaltausübung, und entsprechend bringt das Gewaltmonopol des Staates Machtbeziehungen am besten zum Ausdruck. Allerdings schwinde dieses, denn der Staat habe einen guten Teil der Kontrolle über Raum und Zeit an Informations- und Kommunikationstechnologien und Ströme der Globalisierung – kurz: die Logik des informationellen Kapitalismus – abgegeben (Castells 2003b, S. 259–262). In der Summe begreift Castells sozialen Wandel damit als vielschichtigen Prozess, der verschiedene gesellschaftliche Subsysteme, Logiken und AkteurInnen umfasst. Das mag als Diagnose einleuchten, die theoretische Anbindung an ein gleichermaßen entpersonalisiertes wie auch akteurbasiertes Konzept von Macht überzeugt dagegen nicht (vgl. Stalder 2006, S. 104–140).

Wenn Castells den gegenwärtigen Kapitalismus als einen globalen und informationellen Kapitalismus charakterisiert, ruft er keinen marxistisch inspirierten Klassenantagonismus als Motor auf den Plan. Vielmehr treffen die unterschiedlichen Dynamiken von Netz und Ich aufeinander. Damit komme ich zu seiner Konzeption sozialer Ungleichheit, die Wissen und Kompetenzen zu zentralen Stratifikationsfaktoren erklärt. Bei der Definition des gegenwärtigen Kapitalismus als *informationell* zielt das Adjektiv nicht auf die grundlegende Rolle von Informationen in der Gesellschaft (denn das sei nichts Neues), sondern bezeichnet „das Attribut einer spezifischen Form sozialer Organisation, in der die Schaffung, die Verarbeitung und die Weitergabe von Information unter den neuen technologischen Bedingungen dieser historischen Periode zu grundlegenden Quellen von Produktivität und Macht werden" (Castells 2003a, S. 22, Fußnote 32). Beim Informationalismus handelt es sich mit anderen Worten um eine Organisationsweise, die auf der Steigerung der menschlichen Kapazität der Informationsverarbeitung mittels mikroelektronisch basierter Informations- und Kommunikationstechnologien basiert. Die Hauptquelle der Produktivität wie auch Macht besteht in der Technologie der Wissensproduktion, der Informationsverarbeitung und der symbolischen Kommunikation (Castells 2003a, S. 17). Einfach gesagt: Entscheidend ist die Wirkung von Wissen auf Wissen. Software als wissensbasierte Technologie schlechthin wird mit Software verbessert und produktiver gemacht, Kraftwerke aber nicht mit Kraftwerken. Genau das macht den Informationalismus als dominierende Produktionsweise aus. Er ist aber nicht nur mit Wissen und Technik eng verbunden, nicht zu vergessen sind Kultur und Organisation. Denn während der Industrialismus auf (starren) Hierarchien basiert, sind es beim Informationalismus (flexible) Netzwerke. Castells geht es also um die Bestimmung des Verhältnisses von *Restrukturierung des Kapitalismus* als sozialem System und *Informationalismus* als neuer Form soziotechnischer Organisation.

Der informationelle Kapitalismus wäre kein Kapitalismus, wenn er nichts mit sozialen Ungleichheiten zu tun hätte. Weil Kapital primär in der Sphäre der Zirkulation, d. h. als Finanzkapital realisiert, investiert und akkumuliert werde (Castells 2003c, S. 394), gebe es keine vereinigte kapitalistische Klasse mehr, sondern nur noch einen „gesichtslosen globalen Kapitalisten, der aus Finanzströmen besteht" beziehungsweise „ein integriertes globales kapitalistisches Netzwerk, dessen Bewegungen und variable Logik in letzter Instanz die Wirtschaft bestimmen und Gesellschaften beeinflussen" (Castells 2003a, S. 532). Damit werden schließlich auch die Klassenverhältnisse undeutlich und „produktionsbasierte soziale Klassen, wie sie sich im Industriezeitalter konstituierten und durchsetzten, hören in der Netzwerkgesellschaft auf zu existieren" (Castells 2001, S. 434). In einen solchen Kapitalismus sei nicht nur eine zunehmende Ungleichheit und Polarisierung eingeschrieben. Castells geht auch von einem radikalen Wandel des Stratifikationssystems aus, das zunehmend auf Kompetenzen und Wissen basiere (vgl. Halcli und Webster 2000; Boltanski und Chiapello 2006; Steinbicker 2001). Damit meint er, dass im neuen Schichtungssystem Erfolg nicht mehr von Besitz und Herkunft abhänge, sondern von informationellen Fähigkeiten wie Flexibilität, Anpassungs- und Lernfähigkeit. Neue Arbeitsformen seien vor allem durch permanente Verfügbarkeit, Kommunikations- und Problemlösungsfähigkeiten, Teamarbeit und lebenslanges Lernen geprägt. Gleichzeitig finde eine Individualisierung des Verhältnisses von Kapital und Arbeit[2] statt: Beschäftigte werden zu AnteilseignerInnen ihres eigenen Kapitals, d. h. ihrer Arbeitskraft. Damit komme es zum Bruch der Arbeitenden durch unterschiedliche Grade „informationeller Qualifikation" – bei denen nicht zuletzt Alter und Generationenzugehörigkeit (und darüber auch vermittelt Geschlecht, was Castells hier allerdings nicht als Ungleichheitsfaktor thematisiert) einschneidend zu Buche schlagen.

Castells spricht nicht von gesellschaftlichen Klassen oder einer Klassengesellschaft, wohl aber von einer bipolaren Struktur von zwei Hauptgruppen etwa gleicher Größe in der hochtechnologischen Industrie: „einerseits eine hochqualifizierte, wissenschaftlich-technologische Teilbelegschaft und andererseits eine Masse unqualifizierter Arbeitskräfte, die mit Routinearbeiten bei der Montage und mit Hilfsarbeiten beschäftigt sind" (Castells 2003a, S. 442). So verlaufe die Spaltung zwischen „selbstprogrammierenden und gewöhnlichen Arbeitskräften" (Castells 2001, S. 434), dies wiederum „wird weitgehend bestimmt durch Klasse, Rasse, Geschlecht und Land" (Castells 2003a, S. 424) bestimmt. Mit der Gegenüberstellung von einfachen, gewöhnlichen (*generic*) und informationellen, netzwerkorientierten (*self-programmable*) Arbeitskräften[3] als entscheidenden Figuren einer kommenden Meritokratie behält Castells augenscheinlich Recht. Das gilt für seine neuesten global angelegten Studien zur Verbreitung des Internet (Castells 2005) und zur Aneignung drahtloser Kommunikation (Castells et al. 2006). Sie bestätigen im Hinblick auf NutzerInnengruppen und demografische Muster verschiedener Regionen die Annahme von Wissen und Kompetenzen unter Berücksichtigung der Generationenzugehörigkeit als entscheidende Verbreitungs- und Nutzungskriterien – und nicht zu vernachlässigen auch Geschlecht[4].

---

[2] „Kapital ist im Kern global, Arbeit ist in der Regel lokal." (Castells 2003a, S. 533)

[3] Während Castells in den 1990er Jahren noch die Selbstprogrammierung als Leitbild avancierten Arbeitens bezeichnete, dürfte dieses vom Leitbild mobil kommunizierender Arbeitskräfte abgelöst worden sein (vgl. Castells et al. 2006).

[4] Ein gutes Beispiel dafür liefert die auf drei Kontinente verteilte Studie zu mobiler Kommunikation (Castells et al. 2006). Betrachtet man Statistiken zur Verbreitung von Mobiltele-

3 Patriarchalismus: Geschlechterverhältnisse und Netzwerklogik

Castells postuliert nicht nur einen grundlegenden Gegensatz von Netz und Ich. Interessanter ist vielmehr, dass Geschlechterverhältnisse darin maßgeblich eingeschrieben sind. Wie auch die Netzwerklogik gehöre der Patriarchalismus „zu den Grundstrukturen aller gegenwärtigen Gesellschaften" (Castells 2003b, S. 147). Unter Patriarchalismus versteht Castells ein Familienmodell, „das auf der stabilen Ausübung von Autorität/Herrschaft durch das erwachsene, männliche Familienoberhaupt über die gesamte Familie" (Castells 2003b, S. 153) und auf Zwangsheterosexualität beruht (Castells 2003b, S. 147, 217). Die Familie als soziobiologische Reproduktionseinheit wiederum umfasst die „Beziehungen zwischen Frauen, Männern und Kindern" (Castells 2003a, S. 2). Theoriestrategisch ist die Familie für Castells als grundlegender Sozialisationsmechanismus wichtig. Castells meint damit die Art und Weise, „wie die Wechselwirkung zwischen strukturellem Wandel und sozialen Bewegungen – also zwischen der Netzwerkgesellschaft und der Macht der Identität – uns verändert" (Castells 2003b, S. 151). Folgerichtig betreibt Castells bereits im ersten Band zum *Aufstieg der Netzwerkgesellschaft* seine Analysen zu Netzwerk-Unternehmen und zur Transformation von Arbeit und Beschäftigung auch als Analyse des Wandels von Familienformen. Die Herrschaft von Männern über Frauen rekonstruiert er dort in enger Verbindung mit der kapitalistischen Produktionsweise. So dienen etwa Beobachtungen zu koreanischen Unternehmensnetzwerken (Castells 2003a, S. 203–205), zur chinesischen Geschäftswelt (Castells

---

fonen, lag sie 2004 in Europa und den USA bei 70 % der Bevölkerung, in Afrika unter 10 %. Diese Zahlen differenzieren die ForscherInnen nach Alter, Geschlecht, Ethnizität und sozioökonomischer Status (Castells et al. 2006, S. 39–76). Erwachsene (vor allem männliche) Geschäftsleute nutzen die neuen Medien zwar als erste, junge Leute dagegen sind die TrendsetterInnen. Damit entpuppt sich vor allem Generationszugehörigkeit als ein maßgeblicher Verbreitungsfaktor. Die Studien zu Geschlechterdifferenzen indes sind uneinheitlich. Nur für Japan gibt es deutliche Hinweise auf die Entwicklung einer mobilen Kommunikationssubkultur von Frauen, in der Türkei, in Israel und Norwegen wiederum wurden bei Jugendlichen keine Unterschiede gefunden, und auch wenn sie gefunden werden, lassen sie sich immer weiter differenzieren und hinterfragen. Die ForscherInnen schätzen Technik nicht als geschlechterneutral ein, sie verfüge aber über ein ‚trans-gender'-Potenzial, weil die Grenzen zwischen vergeschlechtlichten Praxen allmählich verschwömmen: „Variations in gender use of mobile communication technologies might, for example, be explained by factors such as work status, location of workplace, family status, and lifestyle." (Castells et al. 2006, S. 54) Ihr Fazit: Handys eröffnen Zugang zu Kommunikation für Minoritäten, ermöglichen auch Nähe/Bindung zur Heimatkultur. Die soziale Differenzierung von Technik reproduziert dabei die soziale Differenzierung der Gesellschaft: Geschlecht stelle ‚nur' einen Faktor unter anderen dar, und in der Analyse solcher Verwobenheiten kommt diese Studie intersektionalen Ansätzen recht nahe (Castells et al. 2006, S. 75).

2003a, S. 209–210) oder zur japanischen Beschäftigungsstruktur (Castells 2003a, S. 242–243) dazu, Heimarbeit, Familienbetriebe und geschlechtliche Herrschafts-verhältnisse als basale Faktoren gesellschaftlicher Entwicklung dingfest zu machen. Den Bezug zum informationellen Kapitalismus stellt Castells auch in den ver-meintlich post-patriarchalen Ländern des Westens her, wo die Organisation und Form von Arbeit ebenfalls patriarchale Verhältnisse begründe und stabilisiere. Cas-tells meint damit vor allem die geschlechtliche Segmentierung des Arbeitsmarkts: Dort fand im letzten Jahrhundert eine Aufnahme von Frauen in die sozialen und personenbezogenen Dienstleistungen statt, seit den 1970ern aber vermehrt in unternehmensbezogene Dienstleistungen. Letztere wiederum sind eng mit der In-formationalisierung der Wirtschaft verbunden. Zwar blieben für die Frauen dort vor allem die schlecht bezahlten Jobs übrig, dennoch untergrabe der massenhafte Einbezug von Frauen sukzessiv die Legitimität der männlichen Herrschaft (Castells 2003b, S. 147). Den Eintritt von Frauen in den Arbeitsmarkt erklärt Castells mit folgenden Gründen: Erstens müssten ArbeitgeberInnen Frauen noch immer we-niger Löhne zahlen, zweitens seien Frauen als Arbeitskräfte flexibel, entsprechend machen sie einen Hauptteil der Teilzeitbeschäftigten aus. Drittens schließlich ver-fügten sie qua Sozialisation über soziale Kompetenzen, was in der informationellen Wirtschaft immer wichtiger werde (Castells 2003b, S. 185). In der Arbeit komme es damit zwar zu einer Verlängerung der geschlechtlichen Arbeitsteilung der Fami-lie, die sich die Wirtschaft zunutze mache – ein feministisch durchaus alter Topos. Aber auch wenn sich Frauen mit den Erfordernissen der Netzwerkgesellschaft als hochgradig kompatibel erweisen, steige ihre Verhandlungsmacht in der Familie, sobald sie ihr eigenes Geld mit nach Hause brächten – und Castells zufolge finde genau über einen solchen Zugewinn an Verhandlungsmacht sozialer Wandel statt. Die List der Geschichte besteht mit anderen Worten darin, dass massenhaft Frau-en in der Arbeitswelt neue Tatbestände schufen, nämlich eine soziale Welt außer-halb von zuhause. Die Familie hatte durch die Frauenarbeit eine höhere Kaufkraft, Frauen nutzten das Einkommen auch für ihre eigenen Interessen und schließlich verlor die „patriarchalische Ideologie geschlechtsbestimmter Arbeitsteilung" (Cas-tells 2002, S. 153) ihre materielle Grundlage. Das Zusammenspiel struktureller Ver-änderungen und Mobilisierung in Kategorien des Feminismus bringe damit einen Bewusstseinswandel – Quantität schlägt irgendwann in Qualität um.

Wenn der Patriarchalismus die gesamte gesellschaftliche Organisation durch-dringen muss, um wirksam zu sein, heißt das umgekehrt: „Wenn die patriarchale Familie fällt, wird langsam aber sicher das ganze System des Patriarchalismus und damit die Gesamtheit unseres Lebens transformiert." (Castells 2003b, S. 149) Aus Castells' Sicht sind es zwei Prozesse, die die Struktur des Patriarchalismus zuneh-mend in Frage stellen (Castells 2003b, S. 147), nämlich erstens die bereits erwähnte Transformation der Arbeit mit dem massenhaften Einbezug von Frauen und zweitens das sich wandelnde Bewusstsein von Frauen, was sich wiederum auf alle anderen gesellschaftlichen Bereiche auswirke. Als Indikatoren für Letzteres nennt er die Auflösung von Haushalten verheirateter Paare durch Scheidung/Trennung, die Pluralisierung von Beziehungsstrukturen wie die späte Bildung von Paarbeziehungen und Bildung nichtehelicher Partnerschaften plus die zunehmende Vielfalt von Haushaltsstrukturen (aufgrund des steigenden Lebensalters) und schließlich die Krise der Bestandserhaltung der Bevölkerung beziehungsweise Reproduktion außerhalb der traditionellen Strukturen. So werde in den entwickelten Ländern die patriarchalische Familie zunehmend zu einer Lebensform für Minderheiten (in den USA der 1990er Jahre gelte sie ohnehin nur noch für ein Viertel der Bevölkerung). In den Entwicklungsländern seien in den städtischen Gebieten ähnliche Entwicklungen zu beobachten (Castells 2003b, S. 169), und auch in Japan brächen die patriarchalen Strukturen mit einem Stärkerwerden der Frauenbewegung auf. So hält Castells die Wirkungen der Frauenbewegung in Hinblick auf die Herausbildung geschlechterdemokratischer Verhältnisse für die wichtigste Revolution, „weil sie an die Wurzeln der Gesellschaft geht und an das Herz dessen, was wir sind" (Castells 2003b, S. 148; vgl. Kahlert 2004). Als grundlegende Gemeinsamkeit feministischer Strömungen behauptet Castells „die historische, individuelle wie kollektive, formelle wie informelle Anstrengung, Frausein in unmittelbarem Gegensatz zum Patriarchalismus neu zu bestimmen" (Castells 2003b, S. 189). Castells Hoffnungen auf Befreiung konzentrieren sich offensichtlich auf Frauenbewegungen als Zugstuten sozialen Wandels – was hat es damit auf sich?

4 Soziale Bewegungen, Identität und Ängste

Castells zufolge werden in der Netzwerkgesellschaft die Erfahrungsräume der Einzelnen unsicher, dagegen regt sich Protest in Form neuer kollektiver Identitäten. Unter Identitäten versteht Castells die Unterscheidung zwischen Ich und Anderen; genauer: den „Prozess, durch den ein sozialer Akteur sich erkennt und Sinn in erster Linie auf der Grundlage eines gegebenen kulturellen Attributs oder einer Reihe von Attributen konstruiert, was einen umfassenden Bezug auf andere gesellschaftliche Strukturen ausschließt" (Castells 2003a, S. 23). Dies geschieht mit Rekurs auf ‚Baumaterialien' wie Sprache, Geografie, Biologie, Religion und anderen mehr (Castells 2001, S. 437–438). Mit der Fähigkeit kollektiven Handelns, der Eigenschaft der Selbst-Definition und dem Ziel der Transformation sozialer Strukturen mutieren kollektive Identitäten zu sozialen Bewegungen und damit zu potenziellen Subjekten der Geschichte (Castells 2003b, S. 384). Entscheidend ist nun der Gedanke, dass als soziale Bewegungen artikulierte Identitäten als Bollwerk gegen die Logik der Apparate und Märkte in Erscheinung treten. Castells zufolge wird Identität also nicht mehr *von* oben, sondern *gegen* oben, also gegen die Netzwerkgesellschaft, konstruiert. Das ist nun allerdings nur die halbe Wahrheit. Denn egal ob es sich um Mexikos Zapatisten, Amerikas Miliz oder Japans Aum-Sekte handelt, um christlichen oder islamischen Fundamentalismus, die Umwelt- oder Frauenbewegung: Sie alle bilden insofern Gegenmächte zum Netzwerk, als sie die herrschenden Institutionen verändern oder abschaffen wollen. Weil aber gerade die avanciertesten Bewegungen der Umweltszene (z. B. Greenpeace und Attac in globaler Hinsicht) oder des Feminismus (z. B. NOW in den USA) die auf Medienwirkung hin orientierte Netzwerklogik für ihre Sichtbarkeit und politischen Ziele zu nutzen wissen, sind sie Produkte der Netzwerklogik, die um die Konstruktion und Anerkennung kultureller Codes kämpfen. Ihre ProtagonistInnen agieren *auch* innerhalb der Netzwerke, sie schöpfen aus Ressourcen der bekämpften Netzwerke, und sie greifen dafür auf Informations- und Kommunikationstechnologien und entsprechende *skills* zurück: Soziale Bewegungen stehen also weniger in einem dualistischen als in einem wechselseitigen Abhängigkeits- und Steigerungsverhältnis mit der Netzwerklogik, und genau in den spezifischen Anschlüssen, Andockstellen und Resonanzen wurzelt sozialer Wandel (vgl. Stalder 2006, S. 75–103; Luhmann 1986, S. 202–218).

Der enge Bezug zur Netzwerkgesellschaft wird etwa bei der Darstellung der Lesbenbewegung in Taipei/Taiwan recht deutlich (Castells 2003b, S. 222–227): In einer Hochburg des Patriarchalismus entstand sie im Sog der feministischen Bewegung in den 1970er Jahren, wurde zunächst unterdrückt, kam in Form von Frauennetzwerken und in Verbindung mit Oppositionsbewegungen in den 1980er und 1990er Jahren aber zurück. Die Universitäten wurden vom Feminismus überrollt, die Bewegung stieß auf mediale Resonanz, Protagonistinnen übersetzten Texte von Audre Lorde, Adrienne Rich, Gayle Rubin und Christine Delphy ins Chinesische, es fanden Demos gegen sexuelle Belästigung und für sexuelle Befreiung statt, Aktivistinnen zeigten in Frauenwohnheimen pornografische Filme und organisierten ein ‚erotisches Pionierfestival' für Frauen, die Zahl von Lesben- und Schwulengruppen nahm sprunghaft zu. Um der traditionellen Stigmatisierung und der Unsichtbarkeit im öffentlichen Raum entgegenzutreten, riefen die Gruppen alternative Medien wie Piratensender ins Leben, organisierten 1992 ein queer cinema-Filmfestival und leiteten sie mit Diskussionen zu *queer theory* ein. Gemeinsam mit Schwulen kämpften Lesben für die rechtliche Anerkennung gleichgeschlechtlicher Ehen und opponierten damit gegen den Hetero-Mainstream im Feminismus. Unverzichtbare Kommunikationsmedien der 1990er Jahre waren dabei Internet und SMS. Die Lesbenbewegung in Taipei setzte damit an der Netzwerklogik an, indem sie sich auf den verschiedenen Ebenen Informations- und Kommunikationstechnologien strategisch zunutze machte[5].

Folgt man Castells, führen soziale Bewegungen eine alternative gesellschaftliche Logik ein, die sich von den Leistungsprinzipien der herrschenden Institutionen abhebt. Es gehe nicht mehr um ein größeres Stück des Kuchens, sondern um einen anderen Kuchen. So stünden hinter Feminismus und Umweltbewegung die zwei grundsätzlichen Ablehnungen von Patriarchalismus und Produktivismus: „Die Stärke der auf Identität beruhenden sozialen Bewegungen ist ihre Autonomie gegenüber den Institutionen des Staates, der Logik des Kapitals und der Verführungskraft der Technologie." (Castells 2003c, S. 403). Vor allem Frauen-, Lesben- und auch Schwulenbewegungen als machtvolle und gesellschaftsverändernde Ausdrucksformen sexueller Identität und sexueller Befreiung[6] stellten jahrhundertealte gesellschaftliche Grundlagen in Frage, nämlich „sexuelle Repression und Zwangsheterosexualität" (Castells 2003b, S. 236). Hier ist nicht der Ort, Castells' (2003b, S. 188–217) durchweg kenntnisreiche und gut informierte Ausführungen zu feministischen Bewegungen, Generationen und Typologien zu rekonstruieren und zu kommentieren. Vielmehr interessiert mich in diesem Zusammenhang seine Kritik des Patriarchalismus und gleichzeitige Hinwendung zur Familie, die er eng mit seiner Wertschätzung für die Frauenbewegung verknüpft. Denn die Auseinandersetzung mit Familie liefert Einblicke in Castells' Ängste und Visionen im Hinblick auf das Gefahren- wie auch Befreiungspotenzial sozialer Bewegungen für gesellschaftliche Entwicklungen.

Bereits im Prolog des *Informationszeitalters* (Castells 2003a, S. 1–30) verknüpft Castells sozialen Wandel eng mit Frauen, Patriarchalismus, Geschlechterverhältnissen und Familie:

Der soziale Wandel ist ebenso dramatisch wie die technologischen und wirtschaftlichen Transformationsprozesse. Ungeachtet aller Schwierigkeiten, die dem Transformationsprozess der Lage von Frauen anhaften, ist der Patriarchalismus doch ernsthaft angegriffen und in einer Reihe von Gesellschaften auch erschüttert worden. So sind die Geschlechterverhältnisse in einem großen Teil der Welt von einer Sphäre kultureller Reproduktion zu einem umkämpften Bereich geworden. Daraus hat sich eine

---

[5] Weitere Fallstudien in Europa, Asien und den USA zur Nutzung mobiler Kommunikationsmedien (vor allem von Handys) durch Protestbewegungen als Form horizontaler Kommunikation an der offiziellen Politik vorbei finden sich in Castells et al. (2006, S. 185–214).

[6] Castells definiert Schwulsein und Lesbianismus nicht als sexuelle Präferenzen, sondern als Identitäten. Dabei greift er auf Naturalisierungen zurück: „Zwar existieren biologische Prädispositionen, aber homosexuelle Begierde ist zumeist mit anderen Impulsen und Gefühlen vermischt" (Castells 2003b, S. 220), und an anderer Stelle spricht er von biologischen Prädispositionen zum Schwulsein (vgl. Castells 2003b, S. 249).

grundlegende Neudefinition der Beziehungen zwischen Frauen, Männern und Kindern ergeben, also der Familie, der Sexualität und der Persönlichkeit. (Castells 2003a,
S. 2)

Die Geschlechterverhältnisse verändern sich unter Einfluss technologischen, politischen, wirtschaftlichen und kulturellen Wandels in Richtung einer Egalisierung,
Kristallisationspunkt ist die Familie. Das klingt analytisch und deskriptiv, im zweiten Band allerdings schiebt sich bei Castells ein anderes Motiv in den Vordergrund:
Angst. Eine sexuell befreite Gesellschaft könne „ein Supermarkt persönlicher Phan-
tasien" (Castells 2003b, S. 254) werden, in dem Verantwortung keine Rolle mehr
spiele. Eine, wenn nicht *die* zentrale gesellschaftliche Erschütterung bestehe in der
Zurückweisung von Heterosexualität als unhinterfragter Norm. Entsprechend lau-
fen bei Castells in der Herausforderung einer patriarchalen, und das heißt auch
einer heterosexuell organisierten Gesellschaftsstruktur Netzwerklogik und Identität zusammen. Die sexuelle Revolution als maßgeblicher Faktor sozialen Wandels
sei nun gekennzeichnet durch die vier Faktoren Entkoppelung von Ehe, Familie,
Heterosexualität und sexuellem Ausdruck („oder Begierde, wie ich es nenne", Castells 2003b, S. 251). Ein Effekt – hier rekurriert Castells auf Giddens' Diagnose der
Autonomisierung und der Sexualität als Eigentum der Individuen (Giddens 1993;
vgl. Kahlert in diesem Bd.) – sei sexuelle Autonomie, wonach Sexualität zunehmend von der Ehe abgekoppelt werde. Weil die Pufferfunktion der Familie dabei
verloren gegangen sei, müssten die entstehenden flexiblen Persönlichkeiten einer
post-patriarchalischen Welt neue Rollendefinitionen entwickeln. Aber „[w]enn es
keine patriarchalische Familie mehr gibt, die betrogen werden kann, wird die Über-
schreitung zu einem individuellen, gegen die Gesellschaft gerichteten Akt werden
müssen" (Castells 2003b, S. 257).

Hier baut Castells ein massives Bedrohungsszenario auf: Warum „würde die
Anerkennung von Sexualität außerhalb der Familie zu extremer sozialer Spannung
führen" (Castells 2003b, S. 256)? Warum müssen sich Überschreitungen gegen die
Gesellschaft richten? Warum ist Pornografie plötzlich eine Bedrohung, und warum
fürchtet Castells gerade an dieser Stelle „die Ausbreitung sinnloser Gewalt in der
Gesellschaft über die versteckten Seitenstraßen wilder Begierden, das heißt der Per-
version" (Castells 2003b, S. 257)? Warum bemüht Castells anthropologische Konstanten zur Reaktion von Menschen auf Freiheit? Was passiert, wenn wir grundlegende Normen in Frage stellen? Warum verhandelt er ein Brechen der Dämme nur
bei Sexualität und nicht etwa bei der Dimension Arbeit? Warum begründet er seine
Diagnose nicht kapitalismuskritisch? Stattdessen: konservatives Normenhüten, ein

psychoanalytisch motivierter Rekurs auf Triebstruktur, Einschleichen von Naturalisierungen[7].

5 Schluss: Über eine halbierte Heteronormativitätskritik hinaus

Castells scheint Angst vor einer sexuell befreiten Gesellschaft zu haben: Wenn Heteronormativität fällt, ist alles erlaubt und es kommt zu anomischen Zuständen. Genau an dieser Stelle verfängt sich Castells in einer Heteronormativitätskritik *light*.
Wie sieht das aus? Seiner Auffassung zufolge sei das Ende des Patriarchalismus
langfristig nicht aufzuhalten, und wenn dieser sogar durch gewalttätige Fundamentalismen verteidigt werden müsse, sei das ein Symptom dafür, dass er seine Legitimität in den Köpfen der Menschen verloren habe (Castells 2003b, S. 258). Mit einer
solchen durchaus feministischen Analyse hat sich bislang noch keine reputierliche
Gesellschaftstheorie geoutet. Auch hat sich in einem gesellschaftstheoretischen
Entwurf noch niemand bis zum emanzipatorischen Potenzial sexueller Minderhei-
tenkulturen wie etwa schwuler Sadomasochisten in San Francisco oder lesbischer
Pornokonsumentinnen in taiwanesischen Frauenwohnheimen vorgewagt. Einerseits redet Castells den Angriff auf heteronormative gesellschaftliche Strukturen
also nicht klein. Den letzten konsequenten Schritt, das Hinterfragen von Heteronormativität als vermeintlich natürliche Basis gesellschaftlicher Ordnung, geht er
andererseits aber nicht. Dies aber fehlt für eine geschlechtertheoretisch informierte
Gesellschaftstheorie auf der Höhe der Zeit. Dann nämlich verfügte Castells über
einen Blick auf Ungleichzeitigkeiten und Widersprüche zwischen gesellschaftlichen Strukturen, Diskursen und Praxen geschlechtlicher (Un-)Gleichheiten. Sinnvoll und notwendig ist das, weil andernfalls unklar bleibt, worin angesichts sich
(wenn auch langsam) verändernder Strukturen eigentlich noch ein Emanzipations-
problem liegen könnte. Wenn aber dennoch gleichheitsresistente Bollwerke wie die
ungleiche Verteilung von Hausarbeit und Kindererziehung oder frauenfreie Zonen
in den Zentren (vor allem wirtschaftlicher) Macht bestehen bleiben, bedarf es einer

---

[7] Interessanterweise rekurriert Castells nur in diesem Zusammenhang auf Gewalt als gesellschaftlich relevantem Faktor. Sonst finden sich im zweiten Band lediglich beiläufige Stellen
zu Gewalt in Verbindung mit dem Nationalstaat und bei der Bestimmung von Patriarchalismus, im dritten Band spielt Gewalt vor allem in Zusammenhang mit organisierter Kriminalität eine Rolle. Im ersten Band zur Netzwerkgesellschaft taucht Gewalt als relevanter Begriff
nicht auf. Zu Gewalt als durchgängigem Strukturierungsprinzip von Gesellschaft vgl. dagegen Walby (2009, S. 191–217).

entsprechenden begrifflichen Differenzierung, um diese zu erfassen. Castells verfügt darüber nicht.

Strukturen sind etwa in ungleichen Entlohnungssystemen oder beruflicher Segregation auszumachen, Diskurse beziehen sich auf eine postulierte Egalität der Geschlechterverhältnisse oder auch vermeintlich naturgegebene Differenzen zwischen den Geschlechtern, Praxen verweisen im Anschluss an Bourdieu (2005; vgl. Jäger et al. in diesem Bd.) auf nicht reflektierte Routinen und Verhaltensweisen, die traditionelle Geschlechterverhältnisse (im Alltag) stabilisieren. Empirisch fallen diese drei Dimension keineswegs immer zusammen, insbesondere die Praxen der AkteurInnen hinken den Gleichheitsdiskursen oftmals weit hinterher (vgl. Wetterer 2003; Burkart 2008, S. 201–202). Weil Castells vor allem auf der Strukturebene argumentiert und er sein Verständnis von Geschlechterverhältnissen nicht genauer differenziert, gelingt es ihm nun nicht, Persistenzen und (Re-)Traditionalisierungseffekte adäquat zu erfassen. Gerade das aber sollte eine gesellschaftstheoretische Konzeption leisten. Sie sollte zeigen, dass und wie „Männer Privilegien gegenüber Frauen haben, ohne dass dies als Folge direkter Machtausübung der Männer begriffen werden müsste" (Burkart 2008, S. 158). So sind die Strukturen der Arbeitswelt nach wie vor so beschaffen, dass von Männern versus von Frauen verrichtete Tätigkeiten mit unterschiedlichem Prestige und Einkommen verbunden sind. Entsprechend sind Traditionalisierungseffekte in den Praxen der AkteurInnen vor allem dann zu beobachten, wenn in Partnerschaften nach Geburt eines Kindes *derjenige* für die Erziehungsarbeit zuständig ist, *der* weniger Geld verdient, und unter Bedingungen auch des informationellen Kapitalismus ist *der* nicht zufällig meist eine Frau. Das ist nicht ausschließlich ökonomisch motiviert. Denn gesellschaftliche Strukturen und diskursive Normen von Geschlechterrollen wirken meist zuungunsten egalitärer Geschlechterverhältnisse ineinander, und Praxen geraten in Widerspruch zu postulierten Gleichheitsnormen. Die Familie ist also der Kristallisationspunkt, „an dem ambivalente Beziehungen zwischen Traditionalisierungseffekten und Modernisierungsprozessen von Geschlecht deutlich werden" (Kortendiek 2008, S. 439). Genau an dieser Stelle aber rekurriert Castells auf einen geschlechtertheoretisch wenig kritischen Unterbau. Er benutzt im Anschluss an Chodorow (1985) ein „einfaches, elegantes und eindrucksvolles psychoanalytisches Modell der Produktion und Reproduktion der Geschlechterverhältnisse" (Castells 2003b, S. 244), mit dem er eine als gänzlich unterschiedlich postulierte Sozialisation von Frauen in Richtung soziale Kompetenzen, von Männern für die (Berufs-)Welt draußen erklärt, nämlich die spezifisch unterschiedlichen Mutter-Tochter- und Mutter-Sohn-Bindungen. Auch hier ist es nur die biologisch weibliche Mutter, an der die Sozialisation zu Männern und Frauen hängt.

Stattdessen käme es bei einer solchen Analyse darauf an, eingefahrene Denkgewohnheiten zu entselbstverständlichen. Humberto Maturana und Gerda Verden-Zöller etwa definieren Mutter als „[e]ine Frau oder ein Mann, der oder die eine innige Beziehung der Hege und Pflege eines Kindes, während des Heranwachsens dieses Kindes erfüllt. Mutterschaft ist eine Hegebeziehung und nicht an ein Geschlecht gebunden." (Maturana und Verden-Zöller 1994, S. 187) Eine solche Definition schafft Raum für die Erweiterung von Denkmöglichkeiten, die bei Castells nicht vorkommt. Heteronormativ ist dagegen seine Verknüpfung von Mutter(schaft) mit Frausein, was die Entwicklung alternativer Szenarien gesellschaftlicher Entwicklungen erschwert bis versperrt. Stattdessen tritt Castells in Vorwärtsverteidigung dem Vorwurf des Essenzialismus und Biologismus entgegen, bleibt aber dennoch auf die Dyade von Mutter und Kind (in seinen Überlegungen zu Familie auf die Triade Mutter, Vater und Kind) fixiert. So konzediert er zwar eine Diversifizierung der Familien im Hinblick auch auf gleichgeschlechtliche und damit unterschiedlich zusammengesetzte Haushalte (Castells 2003b, S. 238–243), die Familie bleibt am Schluss aber doch ein merkwürdig idyllisch anmutender Ort „für freie Frauen, gebildete Kinder und unsichere Männer" (Castells 2003b, S. 257). Würde Castells stattdessen deutlicher zwischen den verschiedenen Ebenen seiner Ausführungen unterscheiden, könnte er in seiner Zeitdiagnose besser einschätzen, wie traditionell versus geschlechterdemokratisch es um die jeweiligen Geschlechterverhältnisse bestellt ist (vgl. dazu etwa Koppetsch und Burkart 1999). Denn möglicherweise verliert die traditionelle geschlechtliche Arbeitsteilung mittel- bis langfristig tatsächlich an strukturellem und diskursivem Gewicht. Ob und warum aber die Praxen im Alltag damit Schritt halten oder nicht, ist eine empirische Frage – für die sich auch ein gesellschaftstheoretischer Entwurf vom Kaliber eines Manuel Castells interessieren sollte.

Literatur

Baudrillard, Jean. 1978. *Agonie des Realen.* Frankfurt a. M.
Bell, Daniel. 1973. *Die nachindustrielle Gesellschaft.* Frankfurt a. M.
Boltanski, Luc, und Ève Chiapello. 2006. *Der neue Geist des Kapitalismus.* Konstanz.
Bourdieu, Pierre. 2005. *Die männliche Herrschaft.* Frankfurt a. M.
Burkart, Günter. 2008. *Familiensoziologie.* Konstanz.
Calhoun, Craig, Hrsg. 1994. *Social theory and the politics of identity.* Oxford.
Castells, Manuel. 2001. Bausteine einer Theorie der Netzwerkgesellschaft. *Berliner Journal für Soziologie* 11 (4): 423–440.
Castells, Manuel. 2002. Frauen in der Netzwerkgesellschaft: Fragen an den Feminismus. In *Feminist_Spaces, Frauen im Netz. Diskurse – Communities – Visionen*, Hrsg. Heinrich Böll Stiftung e. V. Feministisches Institut, 147–160. Frankfurt a. M.
Castells, Manuel. 2003a. *Der Aufstieg der Netzwerkgesellschaft. Teil 1 der Trilogie „Das Informationszeitalter".* Opladen.

Castells, Manuel. 2003b. *Die Macht der Identität. Teil 2 der Trilogie „Das Informationszeitalter".* Opladen.

Castells, Manuel. 2003c. *Jahrtausendwende. Teil 3 der Trilogie „Das Informationszeitalter".* Opladen.

Castells, Manuel. 2005. *Die Internet-Galaxie. Internet, Wirtschaft und Gesellschaft.* Wiesbaden.

Castells, Manuel, Mireira Fernández-Ardèvol, Jack Linchuan Qiu und Araba Sey. 2006. *Mobile communication and society. A global perspective.* Cambridge.

Chodorow, Nancy. 1985. *Das Erbe der Mütter. Psychoanalyse und Soziologie der Geschlechter.* München.

Cyba, Eva. 2008. Patriarchat: Wandel und Aktualität. In *Handbuch Frauen- und Geschlechterforschung. Theorie, Methoden, Empirie.* 2., überarb. und erw. Aufl., Hrsg. Ruth Becker und Beate Kortendiek, 17–22. Wiesbaden.

Degele, Nina. 2004. Das Netz der Gesellschaft. Oder: Über die Produktivität löchriger Theorien. *Soziologische Revue* 27 (1): 19–27.

Drucker, Peter F. 1993. *Die postkapitalistische Gesellschaft.* Düsseldorf.

Foucault, Michel. 1978. *Dispositive der Macht.* Berlin.

Giddens, Anthony. 1981. *A contemporary critique of historical materialism.* Berkeley.

Giddens, Anthony. 1991. *Modernity and self-identity: Self and society in the late modern age.* Cambridge.

Giddens, Anthony. 1993. *Wandel der Intimität. Sexualität, Liebe und Erotik in modernen Gesellschaften.* Frankfurt a. M.

Gottschall, Karin. 2000. *Soziale Ungleichheit und Geschlecht. Kontinuitäten und Brüche, Sackgassen und Erkenntnispotentiale im deutschen soziologischen Diskurs.* Opladen.

Halcli, Abigail, und Frank Webster. 2000. Inequality and mobilisation in the information age. *European Journal of Social Theory* 3 (1): 67–81.

Kahlert, Heike. 2004. Manuel Castells' neue Welt: Paradigmenwechsel zum Informationalismus – Demokratisierung der Geschlechterverhältnisse. In *Arbeit und Vernetzung im Informationszeitalter. Wie neue Technologien die Geschlechterverhältnisse verändern,* Hrsg. Heike Kahlert und Claudia Kajatin, 35–71. Frankfurt a. M.

Knapp, Gudrun-Axeli, und Angelika Wetterer, Hrsg. 2003. *Achsen der Differenz. Gesellschaftstheorie und feministische Kritik II.* Münster.

Koppetsch, Cornelia, und Günter Burkart. 1999. *Die Illusion der Emanzipation. Zur Wirksamkeit latenter Normen im Milieuvergleich.* Konstanz.

Kortendiek, Beate. 2008. Familie: Mutterschaft und Vaterschaft zwischen Traditionalisierung und Modernisierung. In *Handbuch Frauen- und Geschlechterforschung. Theorie, Methoden, Empirie.* 2., überarb. und erw. Aufl., Hrsg. Ruth Becker und Beate Kortendiek, 434–445. Wiesbaden.

Luhmann, Niklas. 1986. *Ökologische Kommunikation.* Opladen.

Mansbridge, Jane. 1995. What is the feminist movement? In *Feminist organizations: Harvest of the women's movement,* Hrsg. Myra Ferree und Patricia Yancey Martin, 27–34. Philadelphia.

Maturana, Humberto R., und Gerda Verden-Zöller. 1994. *Liebe und Spiel. Die vergessenen Grundlagen des Menschseins.* 2. Aufl. Heidelberg.

Stalder, Felix. 2006. *Manuel Castells.* London.

Steinbicker, Jochen. 2001. Soziale Ungleichheit in der Informations- und Wissensgesellschaft. *Berliner Journal für Soziologie* 11 (4): 441–458.

Touraine, Alain. 1988. *Return of the actor: Social theory in postindustrial society.* Minneapolis.

Walby, Sylvia. 2009. *Globalization and inequalities: Complexity and contested modernities.* London.

Weber, Max. 1972. *Wirtschaft und Gesellschaft.* Tübingen.

Wellman, Barry. 1997. An electronic group is virtually a social network. In *The culture of the internet,* Hrsg. Sara Kiesler, 179–205. Hillsdale.

Wetterer, Angelika. 2003. Rhetorische Modernisierung: Das Verschwinden der Ungleichheit aus dem zeitgenössischen Differenzwissen. In *Achsen der Differenz. Gesellschaftstheorie und feministische Kritik II,* Hrsg. Gudrun-Axeli Knapp und Angelika Wetterer, 286–319. Münster.

Dis/Kontinuitäten der Geschlechterverhältnisse in der Moderne. Skizzen zu Anthony Giddens' Verbindung von Gesellschaftstheorie und Genderforschung

Heike Kahlert

Zusammenfassung

Grundannahme des Beitrags ist, dass Giddens' Sozialtheorie der Strukturie-rung mit dem Konzept der Dualität von Struktur, der darin enthaltenen Idee von Strukturierung und dem mehrebenenanalytisch begrifflich-konzeptuellen Instrumentarium einen adäquaten Ausgangspunkt für die Entwicklung einer geschlechtskategorial informierten Gesellschaftstheorie bietet. Mit Blick auf dieses Ziel wird das Konzept der Dualität von Struktur, als Herzstück der Struk-turierungstheorie, in geschlechtskategorialer Absicht weiterentwickelt und zur Re-Lektüre von Giddens' Schriften zur Soziologie der Moderne mit besonderer Aufmerksamkeit für die Dis/Kontinuitäten von Geschlecht und der Geschlech-terverhältnisse in der frühen und späten Moderne verwendet. Dabei werden in Giddens' Werk Anknüpfungsmöglichkeiten in geschlechtskategorialer Absicht identifiziert und notwendige weiterführende Arbeitsschritte herauskristallisiert.

H. Kahlert (✉)
Fakultät für Sozialwissenschaft, Ruhr-Universität Bochum, Universitätsstr. 150,
44801 Bochum, Deutschland
E-Mail: mail@heike-kahlert.de

H. Kahlert, C. Weinbach (Hrsg.), *Zeitgenössische Gesellschaftstheorien und*
Genderforschung, Gesellschaftstheorien und Gender,
DOI 10.1007/978-3-531-19937-5_4, © Springer Fachmedien Wiesbaden 2015

Dis/Continuities of Gender Relations in Modernity. Anthony Giddens' Connection of Social Theory and Gender Studies

Abstract

The author's basic assumption is that Giddens' social theory of structuration with the concept of the duality of structure, the idea of structuration, the multi-level approach and its special terms offer an adequate starting point to develop a social theory which takes gender into account. With regard to this aim the author starts from the concept of the duality of structure, the heart of structuration theory, and revises it from a perspective of gender. The concept of the duality of gender then is used to re-read Giddens' studies on the sociology of modernity by paying special attention to the dis/continuities of gender and gender relations in early and late modernity. In doing so the author identifies connections of social theory and gender studies in Giddens' works and outlines some further steps to put a social theory which takes gender into account into practice.

1   Einleitung

Das Projekt einer dialogischen Verbindung von Gesellschaftstheorien und Genderforschung kann auf die Befassung mit den vielschichtigen Arbeiten des britischen Soziologen Anthony Giddens nicht verzichten. In Giddens' umfangreichem Werk sind strukturierungstheoretische, modernisierungstheoretische und zeitdiagnostische Ausführungen eng miteinander verknüpft. Die Auseinandersetzung mit genderbezogenen Fragen erscheint dabei unterschiedlich intensiv. Die von der Dekonstruktion Derridas (z. B. 1990) inspirierten sozialtheoretischen Arbeiten zur Strukturierungstheorie aus den 1970er und frühen 1980er Jahren (vgl. Giddens 1979a, 1984, 1995a)[1] räumen der Kategorie Geschlecht keinen expliziten Platz oder gar konzeptuelle Bedeutung in der Theoriearchitektur ein. Aus feministischen Perspektiven wurden hierzu vor allem kritische Einwände angebracht (vgl. z. B. Murgatroyd 1989; Davis 1991) und nur wenige Versuche ihrer geschlechtskategorialen

---

[1] Die Jahreszahlen beziehen sich auf die deutschen Übersetzungen, die zum Teil erst mit erheblicher zeitlicher Verzögerung im Vergleich zur Veröffentlichung der englischsprachigen Originaltexte vorgelegt wurden, wie das Literaturverzeichnis verdeutlicht. Die englischsprachigen Originaltexte werden nur dann zitiert, wenn keine deutschsprachige Übersetzung vorliegt oder Begriffe präzisiert werden sollen. Die vorwiegende Bezugnahme auf die deutschen Übersetzungen geht mit leichten Verzerrungen in der Rekonstruktion von Giddens' Argumentation einher. Da dieser Beitrag nicht auf eine Werkexegese zielt, halte ich dies jedoch für vertretbar.

Weiterentwicklung vorgelegt (vgl. Wolffensperger 1991; Kahlert 2006a, 2008b). Giddens' Gesellschaftsanalysen zur Spätmoderne, die seit den 1990er Jahren entstehen, verdeutlichen, dass diese Kritiken gehört und konstruktiv aufgenommen werden. In den entsprechenden Arbeiten interpretiert der Soziologe das Erstarken der feministischen Bewegungen und den in fortgeschrittenen Industriegesellschaften beobachtbaren Wandel der Geschlechtsidentität und des Geschlechterverhältnisses als Motor und Effekt sozialer Entwicklungen und Strukturen und folglich als eng mit diesen verknüpft (v. a. Giddens 1991, 1993, 1996a, 1996b, 1996c, 1997). Dennoch werden diese Studien bisher in der Genderforschung vorwiegend kritisch diskutiert und nur vereinzelt hinsichtlich ihrer Anschlussmöglichkeiten an aktuelle geschlechtertheoretische Diskurse ausgelotet.[2] Im deutschsprachigen Raum werden Giddens' modernisierungstheoretische und zeitdiagnostische Schriften auch im gesellschaftstheoretischen Spektrum nur verhalten rezipiert.

Meine folgenden Überlegungen zielen darauf, das Konzept der Dualität von Struktur, das Herzstück von Giddens' Sozialtheorie der Strukturierung, in geschlechtskategorialer Absicht weiterzuentwickeln und zur Re-Lektüre von Giddens' Soziologie der Moderne mit besonderer Aufmerksamkeit für die Ausführungen zu Geschlecht und den Geschlechterverhältnissen zu nutzen. Dabei wird deutlich, dass das Werk des Soziologen zahlreiche, wenn auch in den umfangreichen Schriften recht verstreute und zumeist unsystematisch entfaltete Anknüpfungsmöglichkeiten für eine geschlechtskategorial informierte Gesellschaftstheorie bietet. Anders als ein Großteil der (zumeist männlichen) Sozialtheoretiker, die Giddens' Werk als in mehrere Schaffensphasen unterteilt deuten, sehe ich also in theoretisch-methodologischer Hinsicht Verbindungen zwischen seinen explizit sozialtheoretischen Arbeiten und den Studien zur Moderne.

Den Ausgangspunkt meiner Argumentation bildet das Konzept der Dualität von Struktur, das Giddens ins Zentrum der Strukturierungstheorie stellt (2). Es ermöglicht auch die Konzeptualisierung der Gleichzeitigkeit von Stabilität und Wandel. Im nächsten Argumentationsschritt stelle ich das Konzept der Dualität von Geschlecht vor, das ich in Erweiterung und Vertiefung von Giddens' Konzept der Dualität von Struktur entwickelt habe (3). Ausgehend von diesen strukturierungstheoretischen Grundlagen stehen im Weiteren Giddens' Ausführungen zu den Diskontinuitäten der Moderne im Fokus, die er unter Rückgriff auf die Dekonstruktion aus der Perspektive der Tradition vornimmt. Tradition und Moderne

---

[2] Für die kritisch-distanzierte Rezeption im deutschsprachigen Kontext kann exemplarisch auf die Arbeiten von Brigitte Aulenbacher (2001: insbes. S. 207–213, 2005: insbes. S. 101–204) verwiesen werden. Einer eher wertschätzenden und auf die Prüfung von Anschlussmöglichkeiten zielenden Rezeption sind hingegen meine Arbeiten verpflichtet (vgl. Kahlert 2000, 2005, 2006b, 2008a).

können demzufolge mit Giddens als verschiedene Modi der raumzeitlichen Strukturierung der Moderne konzeptualisiert werden. Die Auseinandersetzung mit der Tradition ist die Anschlussstelle, an der in Giddens' Soziologie Geschlecht und Geschlechterverhältnisse zum Gegenstand der Analysen werden (4). Damit ist begrifflich-konzeptuell der Boden bereitet, um zu zeigen, wie Giddens gesellschafts- und geschlechtertheoretische Überlegungen verbindet. Vor dem Hintergrund des Konzepts der Dualität von Geschlecht erörtere ich dann im Weiteren Giddens' Analysen zur Traditionalisierung und Re-Traditionalisierung der Geschlechtsidentität und des Geschlechterverhältnisses in der frühen Moderne (5) und zur Traditionalisierung wie Ent-Traditionalisierung der Geschlechtsidentität und des Geschlechterverhältnisses in der späten Moderne (6). Den Abschluss bildet eine kritische Würdigung der Erkenntnispotenziale dieses Unternehmens unter Bezugnahme auf das Konzept der Dualität von Geschlecht (7).

2 Die Dualität von Struktur

Im Zentrum von Giddens' Sozialtheorie der Strukturierung (vgl. Giddens 1979a, 1984, 1995a) steht der Versuch, das Verhältnis von Handeln und Struktur konzeptionell als untrennbare und wechselseitige Beziehung zu erfassen, ohne Handeln oder Struktur zu priorisieren und so in ein asymmetrisches Verhältnis zu setzen. Gesellschaft als Untersuchungsgegenstand besteht in dieser Sicht aus Beziehungsstrukturen, die die Individuen selbst im alltäglichen Handeln, wenn auch weitgehend unbeabsichtigt, produzieren und reproduzieren und dabei, je nach den raumzeitlichen Rahmenbedingungen, verändern (können). Strukturierung ist also ein aktiver historischer Prozess, der in Zeit und Raum ausgreift. Strukturen, Institutionen und soziale Systeme werden und sind demnach von handelnden Individuen hergestellt. Im Konzept der Strukturierung ist bereits die Möglichkeit des Wandels als inhärent in jedem Umstand von sozialer Reproduktion vorgesehen (vgl. Giddens 1979a, S. 210), und zwar als intendierte Möglichkeit des Wandels auf der Handlungsebene der reflexiven Steuerung, aber auch als unintendierte Konsequenz des Handelns (vgl. Giddens 1979a, S. 214). Die untrennbar aufeinander verwiesene Beziehung von Struktur und Handeln beschreibt Giddens mit dem Konzept der „Dualität von Struktur" (Giddens 1995a, S. 77). Das Konzept ermöglicht, Struktur als durch und im Handeln produziert und reproduziert zu begreifen. Genau diese Gleichursprünglichkeit beschreibt der leicht missverstandene Begriff der Dualität. Dualität meint keinen Dualismus, sondern verweist darauf, dass es sich um zwei untrennbar miteinander verbundene Seiten eines Phänomens handelt.

Im Konzept der Dualität von Struktur sind Strukturen als Oberbegriff von Regeln und Ressourcen das Medium des Handelns, zugleich haben sie als Konstitutionsmomente der Regelmäßigkeiten des sozialen Lebens auch eine geordnete institutionelle Konfiguration der Gesellschaft zum Resultat. Während soziale Akteure ihr praktisches und ggf. diskursives Bewusstsein von der jeweiligen Situation nutzen, beziehen sie sich auf Regeln und Ressourcen, und indem sie dies tun, produzieren sie Aktivitäten und reproduzieren soziale Systeme und Institutionen. Handeln ist auf kognitive Momente der Reflexivität und auf das praktische Vermögen von Individuen ausgerichtet, Veränderungen in der objektiven Welt zu bewirken und auf die vom Handeln produzierte Objektivität selbst. Handelnde sind demnach nicht nur in der Lage, routiniert zu handeln und die ihnen zur Verfügung stehende Bewusstheit (*knowledgeability*) anzuwenden, sondern sie können auch von dem ihnen ebenfalls zur Verfügung stehenden Entscheidungsvermögen (*capability*) Gebrauch machen, sich also entscheiden, ‚anders zu handeln' und dabei Routinen aufzugeben bzw. neue zu etablieren. Jedes Handeln beinhaltet demnach auch die Möglichkeit der Veränderung und ist folglich mit einer gewissen Macht, im Sinne einer transformativen Fähigkeit verstanden, verknüpft. Giddens' Studien fokussieren dabei auf Institutionen, denn diese vermitteln in der Strukturierungstheorie zwischen der Makroebene gesellschaftlicher Strukturen und Phänomene und der Mikroebene der Handelnden.

Das Konzept der Dualität von Struktur ermöglicht also auch, die Gleichzeitigkeit von Stabilität und Wandel sozialer Praktiken zu analysieren. Nicht immer beschreibt Giddens die Beziehung von Stabilität und Wandel genau mit diesen Begrifflichkeiten; die Rede ist auch von Kontinuität und Diskontinuität (vgl. Giddens 1979a, S. 216), beispielsweise in der Studie zu den *Konsequenzen der Moderne* (Giddens 1996a). Der Strukturierungstheoretiker hält den Begriff der Kontinuität für nützlicher als den ebenfalls in sozialwissenschaftlichen Analysen häufig gebrauchten Begriff der Persistenz, „denn Kontinuität besteht auch während der radikalsten und fundamentalsten Phasen sozialer Transformation – außer in dem Grenzfall, dass alle Mitglieder einer Gesellschaft physisch ausgerottet werden" (Giddens 1995b, S. 173). Kontinuität wird durch Diskontinuität hergestellt (vgl. Giddens 1995b, S. 174) und durch die soziale Reproduktion von Praktiken gesichert (vgl. Giddens 1995b, S. 175). Ersetzt man die Synchron-/diachron-Dichotomie durch die Idee der zeitlichen Strukturation, kann man erkennen, dass sich der Prozess der sozialen Reproduktion jederzeit wandeln kann (vgl. Giddens 1995b, S. 166).

> Wenn wir den zeitlichen Charakter aller sozialen Aktivität angemessen erfassen, werden wir bemerken, dass ‚Stabilität/Wandel' und ‚Kontinuität/Diskontinuität' gar nicht in einen Gegensatz gebracht werden können. Soziale Systeme existieren nur infolge

ihrer kontinuierlichen Strukturation im Verlauf der Zeit; entsprechend benötigt die Sozialanalyse keinen Begriff der Ent-Strukturation. (Giddens 1995b, S. 174)

Gemäß strukturierungstheoretischer Überlegungen geht Wandel immer mit Stabilität einher, ist sozusagen deren ‚andere' Seite und mit dieser untrennbar verbunden. Giddens wird nicht müde, darauf hinzuweisen, dass jede Analyse der Strukturierung von Kontinuität und Diskontinuität die Dimensionen von Zeit und Raum einbeziehen muss. Während seine Ausführungen zur Zeit recht umfangreich sind, findet der Raum weniger Berücksichtigung. Sozialer Wandel würde häufig mit Zeit und soziale Stabilität häufig mit Zeitlosigkeit in eins gesetzt. Die Gleichungen von „dynamisch" und „Wandel" und von „statisch" und „stabil" sind nach Giddens „unhaltbar" (Giddens 1995b, S. 151) bzw. ein „Fehler" (Giddens 1995b, S. 155). Man könnte nicht von der Zeit abstrahieren, wenn man von ‚sozialer Stabilität' spreche, da ‚Stabilität' Kontinuität in der Zeit bedeutete. Eine stabile soziale Ordnung hinge nachgerade davon ab, dass sich Gegenwart und Vergangenheit glichen, so der Strukturierungstheoretiker. In der Reproduktion sozialer Praktiken besitzen Routinen, also selbstverständliche Handlungen, einen herausragenden Platz. Routine ist nach Giddens' Ansicht eng verbunden mit Tradition und zwar in dem Sinne, dass diese die Kontinuität von Praktiken über die Zeit hin stützt.

Wandel bzw. Diskontinuität entsteht nach Giddens folglich durch alle Einflüsse, die den routinisierten Verlauf sozialer Interaktionen bzw. traditionelle Praktiken unterminieren, aufweichen oder in Frage stellen. Dabei können erstens tradierte Praktiken durch andere ersetzt werden, zweitens können divergierende Interpretationen von etablierten Regeln (etwa Normen) auftauchen, z. B. durch die Entstehung der Schrift, das Aufkommen des Lesens und die Entstehung massenhafter Schrifterzeugnisse, und drittens kann es passieren, dass die Legitimität von Tradition bestritten und also nicht anerkannt wird und eine Entroutinisierung der damit verbundenen Praktiken erfolgt (vgl. Giddens 1979a, S. 220–221).

Die konstruktivistisch anmutende Grundidee der Strukturierungstheorie klingt einfach und zugleich überzeugend. Das zur Ausarbeitung der Sozialtheorie der Strukturierung entfaltete Denkgebäude ist hoch komplex und begrifflich herausfordernd, da Giddens nicht nur vermeintlich etablierte soziologische Denkweisen und Systematiken hinterfragt und reformuliert, sondern auch soziologisch vertraute Begrifflichkeiten mit neuen Inhalten füllt und zueinander in Beziehung setzt, wie beispielsweise Handeln, Struktur, System und Institution. Dabei sind die Grenzen insbesondere zwischen den Begriffen System und Institution nicht immer trennscharf. Neben der Kritik an einigen begrifflichen Ungenauigkeiten besteht in der gesellschaftstheoretischen Rezeption der Strukturierungstheorie weitgehende Einigkeit darüber, dass das Konzept der Dualität von Struktur die Idee der Strukturierung überzeugend umsetzt (vgl. z. B. Reckwitz 1997, insbes. S. 105; Joas und Knöbl 2004, S. 393–429) und nach wie vor Gewinn bringend Anwendung finden kann (vgl. Stones 2005).

3 Die Dualität von Geschlecht

Die Stärken der Strukturierungstheorie – allen voran das überzeugende Konzept der Dualität von Struktur, die mehrebenenanalytische Auffassung von Strukturierung und die damit verbundene Konzeptualisierung der Gleichzeitigkeit von Stabilität und Wandel – machen Giddens' sozialtheoretische Arbeiten auch für Anliegen der sozialwissenschaftlichen Genderforschung interessant, wenngleich die Kategorie Geschlecht darin keine Rolle spielt. Connells (1987, S. 94) schon etwas zurückliegender Hinweis, dass die Strukturierungstheorie den Anforderungen an eine Theorie der Geschlechterverhältnisse (*theory of gender*) am nächsten komme, fand bisher aber keinen Widerhall. Das hier verfolgte Projekt schließt an die Idee der Strukturierung hinsichtlich der Anliegen der Genderforschung an, aber es zielt in eine andere Richtung als Connells Vorhaben, nämlich auf die Entwicklung einer *geschlechtskategorial informierten Gesellschaftstheorie*, einer Gesellschaftstheorie also, die die Kategorie Geschlecht in ihre Begriffsbildung und Architektur integriert.

An anderer Stelle habe ich bereits in Weiterführung des anregenden Ansatzes von Joan Wolffensperger (1991) vorgeschlagen, Giddens' Konzept der Dualität von Struktur geschlechtskategorial zu denken und um das Konzept der *Dualität von Geschlecht* anzureichern (vgl. ausführlich Kahlert 2006a). Wolffensperger (1991) erweitert Giddens' Strukturverständnis zur ,vergeschlechtlichten Struktur' (*engendered structure*) und führt den ,vergeschlechtlichten' Charakter eines sozialen Systems bzw. einer Institution auf ,vergeschlechtlichte' Regeln und Ressourcen zurück. Dabei konzeptualisiert sie die ,vergeschlechtlichten' Regeln und Ressourcen als Mittel einer ,zweifachen Reproduktion' (*twofold reproduction*): Wenn diese Regeln und Ressourcen im sozialen Handeln angewendet würden, würden die Geschlechterverhältnisse und die sozialen Systeme bzw. die Institutionen zusammen reproduziert, denn soziale Differenzen zwischen Frauen und Männern seien ein integraler Bestandteil sozialer Praktiken. Wolffensperger schlussfolgert, dass ,vergeschlechtlichte' Regeln und Ressourcen nicht nur als Mittel der Reproduktion der sozialen Systeme bzw. Institutionen, sondern auch als Mittel der Reproduktion der Geschlechterverhältnisse analysiert werden könnten.

Damit fokussiert die niederländische Sozialwissenschaftlerin jedoch nur auf die Stabilisierung von empirisch in der Regel asymmetrischen Geschlechterverhältnissen durch Reproduktion, auf ihre Institutionalisierung also. ,Vergeschlechtlichte'

Regeln und Ressourcen können jedoch, so mein weiterführendes Argument, auch ein Mittel zur Produktion *veränderter* bzw. *verändernder* Geschlechterverhältnisse in sozialen Praktiken sein. Die so verstandene Dualität von Geschlecht lässt die gleichzeitige Erfassung der Reproduktion bestehender Geschlechterverhältnisse und die Produktion veränderter bzw. verändernder, beispielsweise egalitärer, Geschlechterverhältnisse in sozialen Praktiken zu. Anders formuliert: Die Konzeptualisierung der Dualität von Struktur als ‚vergeschlechtlicht' ermöglicht analytisch die synchrone Erfassung der De- und Re-Institutionalisierung von Geschlecht in sozialen Praktiken.

Das Konzept der Dualität von Geschlecht verknüpft Grundannahmen der Frauen- und Geschlechterforschung und der Strukturierungstheorie: Die Genderforschung lehrt mit ihrem Konzept von Geschlecht als Prozesskategorie, dass Geschlecht und Geschlechterverhältnisse situativ im alltäglichen (Routine-)Handeln konstruiert werden, und sie lehrt mit ihrem Konzept von Geschlecht als Strukturkategorie, dass Geschlecht und Geschlechterverhältnisse eine historisch-konstituierte Form ungleicher Vergesellschaftung von Frauen und Männern darstellen, die sich vor allem in der geschlechtsasymmetrischen Arbeitsteilung ausdrückt. Die Strukturierungstheorie lehrt, dass Strukturierung im mehrdimensionalen Handeln bewusster, entscheidungsfähiger Akteure (und Akteurinnen – so wäre hinzufügen) erfolgt, die Strukturen produzieren und reproduzieren und dabei soziale Praktiken zugleich verändern und fortschreiben. Mit ihrer Bezugnahme auf herrschaftssoziologische und psychoanalytische Überlegungen wird das konstruktivistische Geschlechterverständnis erweitert. Das Konzept der Strukturierung ermöglicht folglich auch, die soziale Konstruktion und die historische Konstitution von Geschlecht aufeinander zu beziehen und miteinander zu verknüpfen und dabei der mehrdimensionalen Komplexität sozialer Praktiken gerecht zu werden. Die Strukturierungstheorie erfährt durch die Integration der Kategorie Geschlecht also eine Vertiefung und Erweiterung. Dabei stellt das Konzept der Dualität von Geschlecht einen grundlegenden Theoriebaustein dar.

Im Folgenden verwende ich dieses Konzept, um Giddens' Gesellschaftsanalysen zur Beziehung von Stabilität und Wandel der Institutionen in fortgeschrittenen bzw. spätmodernen Gesellschaften (vgl. Kahlert 2008b) zu erörtern. Die Untersuchung der Gleichzeitigkeit von Stabilität und Wandel der Geschlechterverhältnisse ist dabei ein selbstverständlicher Bestandteil. In Giddens' Gesellschaftsanalysen erfährt, so mein Argument, das Konzept der Dualität von Geschlecht eine, wenn auch recht holzschnittartige, Umsetzung, *ohne* je von Giddens explizit ausformuliert worden zu sein. Die Beziehung von Stabilität und Wandel bzw. Kontinuität und Diskontinuität wird in Giddens' Analysen zur modernen Gesellschaft vor allem im Begriffspaar Tradition und Moderne reflektiert, so etwa in der Kontroverse mit Ulrich Beck und Scott Lash über die *Reflexive Modernisierung* (vgl. Beck et al. 1996). Die Bedeutung von Tradition in Giddens' Soziologie der Moderne wird aus methodologischen Gründen zunächst separat entfaltet und im Anschluss mit seinen Ausführungen zu Geschlecht und Geschlechterverhältnissen verbunden.

4 Tradition und Moderne als Modi raumzeitlicher Strukturierung

Giddens sieht die Moderne als eine in sich raumzeitlich strukturierte Episode der „Geschichte" an (Giddens 1995a, S. 300–302), in der sich der Prozess der sozialen Reproduktion der Institutionen jederzeit wandeln kann (vgl. Giddens 1995b, S. 166). Tradition und Moderne sind dabei verschiedene und *gleichzeitig* existierende raumzeitliche Modi der sozialen Reproduktion (Giddens 1979a, S. 200). Inspiriert durch die Dekonstruktion Derridas beschäftigt sich Giddens vergleichsweise intensiv mit der Klärung des Traditionsbegriffs und führt in diesem Zusammenhang auch Geschlecht und die Geschlechterverhältnisse in seine Überlegungen ein. Dabei weist er des Öfteren darauf hin, dass die Idee der Tradition selbst eine Schöpfung der Moderne sei, sodass man sich dem Diskurs über Tradition mit einer gewissen Vorsicht nähern sollte (vgl. Giddens 2001, S. 54–55): „*[A]lle* Traditionen, kann man behaupten, sind erfundene Traditionen." (Giddens 1996b, S. 172, Herv. i. O.) Im Verlauf ihrer Geschichte habe die Moderne fast ständig neue Traditionen geschaffen und Traditionen aufgelöst (vgl. Giddens 1996b, S. 113). Die entscheidenden Wesensmerkmale von Traditionen seien Ritual und Wiederholung, nicht ihre zeitliche Dauer (vgl. Giddens 2001, S. 56).

Die Tradition ist raumzeitlich strukturiert: Ihre Vergangenheitsorientierung wird darin deutlich, dass die Vergangenheit in gegenwärtige Praktiken einbezogen wird, so dass sich der Zukunftshorizont zurückkrümmt, um zu schneiden, was vorangegangen ist (vgl. Giddens 1996b, S. 133). Die Tradition ist dabei „das *Medium*, in dem sich die ‚Wirklichkeit' des Vergangenen legitimiert" (Giddens 1996b, S. 172, Herv. i. O.). Sie bezieht sich aber auch auf die Zukunft, da etablierte Handlungsweisen dazu benutzt werden, die zukünftige Zeit zu organisieren. Tradition ist demnach „*das* Medium der reversiblen Zeit" (Giddens 1995a, S. 256, Herv. i. O.). Die Tradition beansprucht nach Giddens (vgl. 1996b, S. 151) aber nicht nur ein privilegiertes Verhältnis zur Zeit, sondern tendenziell auch zum Raum, denn durch die Herrschaft über die Zeit beherrsche sie auch den Raum. Die Privilegierung des Raums mache traditionelle Glaubensvorstellungen von Praktiken unterscheidbar und die Konfrontationen zwischen unterschiedlichen Werten und Lebensformen vermeidbar, denn Tradition sei stets mit einem Ursprungsgebiet oder mit zentralen Orten verbunden.

Die Bedingungen der sozialen Reproduktion verschiedener Gesellschaftstypen variieren nach Giddens. Tradition ist dabei der einfachste und unschuldigste Reproduktionsmodus (vgl. Giddens 1995b, S. 153):

> Tradition ist Routine. Doch sie ist eine Routine voll innerer Sinnhaftigkeit, und nicht bloß leere Gewohnheit um der Gewohnheit willen. Zeit und Raum sind nicht die inhaltlosen Dimensionen, zu denen sie mit der Entwicklung der Moderne werden, sondern sie sind kontextuell in das Wesen gelebter Tätigkeiten verwoben. [...] die Tradition trägt in grundlegender Weise zur ontologischen Sicherheit bei, soweit sie das Vertrauen in die Kontinuität von Vergangenheit, Gegenwart und Zukunft aufrechterhält und dieses Vertrauen mit routinemäßigen sozialen Praktiken verbindet. (Giddens 1996b, S. 133)

Giddens (2001, S. 60) zeigt, dass Tradition dem Leben Kontinuität und Form verleiht, also Stabilität gibt. Tradition entfalte ihre größte Wirkung, wenn sie nicht als solche verstanden werde (vgl. Giddens 1996b, S. 128). Traditionen beinhalten auch bestimmte Machtverhältnisse und lassen diese in der Regel als etwas vermeintlich Natürliches erscheinen. Die darin verankerte Macht bleibt „weitgehend *verborgen*" (Giddens 1996b, S. 190, Herv. i. O.). Die Auflösung einer Tradition beginnt nach Giddens (1995b, S. 154) augenblicklich dort, wo man sie als eine solche erkennt und ihrer Fraglosigkeit entzieht. Würden aber bestimmte Praktiken als ‚Tradition' ausgesondert, so würde sie gerade dadurch unterhöhlt, dass man erkenne, dass diese Praktiken auch auf andere Weise legitimiert werden könnten. Damit verändert sich auch der Charakter der Tradition selbst.

In Giddens' Theorie ist Tradition also ein Modus der raumzeitlichen Strukturierung der Moderne, der selbst wiederum untrennbar mit der Moderne verbunden ist. Tradition ist in dieser Auffassung nicht der Moderne zeitlich vorgängig oder räumlich aus ihrem Wirkungsbereich ausgelagert, wie herkömmliche Modernisierungstheorien behaupten, sondern wird durch die und in der Moderne hervorgebracht. Tradition ist aber „mehr als nur eine besondere Erfahrung von Zeitlichkeit; sie verkörpert die *moralische* Herrschaft des ‚Vorangegangenen' über die Kontinuität des Alltagslebens" (Giddens 1995a, S. 255, Herv. H. K.) und verbindet sie mit der Kontinuität der Institutionen (vgl. Giddens 1995a, S. 256). Durch ihre enge Verbindung mit der Moderne unterliegt die Tradition auch deren Dynamik.

Als wichtigste Erscheinungen dieser Dynamik der Moderne beschreibt Giddens die *Trennung und Neuverbindung von Raum und Zeit*, die damit eng verbundene *Entbettung und Rückbettung sozialer Beziehungen* aus ortsgebundenen Interaktionszusammenhängen und *(soziale bzw. institutionelle) Reflexivität*[3] in Gestalt

---

[3] Giddens betont, dass es ihm um „institutionelle Reflexivität" geht und er diesen Begriff dem der „reflexiven Modernisierung" vorziehe, den Beck (z. B. 1996) geprägt hat: „Die Theo-

eines Zuwachses an Expertenwissen. Diese Erscheinungen sind eng miteinander verbunden und Merkmale der modernen Institutionen (Giddens 1996a, S. 28, 1991, S. 209). Die von Giddens intendierte, bisher aber nur bruchstückhaft ausgearbeitete, Institutionenanalyse der Moderne muss folglich diese Faktoren in Betracht ziehen. Die Diskontinuitäten der Moderne werden seiner Ansicht nach durch die beschleunigte *Geschwindigkeit des Wandels*, die *Reichweite des Wandels* in Gestalt der „Ausdehnung moderner Institutionen" (Giddens 1996b, S. 114) und das *innere Wesen der modernen Institutionen* (vgl. Giddens 1996a, S. 14–15) hervorgebracht.

Ähnlich wie Beck (vgl. z. B. 1996), der zwischen der Ersten und der Zweiten Moderne differenziert, unterscheidet Giddens zwei Phasen der Moderne, nämlich die frühe und die hohe bzw. späte Moderne. Unter Rückgriff auf Ausführungen von Bell (1991) zu Entwicklungsphasen der modernen Institutionen sieht Giddens die modernen Institutionen in der frühen Moderne von Disziplin und Repression und in der Hoch- bzw. Spätmoderne durch das Aufkommen hedonistischer Einstellungen geprägt. Der Übergang zwischen der frühen und der hohen bzw. späten Moderne ist nach Giddens „durch die gleichzeitige Wiederentdeckung und Auflösung von Traditionen sowie das häufig nicht nachvollziehbare Verschwinden von bis dahin für stark gehaltenen Trends" (Giddens 1996b, S. 318) gekennzeichnet, also durch Traditionalisierung, Re-Traditionalisierung und Ent-Traditionalisierung. Dabei handelt es sich um eine *Radikalisierung der Moderne*, eine sich dynamisierende Beziehung zwischen Kontinuität und Diskontinuität bzw. Tradition und Moderne, der Giddens jedoch nicht, wie Beck, die Qualität eines „Epochenbruch[s]" (Beck et al. 2001, S. 25) bzw. „Strukturbruch[s]" (Beck et al. 2001, S. 19) in der Moderne zuschreibt.

Giddens erläutert die sich wandelnde Beziehung von Tradition und Moderne im Verlauf der Moderne mit Blick auf verschiedene „Kernbereiche des sozialen Lebens" (Giddens 1996b, S. 114, 2001, S. 57–58): Familie, Sexualität und Geschlechts-

---

rie der reflexiven Modernisierung geht von der Möglichkeit einer ‚Vollendung' der Moderne aus, indem zuvor unberücksichtigte Aspekte der Gesellschaft und der Natur gegenwärtig in den Mittelpunkt der Aufmerksamkeit rücken. Und sie glaubt eine ‚Richtung' angeben zu können, in der sich die Dinge entwickeln. Doch in dieser Lage befinden wir uns gegenwärtig nicht. Wir sind mit viel verwirrenderen Umständen konfrontiert, unter denen – wie die Vertreter der Postmoderne betonen – keine eindeutigen Entwicklungsstufen mehr anzugeben sind. Ein gesellschaftliches Universum, in dem sich Reflexivität ausbreitet, ist gekennzeichnet durch die gleichzeitige Wiederentdeckung und Auflösung von Traditionen sowie das häufig nicht nachvollziehbare Verschwinden von bis dahin für stark gehaltenen Trends. Das bedeutet nicht – wie die Anhänger der Postmoderne behaupten –, dass alle menschlichen Bemühungen um die Beherrschbarkeit der Welt notwendigerweise zum Scheitern verurteilt sind. Solche Anstrengungen […] sind weiterhin erforderlich und durchführbar, auch wenn wir uns bewusst sein müssen, dass derartige Unterfangen, sei es zu unserem Vorteil oder zu unserem Nachteil, bruchstückhaft bleiben müssen." (Giddens 1996c, S. 317–318) identität bzw. Geschlechterverhältnis[4]. Da für den hier interessierenden Zusammenhang die Ausführungen zu Geschlecht bzw. zum Geschlechterverhältnis besonders relevant sind, stehen sie im Folgenden im Fokus.

5 Traditionalisierung und Re-Traditionalisierung der Geschlechtsidentität und des Geschlechterverhältnisses in der frühen Moderne

Giddens (1996b, S. 169) führt aus, dass in den „früheren Phasen der Moderne" das Zusammenwirken von Moderne und Tradition entscheidend gewesen sei. Hier hätte „eine Art Symbiose von Moderne und Tradition" (Giddens 2001, S. 58) stattgefunden. In seinen Analysen zur frühen Moderne bezieht sich der Soziologe auf Webers (1988, S. 17–206) Ausarbeitungen zur protestantischen Ethik und versteht die (frühe) „Moderne als Zwangshandeln" (Giddens 1996b, S. 135), wobei das Zwangshandeln die ganze Gesellschaft erfasst habe. Den Kern des kapitalistischen Geistes habe weniger seine Ethik der Selbstverleugnung als seine zwanghafte Motiviertheit gebildet, die jene Traditionen überwunden hätte, die Gewinnstreben und Moral verbunden hätten.

Die Wechselbeziehungen zwischen früher Moderne und Tradition fasst Giddens (1996b, S. 173–174) in fünf Punkten zusammen. Traditionen spielten erstens in der frühen Entwicklung der Moderne eine zentrale Rolle. Dabei hätte ihre emotionale Grundlage mit Zwanghaftigkeit und Scham als einer Form der Angst zu tun gehabt. Der zweite Punkt befasst sich mit der Wissenschaft. Diese hätte aufgrund ihrer legitimatorischen Funktion autoritative Vorstellungen von Wahrheit beibehalten, die – jedenfalls im öffentlichen Bewusstsein – große Ähnlichkeit mit formelhafter Wahrheit aufgewiesen hätte. Drittens sei der Zwangscharakter der Moderne den Menschen nicht verborgen geblieben und habe Widerstand hervorgerufen. Tradition habe schließlich fünftens insbesondere der Bildung oder Wiederherstellung

---

[4] Die englischsprachigen Originaltexte und die deutschen Übersetzungen weichen an den entsprechenden Stellen begrifflich voneinander ab: Im Aufsatz zur posttraditionalen Gesellschaft ist die Rede von „sexual identity" bzw. „Geschlechtsidentität" (Giddens 1996b, S. 114), im Aufsatz zur Tradition ist die Rede von „divisions between the sexes" bzw. „Verhältnis der Geschlechter" (Giddens 2001, S. 58). Wissend, dass „divisions between the sexes" etwas anderes als „Verhältnis der Geschlechter" und dass „sexual identity" nicht unbedingt „Geschlechtsidentität" sondern auch „sexuelle Identität" meinen kann, folge ich hier dennoch den deutschsprachigen Übersetzungen. Eine genauere Rekonstruktion von Giddens' Begrifflichkeiten zur Beschreibung von geschlechts- und sexualitätsbezogenen Fragen und seine damit verbundene Geschlechtertheorie bleibt weiteren Ausführungen vorbehalten.

persönlicher und kollektiver Identität gedient. Der vierte Punkt befasst sich mit der Geschlechtsidentität und den Geschlechterverhältnissen und ist, gerade auch im Zusammenwirken mit dem fünften Punkt, für den hier fokussierten Kontext besonders relevant.

Giddens führt aus, dass bis zur Schwelle der Moderne und noch weit darüber hinaus „bestimmte Unterschiede zwischen den Geschlechtern tief in der Tradition verwurzelt" gewesen seien und „erstarrten Machtverhältnissen" (Giddens 1996b, S. 191) entsprochen hätten, z. B. die Beherrschung der öffentlichen Sphäre durch die Männer, die Auffassung der Geschlechterdifferenz als gott-, natur- oder biologisch gegeben und die Arbeitsteilung nach Geschlecht (vgl. Giddens 1993, S. 125–126). Der Strukturierungstheoretiker betont, dass die Zwanghaftigkeit der Moderne „von Anfang an geschlechtsspezifisch" (Giddens 1996b, S. 174)[5] gewesen sei. So, wie sie in *Die protestantische Ethik* (Weber 1988, S. 17–206) beschrieben werde, beziehe sie sich ausschließlich auf das Gebiet einer männlichen Öffentlichkeit (vgl. Bologh 2010). Dies liege in gewisser Weise nahe, denn die Veränderungen, die die Moderne mit sich gebracht hätte, hätten hauptsächlich öffentliche Institutionen betroffen – vor allem die Legislative und die Wirtschaft (vgl. Giddens 2001, S. 57). Genau diese Veränderungen stehen zumeist auch im Mittelpunkt modernisierungstheoretischer Studien, während die Entwicklungen im Privaten oftmals allenfalls randständig untersucht werden.

Sensibilisiert für geschlechtskategoriale Fragen zeigt Giddens, dass der entstehende Kapitalismus unter Berufung auf die als außerhalb der Gesellschaft stehend konzeptualisierte ,Natur' strikt zwischen dem Leben von Männern und Frauen spaltete und ihnen je spezifische Rollen zuwies: Männer sollten bezahlter (Erwerbs-) Arbeit nachgehen und die Rolle des Familienernährers erfüllen, Frauen hingegen sollten die Haus- und generationenübergreifende, auch emotionale Sorgearbeit in der Familie übernehmen. Der Ausschluss der Frauen aus der Öffentlichkeit habe verhindert, dass einer diskursiven Prüfung unterzogen wurde, was ,männlich' und ,weiblich' bedeutete (vgl. Giddens 1996b, S. 191) und Geschlecht so als dem Einfluss der ,Natur' unterstehend konstruiert. Innerhalb der institutionellen Zusammenhänge, in denen der kapitalistische Geist dominiert habe, seien für die Frauen nur die emotionalen Lasten übrig geblieben, die ein ,kämpferischer Instrumentalismus' produziert habe. In Folge dessen hätten Frauen Expertise für Intimität und Gefühle entwickelt, die sie, und hier schlägt Giddens nun einen großen Bogen, im weiteren Verlauf der Geschichte befähigt hätte, in der Spätmoderne traditionelle Vorstellungen von Geschlechtsidentität, Geschlechterrollen und damit verbundenen Handlungsweisen in Frage zu stellen. Die Haus- und Sorgearbeit der Frauen

---

[5] Im englischsprachigen Original heißt es „gender-divided".

‚aus Liebe‘⁶ erlangte für den Kapitalismus die gleiche, wenn auch nicht als solche anerkannte Bedeutung wie die Erwerbsarbeit der Männer, denn die männliche Öffentlichkeit des Marktes konnte nur auf der Basis einer weiblichen ‚Schattenwirtschaft‘ im Privaten funktionieren, in der rein ökonomische Werte gering geschätzt und abgelehnt wurden (vgl. Giddens 1997, S. 239).

Giddens (1996b, S. 174, vgl. 1993) führt aus, dass im ausgehenden 18. Jahrhundert und dem 19. Jahrhundert traditionale Formen der Geschlechterdifferenzierung und der männlichen Herrschaft durch die Entstehung neuer Traditionen verschärft wurden. Hier verweist er auf „das Aufkommen eines Ethos weiblicher ‚Häuslichkeit‘" (Giddens 1996b, S. 174) und des Familienlebens. Die Frauen wurden fest ans Haus gebunden, und die „Kluft" (Giddens 1993, S. 71) zwischen den Geschlechtern wurde durch eine verstärkte Polarisierung der Geschlechterrollen vergrößert. Beiträge hierzu waren, so der Strukturierungstheoretiker, die Erfindung und Idealisierung der Mutterschaft in Verbindung mit der ebenfalls erfundenen Weiblichkeit, aus der unter Bezugnahme auf die ‚Natur‘ der Frau ein spezifischer mütterlich-weiblicher Geschlechtscharakter abgeleitet wurde, und die klassenunabhängige Vorstellung einer gleichberechtigteren Kindererziehung, in der dem Kind mehr Autonomie zugestanden wurde. Die entstehende bürgerliche Kleinfamilie sollte emotional durch die Dominanz der Mutter(liebe) und durch ein Schwinden der patriarchalen Gewalt bei gleichzeitiger ökonomischer Dominanz des (männlichen) Familienernährers geprägt werden.

Die sich in der frühen Moderne ausbildende Rollenverteilung zwischen Frauen und Männern stärkte nach Giddens in sozialer und ökonomischer Hinsicht die patriarchalische Herrschaft. Durch die Traditionalisierung der Geschlechterdifferenzierung setzte sich faktisch eine asymmetrische Geschlechterordnung durch, die durch die große Macht der Männer in der Öffentlichkeit und die kleine Macht der Männer im Privaten gekennzeichnet war und in ihrer vermeintlich natürlichen Fassung auf Dauer gestellt und reproduziert wurde. In emotionaler Hinsicht wurde durch die skizzierten Entwicklungen zudem „eine schizophrene Männlichkeit" (Giddens 1996c, S. 333) hervorgebracht, denn die Männer wurden, vereinfacht ausgedrückt, von ihren Emotionen abgeschnitten. Dies macht sie in emotionaler Hinsicht zu „Nachzügler[n]" der Moderne (Giddens 1993, S. 70). Zugleich wurde so paradoxerweise auch die Macht der Frauen gestärkt, denn Männer seien, wenn auch versteckt, emotional von ihnen abhängig gewesen (vgl. Giddens 1993, S. 54).

---

⁶ Gisela Bock und Barbara Duden haben den sich hier andeutenden Zusammenhang von „Arbeit aus Liebe – Liebe als Arbeit" bereits 1977 in einem auch heute noch lesenswerten Aufsatz näher untersucht.

Dieser dekonstruktivistische Blick auf die Bedeutung von Emotionen für die
Entwicklung der Moderne erweitert die vorliegenden Analysen zur Entwicklung
der Geschlechterverhältnisse im Modernisierungsprozess um die zumeist in Gesellschaftstheorien nachrangig behandelte Perspektive des Privaten und zeigt
auf, was Männer im Modernisierungsprozess eingebüßt haben. Die Traditionalisierung und Re-Traditionalisierung der Geschlechterdifferenz erscheint hier als
Begrenzung der Potenziale *beider* Geschlechter, die sich zudem durch die damit
verbundene Hierarchisierung gesellschaftlicher Sphären zuungunsten von Frauen
auswirkt. Zuzustimmen ist Giddens auch darin, dass die vermeintliche, mit ihrer
Zuständigkeit für das Emotionale verbundene, Schwäche der Frauen einen Motor
für das Aufkommen der zweiten Welle der feministischen Bewegungen seit den
1960er Jahren bildete und den Boden für neue Geschlechterkonstruktionen berei-
tete. Unterbelichtet bleibt in Giddens' Ausführungen allerdings die Bedeutung der
ersten Welle der feministischen Bewegungen mit ihrem Eintreten für gleichberech-
tigte Partizipation von Frauen in öffentlichen Bereichen wie Bildung, Wissenschaft,
Arbeitsmarkt und Politik, die vor allem auf eine Egalisierung der asymmetrischen
öffentlichen Geschlechterverhältnisse abzielte. Dies mag in Giddens' unterentwi-
ckeltem Begriff der Frauenbewegungen begründet sein, auf den ich im folgenden
Abschnitt näher eingehe.

Von Interesse ist nun noch, wie Giddens das Weiterbestehen und die Entstehung neuer Traditionen in der frühen Moderne in den westlichen Gesellschaften
erklärt. Er zeigt, dass durch die Verbindung von Kapitalismus und Nationalstaat
zusammen mit der Ausbreitung der Demokratie im 19. und 20. Jahrhundert in modernen Gesellschaften Überwachungsmechanismen entwickelt wurden, die eine
bis dahin unmögliche räumliche und zeitliche soziale Integration erreichten (vgl.
Giddens 1996b, S. 170–171). In diesem Zusammenhang sei das Weiterbestehen
und die Neuschöpfung von Traditionen in der frühen Moderne in den westlichen
Gesellschaften von zentraler Bedeutung für die Herrschaftslegitimation gewesen,
weil sie dem Staat die Machtausübung über relativ passive ‚Untertanen' ermöglicht
habe (vgl. Giddens 1996b, S. 113). Die ideologische, ökonomische und politische
Traditionalisierung und Re-Traditionalisierung von Geschlechtsidentität und Geschlechterverhältnis war, so kann weiterführend argumentiert werden, funktional
für die (national)staatlichen Machtinteressen.

Geschlechtlichkeit selbst galt in der ökonomischen, sozialen und emotionalen Ordnung der frühen Moderne als selbstverständlicher Bestandteil der ‚Natur'.
Unter Berufung auf die distributive Macht der Arbeitsteilung zwischen Frauen
und Männern und die generative Macht der ‚Natur' der Fortpflanzung war die geschlechtliche Identität der Individuen primär und fraglos heterosexuell ausgerichtet. Ideologisch abgesichert wurde diese Ordnung durch die Leitbilder der (zwei-

geschlechtlichen) Lebensformen der bürgerlichen Ehe bzw. Kleinfamilie, die die generative Reproduktion des Nationalstaates und der Nationalökonomie sicherstellen sollte und dafür unter seinem besonderen Schutz stand. Die im 19. Jahrhundert aufkommende politische Regelung der Familiengröße durch Geburtenkontrolle stellte, so betont Foucault (1983), auf den sich Giddens kritisch-distanziert bezieht, eine Form der repressiv auf die Sexualität der Individuen einwirkenden Biomacht und Biopolitik des Staates dar. Nach Giddens (1993, S. 195) ermöglichte die damit verbundene Vergesellschaftung der Reproduktion aber auch eine Entwicklung, in der sich die Sexualität sukzessiv von der Fortpflanzung entkoppeln und die Zweigeschlechtlichkeit in Frage gestellt werden konnten. Durch diesen tiefen biopolitischen Einschnitt des Staates in das private Leben der Individuen wurden im weiteren Verlauf der Moderne die Geschlechtlichkeit und die Sexualität nach Giddens für Frauen und in gewissem Maß auch für Männer gestaltbar und damit dem Einfluss der Tradition entzogen.

6   Re- und Ent-Traditionalisierung der Geschlechtsidentität und des Geschlechterverhältnisses in der späten Moderne

Die gegenwärtige Phase der Hoch- bzw. Spätmoderne ist durch den Doppelprozess der Globalisierung einerseits und die Aushöhlung der meisten traditionalen Handlungszusammenhänge andererseits gekennzeichnet. In dieser Phase verschiebt sich nach Giddens (1996b, S. 175) das Gleichgewicht zwischen Tradition und Moderne, denn die lokalen Kontexte sind weitgehend sinnleer geworden, dadurch, dass abstrakte Systeme die lokalen Traditionen zerstören und dass sich die modernen Institutionen ausdehnen. Die spätmoderne Gesellschaft ist eine globale, postnaturale und posttraditionale Gesellschaft (vgl. Giddens 2001, S. 58, 1996b). Global bedeutet, dass es sich um eine Gesellschaft des ‚unbegrenzten Raumes‘ handelt, nicht um eine Weltgesellschaft. Ihr Entstehen begründet Giddens (1996b, S. 177) insbesondere mit dem Einfluss der elektronischen Kommunikation, die alle Punkte der Welt zeitgleich miteinander verbindet. In einer Welt, in der niemand mehr ‚außerhalb‘ stünde, könnten Traditionen weder den Kontakt mit anderen Traditionen noch mit einer Vielzahl alternativer Lebensformen verhindern. Aus demselben Grund könne der ‚Andere‘ in einer solchen Welt nicht länger als jemand behandelt werden, der keinen Einfluss auf das eigene Leben habe; denn der Andere antworte nicht nur, er könne also nicht nur befragt werden, sondern stelle auch selbst Fragen. Postnatural bedeutet, dass nur noch wenige Bereiche der sie umgebenden physischen Welt ganz und gar natürlich, unbeeinflusst von menschlichen Eingriffen seien, und posttraditional meint schließlich, dass die Tradition immer seltener auf traditionelle Weise bewahrt würde, also mittels der den traditionellen Handlungsformen zugehörigen Rituale und Symbole und durch den ihr inhärenten Wahrheitsanspruch. Stattdessen sehe sich die Tradition in einer Umwelt, in der sich die Modernisierung im globalen Maßstab ausbreitete, einer Vielzahl von Konsequenzen gegenüber. Vormals unter dem Einfluss der Tradition stehende Bereiche des sozialen Lebens wie die bürgerliche Kleinfamilie, die Sexualität und die Geschlechtsidentität sowie das Geschlechterverhältnis geraten daher gegenwärtig in vielen Teilen der Welt unter Druck.

> Der fortdauernde Einfluß der Tradition innerhalb der Moderne blieb, und dies ist von größter Wichtigkeit, so lange verborgen, wie ‚modern‘ identisch war mit ‚westlich‘. […] Heute ist die Moderne gezwungen, ‚auf ihren Begriff‘ und ‚zu sich selbst‘ zu kommen – nicht so sehr wegen der Abweichler innerhalb der eigenen Reihen als vielmehr deshalb, weil sie universal geworden ist. Ihre Regeln und sozialen Formen bilden nicht länger die ungeprüft übernommenen Grundlagen der westlichen Hegemonie über andere Kulturen, sondern sind der Kritik ausgesetzt. (Giddens 1996b, S. 114)

Giddens verbindet seine Analysen der spätmodernen Gesellschaft getreu dem ihm eigenen „utopischen Realismus" (Giddens 1996a, S. 190; vgl. ausführlich Kahlert 2006b)[7] mit Visionen einer möglichen postmodernen Ordnung, die in jeder der von ihm unterschiedenen institutionellen Dimensionen – Kapitalismus, Überwachung, militärische Macht und Industrialismus – über die Moderne hinausgeht und deren Konturen bereits vor dem Hintergrund der spätmodernen Entwicklungstrends ermittelt werden könnten (vgl. Giddens 1996a, S. 201–213). An Stelle der institutionellen Dimensionen der Moderne könnten in der Postmoderne ein Nachknappheitssystem, eine vielschichtige demokratische Beteiligung, eine Entmilitarisierung und eine Humanisierung der Technik treten. Anstöße zu entsprechenden Entwicklungen in den einzelnen institutionellen Dimensionen der Moderne geben in Giddens' Soziologie der Moderne die sozialen Bewegungen. In seiner Theorie gelingt es Giddens nicht, die Frauenbewegungen in sein Schema einzuordnen, denn, so stellt er fest, ihre Zielsetzungen seien komplex und liefen quer durch

---

[7] Giddens erläutert sein Verständnis des utopischen Realismus wie folgt: „Der utopische Realismus ist in der von mir befürworteten Gestalt das Kennzeichen einer kritischen Theorie ohne Garantien. ‚Realistisch‘ heißt diese Einstellung, weil eine solche kritische Theorie und eine solche radikal-demokratische Politik soziale Prozesse begreifen müssen, um Ideen und Strategien vorzuschlagen, die in die Tat umgesetzt werden können. ‚Utopisch‘ heißt sie aus folgendem Grund: In einer Gesellschaft, die von sozialer Reflexivität immer stärker durchdrungen wird und in der mögliche Zukunftsabläufe nicht nur ständig gegen die Jetztzeit abgewogen werden, sondern die Gegenwart mitprägen, können Modelle dessen, was möglich ist, das, was eintreten wird, unmittelbar beeinflussen." (Giddens 1997, S. 333–334)

die institutionellen Dimensionen der Moderne. Daher misst Giddens dem Feminismus zu, „ganz grundlegende Beiträge" zu *allen* institutionellen Dimensionen der Postmoderne zu leisten (Giddens 1996a, S. 199, Fußnote 2; vgl. Kahlert 2005). Diese Beiträge werden in seinen empirischen Ausführungen lediglich knapp und kursorisch umrissen (vgl. Giddens 1997) und das darin liegende Potenzial bleibt unentdeckt.

Zusammen mit den Lesben- und Schwulenbewegungen stellen die Frauenbewegungen nach Giddens' Ansicht einen wesentlichen Motor für die Kritik und den Wandel der Beziehung von Tradition und Moderne dar. Sie fordern nicht nur im Namen der Emanzipationspolitik Gleichberechtigung für bisher qua Geschlecht und/oder sexueller Orientierung Diskriminierte, sondern treten auch im Rahmen der in den 1960er Jahren entstandenen Politik der Lebensführung (*life politics*) für eine Demokratisierung des Alltags ein (vgl. Kahlert 2005, 2008a). Im Zuge dessen stellen sie die traditional(isiert)e Einteilung von männlich und weiblich einschließlich der intimsten Beziehungen zwischen Geschlechtszugehörigkeit, Sexualität und persönlicher Identität öffentlich in Frage und ermöglichen eine plurale(re) soziale Praxis von Lebensweisen und -formen.

Traditionen wie die Geschlechterdifferenzierung und die patriarchale Herrschaft zu hinterfragen bedeutet, ihre diskursive Rechtfertigung als Werte in einem Universum mit einer Vielzahl konkurrierender Werte zu fordern. Beispielsweise könne niemand mehr sagen: ‚Ich bin ein Mann, und Männer sind nun einmal so', oder: ‚Ich lehne es ab, noch länger darüber zu diskutieren' (vgl. Giddens 1996b, S. 191–192). Indem die traditionelle Geschlechterdifferenzierung und die damit verbundene geschlechtliche Ungleichheit und Herrschaft von den Frauenbewegungen in Frage gestellt werden, werden sie dem diskursiven Bewusstsein zugänglich gemacht, womit die Möglichkeit zur Verteidigung und Veränderung der kritisierten Gegebenheiten eröffnet wird, jedoch nicht unbedingt ihr Verschwinden verbunden ist (vgl. Kahlert 2000). Als eine Folge beschreibt Giddens, dass die männliche Sexualität und die männliche Herrschaft in Verwirrung gerieten und zwar sehr oft zwanghaft. Dabei handele es sich um obsessives, aber zerbrechliches Ausagieren von Routinen, die aus ihrem ehemaligen Sinnzusammenhang herausgelöst würden:

> Männlichkeit als Verlust: Ist dieses Thema in Einklang zu bringen mit der Fortsetzung der patriarchalischen Herrschaft? Die Arbeitsteilung nach Geschlechtern bleibt weitgehend unangefochten; im Haus und bei der Arbeit, in den meisten Kontexten der modernen Gesellschaften sind die Männer größtenteils nicht gewillt, die Zügel der Macht loszulassen. Macht hängt mit Interesse zusammen, und offensichtlich gibt es schlichte materielle Gründe, die helfen zu erklären, warum dies so ist. Dennoch ist die männliche Macht, insofern sie auf das Einverständnis der Frauen – und die ökonomischen und emotionalen Dienste, die sie liefern – gegründet ist, bedroht. (Giddens 1993, S. 146–147)

Ent-Traditionalisierung führt nach Giddens zu einer Emanzipation des Menschen von den Zwängen der Vergangenheit (vgl. Giddens 2001, S. 62) und fördert die Demokratisierung.

Giddens sieht vier Möglichkeiten, um Wertkonflikte wie bspw. den virulenten Geschlechterkonflikt zwischen Individuen und Gruppen zu vermeiden oder gar zu lösen. Mit *Diskurs* oder *Dialog* ist die bereits dargelegte erste Möglichkeit benannt. Als zweite Möglichkeit beobachtet der Strukturierungstheoretiker den *Rückzug voneinander*, z. B. durch Trennungen und Ehescheidungen, gleichgeschlechtliche Beziehungen[8] und lokale Gemeinschaften. Wenn es nicht zum Rückzug voneinander kommt und traditional(isiert)e Beziehungsformen aufrechterhalten werden, greift seinen Analysen zufolge die dritte Möglichkeit: Es kommt zu *Zwang und potenzieller oder tatsächlicher Gewalt*, und Tradition wird zum *Fundamentalismus*, zur „Tradition in traditionellem Sinn" (Giddens 1996b, S. 183). Dies sei nach Giddens der Fall, wenn die Menschen nicht (mehr) miteinander redeten (vgl. Giddens 1996b, S. 183–192), wenn also Dialog und Diskurs nicht (mehr) erfolgen. Fundamentalismus meint dabei „das Verteidigen der von der Tradition überlieferten formelhaften Wahrheit" (Giddens 1996b, S. 325). Beispiele wären religiöser Fundamentalismus, nationalistischer, ethnischer Fundamentalismus, Fundamentalismus der Familie oder der Geschlechter. Das Weiterbestehen von Tradition in Form von Fundamentalismen geht nach Giddens mit einem wachsenden Gewaltpotenzial einher. In der spätmodernen Gesellschaft finden sich alle drei Möglichkeiten gleichzeitig: Egalisierung und Fundamentalisierung der Geschlechterverhältnisse ebenso wie verschiedene Formen des Rückzugs der Geschlechter voneinander. Utopisch-realistisch inspiriert hält Giddens im Zuge auch andernorts wirkender Demokratisierungen perspektivisch eine Egalisierung der Geschlechterverhältnisse für möglich. Die vierte Möglichkeit aber, die noch in der frühen Moderne mögliche *Verankerung der Geschlechterdifferenz und der Geschlechterverhältnisse in Traditionen*, sieht er in der spätmodernen Gesellschaft verschwinden.

Giddens' Visionen einer möglichen postmodernen Ordnung sind erfrischend optimistisch, auch im Hinblick auf die Bedeutung der Kategorie Geschlecht und der Geschlechterverhältnisse. Geschlechterverhältnisse würden demnach im partnerschaftlichen Dialog demokratisch ausgehandelt und wären also von Gleichheit und Gerechtigkeit geprägt. Damit könnte auch ein Abschied von der Heteronormativität verbunden und Geschlecht „ganz anders organisiert" (Giddens 1993, S. 215) sein als bisher. Schließlich habe die Anatomie aufgehört, Schicksal zu sein, und die sexuelle Identität werde immer mehr zu einer Sache des Lebensstils:

---

[8] Hier deutet sich, möglicherweise unbeabsichtigt, eine heteronormative Orientierung an (vgl. Mulinari und Sandell 2009, S. 501–503).

Geschlechtsunterschiede werden zumindest für die nächste Zukunft weiterhin mit
dem Mechanismus der Fortpflanzung der Gattung verbunden bleiben; aber es gibt
keinen guten Grund mehr, einem klaren Bruch im Verhalten und in den Haltungen
zu entsprechen. (Giddens 1993, S. 215)

Diana Mulinari und Kerstin Sandell (2009, S. 504) kritisieren Giddens' Arbeiten
zum Wandel der Intimität in der Spätmoderne (vgl. Giddens 1991, 1993) als hochgradig ideologisiert und dabei von spezifischen Präsenzen und Abwesenheiten
markiert. Präsent seien darin die heterosexuelle Matrix, die Privatsphäre, die Bin-
dung der Reproduktion an die Biologie und Gender als Intimbeziehung zwischen
Frauen und Männern. Abwesend seien zugleich eine Analyse der reproduktiven
und produktiven Arbeit, die Rolle des Staates bei der Herstellung der Grenze zwischen dem Privaten und dem Öffentlichen, regulierende nationale Grenzen und
Gender als eine soziale Beziehung, die durch und innerhalb andere(r) soziale(r)
Ungleichheiten konstituiert würde. Die beiden Genderforscherinnen schlussfol-
gern, dass Giddens „in a broader sense [is, H. K.] preoccupied with actively writing
away patriarchy through reinscribing a specific (idealized) form of heterosexual
relationship as the model for democracy and equality." (Mulinari und Sandell 2009,
S. 504) Mulinari und Sandell nehmen dabei jedoch Giddens' Studien zu den Konsequenzen der Moderne sowie zur Zukunft radikaler Demokratie (Giddens 1996a,
1996c, 1997, 2001) nicht zur Kenntnis, in denen der Soziologe sich auch mit Geschlechterverhältnissen im öffentlichen Raum auseinandersetzt, sodass ihre Kritik
partiell ins Leere läuft. Gleichwohl ist ihnen darin zuzustimmen, dass in Giddens'
Ausführungen Reflexionen zur eigenen Erkenntnisposition des modernen, westlichen, bürgerlichen, von einer spezifischen Form der Männlichkeit geprägten und
weißen Individuums fehlen. Mehr noch: Es scheint „characteristic of late modernity, as an account of the world, that it actively writes away the fact that patriarchal,
colonial and capitalist relations mark the world, and how people live and experien-
ce these, at the same time that experiences of privileged groups are spoken as universal" (Mulinari und Sandell 2009, S. 505).

7 Kritische Würdigung

Die Untersuchung von Stabilität und Wandel der Geschlechterkonstruktionen und
-verhältnisse in Verschränkung mit sozialen Entwicklungen und Strukturen gehört
zweifelsohne zu den Grundfragen und zugleich Herausforderungen feministischer
Gesellschaftsanalyse und genderbezogener Sozialforschung wie auch zu einer aufgeklärten und kritischen Soziologie. Giddens' Sozialtheorie der Strukturierung mit

dem Konzept der Dualität von Struktur, der darin enthaltenen Idee von Strukturierung und dem mehrebenenanalytisch begrifflich-konzeptuellen Instrumentarium bietet einen adäquaten Rahmen für dieses anspruchsvolle gesellschaftstheoretische und -analytische Projekt. Wie kaum ein anderer Gesellschaftstheoretiker verknüpft Giddens in seinen zeitdiagnostischen Analysen Modernisierungsprozesse mit der Bedeutung von Geschlecht und der Entwicklung der Geschlechterverhältnisse im Privaten und Öffentlichen. Die daraus resultierenden Erkenntnisse finden jedoch keinen Eingang in seine Gesellschaftstheorie. Zudem fehlen empirische Grundlegungen der zeitdiagnostischen Thesen.

Mit dem von mir im Anschluss an die Strukturierungstheorie entwickelten Konzept der Dualität von Geschlecht liegt ein Vorschlag vor, wie diese Verbindung zwischen den geschlechtskategorial informierten Analysen zu spätmodernen Gesellschaften und den Konzepten der Gesellschaftstheorie hergestellt und weitergedacht werden kann. Geschlecht erweist sich demnach als generelle Kategorie soziologischer Theoriebildung und als empirische Kategorie für raumzeitlich strukturierte Gesellschaftsanalysen. Die in diesem Beitrag kursorisch vorgenommene Verbindung der strukturierungstheoretischen Arbeiten mit den gegenwartsbezogenen Gesellschaftsanalysen verdeutlicht das Erkenntnispotenzial von Giddens' Schriften für eine geschlechtskategorial informierte Gesellschaftstheorie. Soziale Entwicklungen und Strukturen werden so untrennbar mit Fragen der sozialen Konstruktion und historisch-soziokulturellen Konstitution von Geschlecht und Geschlechterverhältnissen verbunden und als gleichursprüngliche gesellschaftliche Phänomene aufeinander bezogen. Gewiss, dieses Projekt ist unvollständig, zum Teil gar holzschnittartig und unaufmerksam in Bezug auf die Begrenzung der eigenen Erkenntnisposition, nicht nur in den vorliegenden Skizzen. Eine systematische konzeptionelle Zusammen- und Weiterführung der theoretisch-methodologischen Studien Giddens' mit seinen modernisierungstheoretisch und zeitdiagnostisch anmutenden Analysen zu den Geschlechterverhältnissen erweist sich dementsprechend als ein umfangreiches Arbeitsprogramm.

Dieses müsste, um einige mögliche Arbeitsschritte zu benennen, begrifflich-konzeptuelle Präzisierungen vornehme, die auch die strukturierungstheoretisch inspirierte Reformulierung der Kategorie Geschlecht selbst beinhalten. Ebenfalls zu leisten wäre die Verknüpfung der hier auf Geschlecht und geschlechtliche Ungleichheit fokussierten Analysen mit den ebenfalls in Giddens' Werk enthaltenen Analysen zu Klasse und klassenbezogener Ungleichheit (vgl. Giddens 1979b), die bisher unverbunden nebeneinander stehen, sowie eine Erweiterung der fokussierten Ungleichheiten um weitere Kategorien, z. B. Ethnie. So würde auch eine kritische Reflexion der Herrschaftsverhältnisse möglich, die die sozialtheoretischen und zeitdiagnostischen Überlegungen, möglicherweise unbemerkt, anleiten.

Schließlich müsste auch die von Giddens bisher nur rudimentär umgesetzte Institutionenanalyse der Moderne geschlechtskategorial informiert ausbuchstabiert und empirisch in Bezug auf verschiedene Gesellschaftsbereiche geprüft werden. Ohne Zweifel handelt es sich bei den exemplarisch angedachten möglichen und nötigen Arbeitsschritten um ein theoretisch und empirisch anspruchsvolles Programm, das im Interesse einer Integration von Gesellschaftstheorie und Genderforschung lohnenswert und ertragreich zu sein verspricht.

Literatur

Aulenbacher, Brigitte. 2001. Die „zweite Moderne", ein herrenloses Konstrukt – Reichweite und Grenzen modernisierungstheoretischer Zeitdiagnosen. In *Soziale Verortung der Geschlechter. Gesellschaftstheorie und feministische Kritik*, Hrsg. Gudrun-Axeli Knapp und Angelika Wetterer, 188–224. Münster.
Aulenbacher, Brigitte. 2005. *Rationalisierung und Geschlecht in soziologischen Gegenwartsanalysen*. Wiesbaden.
Beck, Ulrich. 1996. Das Zeitalter der Nebenfolgen und die Politisierung der Moderne. In *Reflexive Modernisierung. Eine Kontroverse*, Hrsg. Ulrich Beck, Anthony Giddens und Scott Lash, 19–112. Frankfurt a. M.
Beck, Ulrich, Wolfgang Bonß und Christoph Lau. 2001. Theorie reflexiver Modernisierung – Fragestellungen, Hypothesen, Forschungsprogramme. In *Die Modernisierung der Moderne*, Hrsg. Ulrich Beck und Wolfgang Bonß, 11–59. Frankfurt a. M.
Beck, Ulrich, Anthony Giddens und Scott Lash. 1996. *Reflexive Modernisierung. Eine Kontroverse*. Frankfurt a. M.
Bell, Daniel. 1991. *Die kulturellen Widersprüche des Kapitalismus*. Frankfurt a. M.
Bock, Gisela, und Barbara Duden. 1977. Arbeit aus Liebe – Liebe als Arbeit: Zur Entstehung der Hausarbeit im Kapitalismus. In *Frauen und Wissenschaft. Beiträge zur 1. Sommeruniversität für Frauen*, Hrsg. Gruppe Berliner Dozentinnen, 118–199. Berlin.
Bologh, Roslyn Wallach. 2010. *Love or greatness. Max Weber and masculine thinking – A feminist inquiry*. Abingdon.
Connell, Robert W. 1987. *Gender and power. Society, the person and sexual politics*. Cambridge.
Davis, Kathy. 1991. Critical sociology and gender relations. In *The gender of power*, Hrsg. Kathy Davis, Monique Leijenaar und Jantine Oldersma, 65–86. London.
Derrida, Jacques. 1990. Die différance. In *Postmoderne und Dekonstruktion. Texte französischer Philosophen der Gegenwart*, Hrsg. Peter Engelmann, 76–113. Stuttgart.
Foucault, Michel. 1983. *Der Wille zum Wissen. Sexualität und Wahrheit 1*. Frankfurt a. M.
Giddens, Anthony. 1979a. *Central problems in social theory. Action, structure and contradiction in social analysis*. Berkeley.
Giddens, Anthony. 1979b [1973]. *Die Klassenstruktur fortgeschrittener Gesellschaften*. Frankfurt a. M.
Giddens, Anthony. 1984 [1976]. *Interpretative Soziologie. Eine kritische Einführung*. Frankfurt a. M.

Giddens, Anthony. 1991. *Modernity and self-identity. Self and society in the late modern age.* Cambridge.

Giddens, Anthony. 1993 [1992]. *Wandel der Intimität. Sexualität, Liebe und Erotik in modernen Gesellschaften.* Frankfurt a. M.

Giddens, Anthony. 1995a [1984]. *Die Konstitution der Gesellschaft. Grundzüge einer Theorie der Strukturierung.* 2. Aufl. Frankfurt a. M.

Giddens, Anthony. 1995b [1979]. Strukturation und sozialer Wandel. In *Sozialer Wandel. Modellbildung und theoretische Ansätze,* Hrsg. Hans-Peter Müller und Michael Schmid, 151–191. Frankfurt a. M.

Giddens, Anthony. 1996a [1990]. *Konsequenzen der Moderne.* Frankfurt a. M.

Giddens, Anthony. 1996b [1994]. Leben in einer posttraditionalen Gesellschaft. In *Reflexive Modernisierung. Eine Kontroverse,* Hrsg. Ulrich Beck, Anthony Giddens und Scott Lash, 113–194. Frankfurt a. M.

Giddens, Anthony. 1996c [1994]. Risiko, Vertrauen und Reflexivität. In *Reflexive Modernisierung. Eine Kontroverse,* Hrsg. Ulrich Beck, Anthony Giddens, und Scott Lash, 316–337. Frankfurt a. M.

Giddens, Anthony. 1997 [1994]. *Jenseits von Links und Rechts. Die Zukunft radikaler Demokratie.* Frankfurt a. M.

Giddens, Anthony. 2001 [1999]. *Entfesselte Welt. Wie die Globalisierung unser Leben verändert.* Frankfurt a. M.

Joas, Hans, und Wolfgang Knöbl. 2004. *Sozialtheorie. Zwanzig einführende Vorlesungen.* Frankfurt a. M.

Kahlert, Heike. 2000. Das Verschwinden des Patriarchats. Modernisierungstheoretische Ansichten eines umstrittenen Theorems. *Österreichische Zeitschrift für Politikwissenschaft* 29 (1): 45–58.

Kahlert, Heike. 2005. „Das Private ist politisch!" Die Entgrenzung des Politischen im Kontext von Anthony Giddens' Strukturierungstheorie. In *Forschungsfeld Politik. Geschlechtskategoriale Einführung in die Sozialwissenschaften,* Hrsg. Cilja Harders, Heike Kahlert und Delia Schindler, 147–173. Wiesbaden.

Kahlert, Heike. 2006a. Geschlecht als Struktur- und Prozesskategorie. Eine Re-Lektüre von Giddens' Strukturierungstheorie. In *FrauenMännerGeschlechterforschung. State of the Art,* Hrsg. Brigitte Aulenbacher, Mechthild Bereswill, Martina Löw, Michael Meuser, Gabriele Mordt, Reinhild Schäfer und Sylka Scholz, 206–216. Münster.

Kahlert, Heike. 2006b. Soziale Gerechtigkeit, Konturen einer „guten Gesellschaft" und radikal-politische Kritik. Zum utopischen Realismus von Anthony Giddens. In *Die Neuverhandlung sozialer Gerechtigkeit. Feministische Analysen und Perspektiven,* Hrsg. Ursula Degener und Beate Rosenzweig, 79–95. Wiesbaden.

Kahlert, Heike. 2008a. Demokratie der Gefühle. Strukturierungstheoretische Erkundung des Wandels der Intimität in der Spätmoderne. In *LiebesErklärungen. Intimbeziehungen aus soziologischer Perspektive,* Hrsg. Yvonne Niekrenz und Dirk Villányi, 182–196. Wiesbaden.

Kahlert, Heike. 2008b. Giddens' Projekt einer Institutionenanalyse der Moderne in seiner Bedeutung für die Frauen- und Geschlechterforschung. *Zeitschrift für Frauenforschung & Geschlechterstudien* 26 (3+4): 7–22.

Mulinari, Diana, und Kerstin Sandell. 2009. A feminist re-reading of late modernity: Beck, Giddens and the location of gender. *Critical Sociology* 35 (4): 493–507.

Murgatroyd, Linda. 1989. Only half the story: Some blinkering effects of ‚malestream‘ sociology. In *Social theory of modern societies. Anthony Giddens and his critics*, Hrsg. David Held und John B. Thompson, 147–161. Cambridge.

Reckwitz, Andreas. 1997. *Struktur. Zur sozialwissenschaftlichen Analyse von Regeln und Regelmäßigkeiten*. Opladen.

Stones, Rob. 2005. *Structuration theory*. Basingstoke.

Weber, Max. 1988 [1920]. *Gesammelte Aufsätze zur Religionssoziologie I*. Tübingen.

Wolffensperger, Joan. 1991. Engendered structure: Giddens and the conceptualization of gender. In *The gender of power*, Hrsg. Kathy Davis, Monique Leijenaar und Jantine Oldersma, 87–108. London.

Teil II
Integrationen

‚Frauen sind nicht von der Venus und Männer nicht vom Mars, sondern beide von der Erde, selbst wenn sie sich manchmal auf den Mond schießen könnten' – Elias und Gender

Annette Treibel

Zusammenfassung

Die an Elias orientierte Geschlechtersoziologie führt in der Frauen- und Geschlechterforschung bislang ein Schattendasein. Der Artikel geht von der These aus, dass möglicherweise der Sound der Prozess- und Figurationssoziologie irritiere und diese als zu ‚brav' wahrgenommen werde. Tatsächlich werden innerhalb dieses Ansatzes eher die Terraingewinne als die Rückschläge im Geschlechterverhältnis untersucht. Formeln wie ‚Männer sind vom Mars, Frauen von der Venus' verbergen die wechselseitigen Abhängigkeiten von Frauen und Männern innerhalb und zwischen den verschiedenen hetero-, homo- und transsexuellen Settings. Die Figurationssoziologie wird als ein Konzept vorgestellt, das sich mehr für die Analyse der Wandlungen in Richtung zunehmender Egalität und weniger für die Untersuchung der Kontinuität von Diskriminierung, Sexismus und Gewalt eignet. Die weiblichen und auffallend zahlreichen männlichen Prozess-SoziologInnen thematisieren die Geschlechterverhältnisse vor allem als Machtkämpfe und Machtbalancen. Auf lange Sicht geht es darum, die – wenn auch langsam vonstattengehenden – Veränderungen in Richtung Egalisierung in den Blick zu nehmen, und zwar stärker, als dies bislang geschieht.

Der Arbeitsgruppe GeschlechterGesellschaftsTheorien und insbesondere Heike Kahlert und Christine Weinbach danke ich sehr für ihre wertvollen Anregungen und Kommentare. Des Weiteren bedanke ich mich bei Matthias Christ für den Austausch im Rahmen seiner Diplomarbeit (vgl. Christ 2010) sowie Barbara Elling für die Inspiration bei der Endredaktion.

A. Treibel (✉)
Pädagogische Hochschule Karlsruhe, Bismarckstr. 10, 76133 Karlsruhe, Deutschland
E-Mail: treibelillian@ph-karlsruhe.de

H. Kahlert, C. Weinbach (Hrsg.), *Zeitgenössische Gesellschaftstheorien und Genderforschung,* Gesellschaftstheorien und Gender,
DOI 10.1007/978-3-531-19937-5_5, © Springer Fachmedien Wiesbaden 2015

Not Venus, not Mars, but Earth – Where Women and Men Come From. Norbert Elias and Gender

Abstract

With respect to feminist approaches, sociology in the tradition of Norbert Elias' process and figuration theory could be considered to be invisible. Within a long-term perspective though, the continuing inequalities seem not as crucial as the heterogeneous progresses concerning education, role models and biographical options for both men and women. Popular dichotomies like 'Men are from Mars, women from Venus' are neglecting the mutual interdependencies of men and women – within and between the different hetero-, homo- and transsexual settings. The article argues that figuration theory is suited well to the remarkable changes of private and everyday relationships and less to the continuity of discrimination, sexism and violence. Female and – above average – male process sociologists are interested in the power struggles and balances in contemporary societies concerning gender. In the long run, changes towards more egalitarian structures are happening slowly but they happen – and they deserve more attention in gender research and social theories than they are getting just up to this time.

1   Einleitung: Figurationssoziologie – zu ,brav' für die Geschlechterforschung?

Norbert Elias sah sich selbst in der Gesellschaft und in der Wissenschaft als ,etablierten Außenseiter' (Elias 2005a) an. Zeit seines Lebens (1897–1990) kämpfte er um Resonanz. Heute ist er als Klassiker der Soziologie weitgehend anerkannt. 20 Jahre nach Elias' Tod ist die von ihm begründete Figurations- und Prozesstheorie auf dem Weg, sich in vielfältigen soziologischen Kontexten zu behaupten.[1] In *einem* Kontext behauptet sie sich jedoch kaum: Für die *Gendertheorie* besteht, was Elias angeht, eine Rezeptionslücke, die bereits als solche eine soziologische Analyse lohnte. Gemäß der oben zitierten Wendung reicht es dort nicht einmal zum 'etablierten' Außenseiter. Manche der Wahrnehmungssperren und deren Ursachen werde ich im Laufe meines Beitrags zur Sprache bringen – eine sei an dieser Stelle thematisiert: Wahrscheinlich stimmt für viele GenderforscherInnen der *Sound*

---

[1] Vgl. Ernst (2010); Kahlert (2009); Neckel et al. (2010); Rosa et al. (2007); Treibel (2009); Willems (2009).

nicht. Denn ganz offensichtlich handelt es sich bei der Figurationstheorie nicht um eine kritisch-radikale,[2] sondern um eine reformerisch-liberale Gesellschaftstheorie. Im Folgenden geht es mir um das bislang nicht ausgeschöpfte Potenzial dieser Theorie, das meines Erachtens vor allen Dingen in einer Hinsicht besteht: Die Figurations- und Prozesstheorie hilft, die ‚ganz normalen' Geschlechterbeziehungen (siehe Titel) besser zu verstehen – insofern erlangte dann auch eine ‚brave' Theorie ihren Platz in einer genderreflexiven Gesellschaftstheorie.

Will man die Figurations- und Prozesstheorie auf den Nenner *eines* soziologischen Grundbegriffs bringen, so ist dies der Begriff der *Macht*: „Macht ist nicht ein Amulett, das der eine besitzt und der andere nicht; sie ist eine Struktureigentümlichkeit menschlicher Beziehungen – *aller* menschlichen Beziehungen" (Elias 2006b, S. 176, Herv. i. O.). Macht ist nicht per se und nicht nur für besonders *mächtige* Menschen wie Regierungs- oder Konzernchefs, die das Alltagsverständnis mit Macht verbinden, zugänglich. Elias zufolge verfügen selbst die sonst als machtlos bezeichneten Menschen über Macht, genauer: für sie besteht eine Machtausübungsmöglichkeit. Machtrelationen finden sich auf der *Mikro*ebene, z. B. zwischen Eltern und Kindern, und auf der *Makro*ebene zwischen Staaten, z. B. zwischen dem Deutschen Kaiserreich und dessen Nachbarstaaten in den Jahren vor dem Ersten Weltkrieg, wie Elias es in den *Studien über die Deutschen* (Elias 2005b) untersucht hat. Der Machtgewinn (im Eliasschen Sinne besser: die Verfügung über mehr Machtmittel) der einen Seite hat zwangsläufig einen Machtverlust (die Verfügung über weniger Machtmittel) für die andere Seite zur Folge. Wie sich beide verhalten werden, ist nicht vorhersehbar, aber die mit dieser Veränderung einhergehenden Konflikte sehen Figurations- und ProzesssoziologInnen als völlig normal an. Insofern kann man die in Anschluss an Elias entstandene Figurations- und Prozesstheorie als eine „Theorie der Machtbeziehungen" (Treibel 2009, S. 156) bezeichnen.

Das Geschlechterverhältnis in Anlehnung an Elias zu betrachten, heißt, bereits zu Beginn *eine* fundamentale Setzung vorzunehmen: Man beschäftigt sich vor allem mit dem *Verhältnis*, also den Beziehungen von Männern und Frauen und weniger mit den beiden Genus-Gruppen für sich. Eine ‚Frauen'- oder ‚Männerforschung' stellt unter einem solchen Blickwinkel keinen adäquaten Zugang dar. Der Fokus ist nicht auf die eine oder die andere Gruppe gerichtet, sondern auf das *Verhältnis*, auf die Spannungen, auf die wechselseitige Anziehung zwischen Frauen

---

[2] Vgl. hierzu die wichtige Unterscheidung zwischen der in der deutschsprachigen Diskussion als Synonym zur Frankfurter Schule und ihren Nachfolgern verstandenen ‚Kritischen Theorie' und der im weiteren Sinne als ‚Critical Theory' verstandenen gesellschaftskritischen Ansätze, wie es im anglo-amerikanischen Raum üblich ist (vgl. Gertenbach und Rosa 2009, S. 251). Ich rekurriere hier auf die zweite Bedeutung.

und Männern: „Es widerstrebt dem figurationssoziologischen Denken, nur einseitig das Leben von Frauen zu analysieren. Vielmehr fordert es dazu auf, das Verhältnis von Frauen und Männern in den Mittelpunkt zu rücken" (Klein und Liebsch 1997, S. 35).
Meine Fragestellungen sind folgende:

- Was lässt sich ‚mit Elias' über die heutigen Geschlechterverhältnisse sagen?
- Welchen spezifischen Beitrag leisten figurationssoziologische Gender-Arbeiten zu einer weiterführenden Zeitdiagnose?
- Wo liegen die Grenzen und wo die Potenziale der Figurationssoziologie für eine genderreflexive Gesellschaftstheorie?

Einleitend sei noch vermerkt, dass im Folgenden unter *Geschlechterverhältnis* mehrheitlich zwar heterosexuelle Beziehungen verstanden werden. Der Transfer der Geschlechterforschung auf gleichgeschlechtliche Beziehungen liegt jedoch gerade in der Figurationssoziologie nahe (vgl. Abschn. 2.2. und 4).

2 Machtbalancen zwischen Männern und Frauen

Beim Blick auf gesellschaftliche Gruppen Frauen ohne Männer oder Männer ohne Frauen zu untersuchen, hieß, ein Fußballspiel zu beschreiben, indem man nur *eine* Mannschaft betrachtet. Der zentrale Begriff für diese permanente Wechselbeziehung ist die Figuration. Unter *Figuration* versteht man die Verflechtung der Beteiligten in einem dynamischen Prozess (Elias 2006a, S. 100–117; Treibel 2008, Kap. 5). Das Geschlechterverhältnis ist für Elias selbst (vgl. Abschn. 2.1) und somit auch für die Figurationssoziologie (vgl. Abschn. 2.2) eine nahezu prototypische Figuration. Frauen und Männer sind wechselseitig aufeinander bezogen und leben eben nicht auf unterschiedlichen Planeten, trotz der gefühlten ‚Paralleluniversen': *Frauen sind nicht von der Venus und Männer nicht vom Mars, sondern beide von der Erde, selbst wenn sie sich manchmal auf den Mond schießen könnten* – meine Verbesserung des bekannten Buchtitels (vgl. Gray 1992)[3] versinnbildlicht auf etwas flapsige Weise die Grundidee des Figurationsbegriffs. Die beiden Genus-Gruppen können manch-

---

[3] Vgl. auch die Fortsetzung durch John Gray (2008) sowie die Kritik an Grays (und anderer AutorInnen) auflagenstarken Beziehungsratgebern durch Deborah Cameron unter dem Titel *The myth of Mars and Venus* (2007). Die Planeten-Metapher für das Geschlechterverhältnis hat für viele Beteiligte offensichtlich eine plastische und unhinterfragte Evidenz (vgl. die Interview-Auszüge sowie den Buchtitel bei Behnke 1997).

mal nur schlecht *miteinander*, aber *kaum ohne einander* leben. Ihre wechselseitige Abhängigkeit ist besonders groß. Insofern ist der Wandel genau dieser Figuration spannend zu beobachten.

2.1 Elias zum Wandel der Geschlechterfiguration

Mit seinem Leitbegriff der Macht*balance* spezifiziert Elias die soziologische Grundidee vom dynamischen Machtverhältnis. Nicht einmal ‚Macht-Habende' haben ihre Macht uneingeschränkt, sondern auch sie, die über mehr Ressourcen als andere verfügen, müssen ihre Position verteidigen. Dafür ist es notwendig, die Gegner in Schach und die Anhänger bei Laune zu halten. Umgekehrt müssen diejenigen, die eine stärkere Position erlangen wollen, Gegenmacht entwickeln: „Aber ob die Machtdifferentiale groß oder klein sind, Machtbalancen sind überall da vorhanden, wo eine funktionale Interdependenz zwischen Menschen besteht" (Elias 2006b, S. 94). Für Elias sind Machtbalancen also ein *Indikator der gegenseitigen Abhängigkeiten*: Spannungen und Konflikte zwischen Menschen, Menschengruppen und auch zwischen Staaten sind einem ständigen Wandel unterworfen. In den kontinuierlichen Macht- und Konkurrenzkämpfen unter den Menschen sind die Chancen nicht immer gleich verteilt: Wer heute relativ machtlos ist, kann schon morgen relativ mächtig sein bzw. einen Machtzuwachs erfahren haben und dadurch die Machtbalance zu seinen oder ihren Gunsten verändern. Menschen balancieren ihre Beziehungen stets von neuem aus: Frauen und Männer, Kinder und Eltern, Arbeiter und Unternehmer, Einwanderer und Einheimische. Das Geschlechterverhältnis ist für Elias als Machtfrage und als Beispiel für einen *Figurationswandel* interessant. So kommentiert er in dem Vorwort zur Studie *Frauen im Zwiespalt* von Bram van Stolk und Cas Wouters (1987) die Veränderungen in den Geschlechterbeziehungen für die damalige Zeit, die 1980er Jahre:

Was wir heute erleben, ist unverkennbar eine Phase in einem langhingezogenen Machtkampf zwischen zwei Gesellschaftsgruppen, der einige Ähnlichkeit mit anderen Machtkämpfen zwischen innerstaatlichen Gruppen hat und sich zugleich in bestimmter Weise von ihnen abhebt. Er hat mit anderen Kämpfen dieser Art gemein, daß es dabei um ein größeres Maß an sozialer Gleichheit zwischen Gruppen geht, deren eine – die Frauen – in vieler Hinsicht eine Außenseiterposition innehatte: ihre Mitglieder waren traditionellerweise von vielen sozialen Positionen ausgeschlossen, die von der anderen Gruppe monopolisiert wurden. Zugleich aber sind diese beiden Gruppen in einer Weise voneinander abhängig wie keine Etablierten- und Außenseitergruppen sonst. Jenseits aller Ideologien kann man feststellen, dass keine anderen Menschengruppen biologisch derart aufeinander ausgerichtet sind (Elias 2006a, S. 243; vgl. auch Elias 2006a, S. 139–181).

Geschlechterkämpfe ähneln also anderen Macht- und Anerkennungskämpfen insofern, als immer die eine Gruppe, die ehemals weniger Rechte hatte und Außenseiterin war, nun mehr Rechte einfordert oder bereits erlangt hat. Im Zuge dieses Prozesses ändern sich beide Gruppen, die Etablierten und die Außenseiter (vgl. Elias und Scotson 2002). Was die Geschlechterbeziehung jedoch zu einer besonderen Beziehung macht, ist laut Elias die wechselseitige ‚biologische Ausrichtung‘ von Frauen und Männern aneinander. Die Emanzipation von Frauen gehört für Elias, ähnlich wie für Giddens, Beck oder Castells (vgl. die Beiträge von Kahlert, Poferl und Degele in diesem Bd.) zu den unübersehbaren und aufgrund der besonders engen Verflechtung der beiden Gruppen auch zu den bedeutsamsten Wandlungsprozessen der Gegenwart. Während klassische Geschlechterkonflikte durch patriarchalische Strukturen mit relativ eindeutigen Asymmetrien (Überordnung der Männer, Unterordnung der Frauen) gekennzeichnet sind, sind in Zeiten neuer(er) Geschlechterkonflikte die Asymmetrien weniger eindeutig. Um diese zweite Konstellation geht es den figurationssoziologischen Arbeiten, die die Geschlechterverhältnisse der Gegenwart untersuchen.

2.2 Das Geschlechterverhältnis in der Figurationssoziologie

Die Figurations- und Prozesstheorie hat in zahlreichen Studien den Machtzuwachs von ehemals Machtschwächeren inklusive seiner Folgen untersucht (vgl. Treibel 2009), somit auch den Zugewinn an Machtressourcen der Frauen gegenüber den Männern. Wie ein roter Faden zieht sich durch die Analysen eine Bestätigung der Eliasschen Argumentation vom *Machtzuwachs für Frauen in westlichen Gesellschaften im Vergleich mit früheren Generationen*. In der Betrachtung von Helmut Kuzmics etwa werden die Kosten oder zumindest Ambivalenzen des Machtgewinns für Frauen auf der Beziehungsebene aus Männersicht deutlich:

> Für viele junge Männer ist Partnerschaft heute eine sehr komplexe Angelegenheit geworden. Sie tragen wohl weit mehr Verantwortung als ihre Vorgänger für das im engeren Sinne sexuelle Glück ihrer Partnerinnen und im weiteren Sinne für die Gestaltung der Partnerschaft im Ganzen. Sie können sich nicht länger auf die ‚asymmetri-

sche Harmonie' früherer Ehen verlassen. Bei allem, was sie tun und lassen, bestehen
große Spielräume der Verhandlung mit ihrer Partnerin und nirgends ist das Ergebnis
festgelegt. Schon vom ersten Kennenlernen an bis zur Entscheidung für Familie und
Kind besteht ein Zwang zum ,controlled decontrolling of emotions', nirgends können
sie naiv initiativ [...] vorgehen, überall müssen sie als ,relaxed' und ,cool' erscheinen
und zugleich werden von ihnen auch jede Menge ,zarterer' Emotionen erwartet. [...]
Weder Sex noch Partnerschaft und Familie sind für breite Schichten im jungen 21.
Jahrhundert einfach geworden (Kuzmics 2008, S. 45–46).

Der hier zitierte Terminus vom *controlled decontrolling* von Emotionen stammt von
Cas Wouters, dem niederländischen Soziologen, der seit Anfang der 1980er Jahre
zu den führenden Prozess- und Geschlechtersoziologen in Anschluss an Elias zählt
und 2004 seine Monografie zu *Sex and manners* (Wouters 2004) vorgelegt hat. Aus
der Analyse von Manierenbüchern, Frauenzeitschriften und weiteren Materialien
über die gesamte Spanne des 20. Jahrhunderts zieht Wouters den Schluss, dass die
„processes of the emancipation (of women) and accommodation (by men)" (Wouters 2004, S. 153) nicht umkehrbar seien. Ungeachtet der Unterschiede innerhalb
der westlichen Gesellschaften konstatiert er einen *Egalisierungsschub*. Gerade dieser veranlasse Frauen und Männer zu einem ständigen emotionalen Gerangel, was
Wouters *Tauziehen* („tug-of-war") nennt:

As more egalitarian rules take time to ,sink in', both women and men have increasingly
become subjected to a tug-of-war between old and new ideals (and power resources)
and to related feelings of ambivalence. Most men and women seem to be egalitarian
,on the surface' and traditional ,underneath'. Most men react in accordance with the
dynamics of established-outsider relationships: they do not want to accommodate and
do not easily perceive the ,civilized' pleasures of a more egalitarian relationship (Wouters 2004, S. 160).

Interessant an dieser Einschätzung ist der Hinweis, dass beide Geschlechter Um-
stellungsprobleme haben und zwischen Altem und Neuem hin- und herschwan-
ken. Die Widerstände von Männern sind laut Wouters jedoch größer, da diese als
die bislang Etablierteren mehr zu verlieren haben. Diese Beobachtung hilft überdies, das auffällige Engagement von Männern in der figurationssoziologischen
Genderforschung zu erklären. Denn für Männer verändert sich durch den Egalisierungsschub offensichtlich derart viel, dass sie einen Erklärungsbedarf für sich
selbst und die Gesellschaft sehen (vgl. Abschn. 5).

Macht kann und soll, so Wouters, heute nicht mehr offensiv demonstriert werden. Dies gilt vornehmlich in Gesellschaften mit einer stark egalitären und anti-

elitären Grundstruktur, wie Wouters in seinem Vergleich mit anderen westlichen Gesellschaften für die Niederlande zeigt (vgl. Wouters 2007), und müsste für andere gesellschaftliche Kontexte möglicherweise relativiert werden. Die Partnerschafts- und Kommunikationsregularien zwischen Frauen und Männern und auch in gleichgeschlechtlichen Paarbeziehungen unterliegen bei aller Freizügigkeit und Liberalität komplexen Codes. Eben dies meint das *controlled decontrolling*: Man kann und soll entspannt und locker sein – aber innerhalb einer verlässlichen Selbstkontrolle einerseits und Aufmerksamkeit für das Gegenüber andererseits. Die Frage nach Macht wird von den Akteurinnen und Akteuren, ob hetero- oder homosexuell, mit ihren Selbstbildern häufig nicht in Verbindung gebracht.

Wie eine Zusammenfassung der hier skizzierten Analysen läßt sich der Artikel der niederländischen Soziologin Christien Brinkgreve über *Elias on gender relations: The changing balance of power between the sexes* (2004) lesen. Brinkgreve konstatiert, dass die Geschlechterbeziehungen insgesamt durch eine *geringere Ungleichheit* gekennzeichnet seien: „The three sources of male power over women that existed for centuries – physical strength, knowledge and organization – are now more equally distributed between the sexes, or (in the case of physical strength) have lost their importance" (Brinkgreve 2004, S. 146).

Die öffentlichen und privaten Machtkonstellationen werden ständig neu ausgehandelt. Soziale und politische Probleme entstehen sowohl durch eine Veränderung der Machtbalance als auch durch deren Verhinderung einer solchen Veränderung. Die Figurations- und Prozesstheorie geht davon aus, dass diese Auseinandersetzungen gerade erst begonnen haben und zielt darauf, vermeintlich unspektakuläre Veränderungen in ihrer langfristigen Wirkung zu analysieren. Der Geschlechterforschung fallen jedoch meist primär die dramatischen, nicht-egalitären Prozesse auf. Diese haben mit teilweise traditionellen und teilweise reaktivierten patriarchalen Strukturen zu tun. Diese Ausschläge des Pendels seien zuerst betrachtet.

3 Pendelausschlag I: Widerstände gegen die Egalisierung, Gewalt und Fallen im Geschlechterverhältnis

3.1 Fortdauer von Ungleichheit

Die Wahrscheinlichkeit, von Analphabetismus, Misshandlungen und Einschränkungen von Aktionsradius und Handlungsoptionen betroffen zu sein, gilt im globalen Maßstab für Frauen in ungleich stärkerem Maße als für Männer – von metropolitanen Eliten, die sich weltweit gleichen, einmal abgesehen. Die häufig durchaus wörtlich zu verstehende *Beschneidung* ihrer Rechte ist Alltag von Mädchen und Frauen in vielen afrikanischen, arabischen und asiatischen Gesellschaften. Die feministische Forschung richtet bei der Analyse dieser massiven Ungleichheit ihr Hauptaugenmerk auf Institutionen wie die (patriarchale) Familie, ungleiche Entlohnung oder den Sexismus von Arbeitgebern. Nach dem Verständnis dieser Analysen ist die geschlechtliche Ungleichheit in Institutionen eingeschrieben – und dies keineswegs nur in weniger entwickelten Regionen der Welt. Unter der Perspektive von Gender, so Sylvia Walby, sei Gewalt selbst als eigenständige Domäne von Institutionen (vgl. Walby 2009) zu verstehen. Eine solche kritisch-radikale Sicht stellt jedoch nur eine, wenn auch einflussreiche Analyse von Gewaltprozessen in heutigen Gesellschaften dar. So erinnert Ursula Müller an juristische Erfolge zugunsten von Frauen sowie daran, dass in vielen Kontexten Jungen und Männer nicht nur die Täter, sondern mit überwältigender Mehrheit auch die Opfer sind (vgl. Müller 2004). Unter machttheoretischem Blick müsste stärker als bislang die sexuelle Gewalt gegen Mädchen *und* Jungen in Internaten, Kirchen und Vereinen untersucht werden. Mehrheitlich Männer versuchen hier, ihre labile Macht gegenüber machtschwächeren Heranwachsenden zu stabilisieren. Ein weiterer Mechanismus wird deutlich, betrachtet man Regime wie das der Taliban in Afghanistan. Diese nutzen Instrumente wie das der Frauenunterdrückung (das jedoch als höhere Moral und Verhinderung von Unreinheit verbrämt wird) als Distinktionsmittel gegenüber ‚dem unreinen Westen'.

Was im Alltag als *Sach*zwang empfunden und in soziologischen Theorien vielfach als *struktureller Zwang* gefasst wird, stellt sich für die Figurationssoziologie anders dar: Die Menschen selbst sind es, die aufgrund ihrer wechselseitigen Abhängigkeiten Zwänge aufeinander ausüben. Manche KritikerInnen sehen hier ein Versäumnis der Prozesstheorie. So ist für Eva Barlösius der „größte Teil der Ungleichheitsverhältnisse […] fest institutionalisiert, gesellschaftlich weitgehend akzeptiert und […] als politisch legitim anerkannt" (Barlösius 2004, S. 79). Die Eigendynamik oder auch die Beharrungskraft von Institutionen seien nicht im Blick von Elias. Diese Kritik ist insofern begründet, als es Elias, wenn er wie in *Über den Prozeß der Zivilisation* (Elias 1997) institutionelle und staatliche Makroprozesse in Form der Konkurrenzkämpfe zwischen Fürsten und Zentralherr bzw. König thematisiert, tatsächlich stärker um den Wandel als um die Kontinuität von Strukturen geht. Mit der schwindenden gesellschaftlichen Stärke von Akteuren ist für Elias unmittelbar auch ihre politische Macht tangiert. Eine Gesellschaft, die sich demokratisieren will, kann mittel- und langfristig das Geschlechterverhältnis nicht unangetastet lassen, wie sich bei den revolutionären Umbrüchen in Ägypten und anderen arabischen Ländern zeigte. Welcher Art der dort praktizierte Feminismus ist bzw. sein wird und ob dieses Label überhaupt passt, ist gegenwärtig nicht auszumachen (vgl. Badran 2011). Egalitäre Geschlechterbeziehungen gelten nicht nur im Feminismus oder in den Gender Studies, sondern auch nach den Normen globaler Akteure wie der UNO als unverzichtbarer Indikator für Fortschritt und Entwicklung. EU- und OECD-Standards vermögen in der Gleichstellungspolitik Deutschlands möglicherweise mehr auszurichten als die interne Gesellschaftskritik. So zeigt eine jüngst erschienene Studie zur Gewalt gegenüber Frauen die hohe globale Bedeutung dieses Problems. Ein Drittel der Frauen weltweit macht Gewalterfahrungen, und zwar in einem Maße unabhängig von ihrer sozialen Herkunft oder beruflichen Position, wie es nicht erwartet worden war (WHO 2013). Unter Legitimierungsdruck geraten Institutionen oder Gremien, die eine auffällige Unterrepräsentanz von Frauen aufweisen – da können auch nicht-egalitär eingestellte Frauen und Männer auf Dauer nicht einfach zur Tagesordnung übergehen.

Im Zusammenhang der Frage ‚Wie hält es die Figurationssoziologie mit der Gewalt im Geschlechterverhältnis?' scheint mir die Überlegung Renate Krolls (2005) sehr interessant. Laut Renate Kroll hat die Unterschätzung männlicher Dominanzstrukturen durch Elias möglicherweise etwas damit zu tun, dass dieser grundsätzlich von einer Gleichheit der Geschlechter ausgehe und deshalb die Konstanz patriarchaler Herrschaft – gerade auch bei formalisierter Gleichheit – nicht sehen könne (vgl. Kroll 2005, S. 162–163). Elias konstatiert, dass Frauen im Vergleich immer noch über geringere Ressourcen verfügen als Männer. Dass die ehemals machtstärkeren Männer ihre Bastionen mit neuen Machtmitteln auszubauen suchen, hat er weniger im Blick. Für Elias und die Figurationssoziologie überwiegen die Terraingewinne, die Frauen erzielt haben, gegenüber den Terrainverlusten. Damit stellt sich die Frage, wie man die Spannung von Kontinuität und Wandel im Geschlechterverhältnis bewertet: ‚Ist das Glas halb leer oder halb voll?' Elias' Analyse des Zivilisationsprozesses zufolge (vgl. Elias 1997; Elias 2006a, S. 100–117) ist es weniger erstaunlich, dass wir *so wenig*, sondern dass wir *überhaupt* so zivilisiert sind. Gesellschaftspolitisch ist für Frauen Aufmerksamkeit geboten, wenn sie gewonnenes Terrain nicht wieder verlieren wollen (vgl. Treibel 1997, S. 332). Pendelschwünge in Richtung Egalisierung werden durch beide Geschlechter abgebremst.

3.2 (Selbstgestellte) Fallen im Geschlechterverhältnis

Was passiert, wenn Frauen mehr Machtchancen haben? Was passiert mit ‚den' Männern und mit ‚den' Frauen? Prozesstheoretisch betrachtet, fällt *allen* Beteiligten die Umstellung auf ein ausgeglicheneres Geschlechterverhältnis schwer: Die Regeln für das neue Geschlechterspiel sind noch nicht eingeübt oder gar verinnerlicht. In diesem Zusammenhang wird auffallend oft die rhetorische Figur der ‚Falle' verwendet, und zwar in Ratgeberliteratur, in der systemischen Paartherapie (vgl. Gulotta 2009) und in soziologischen Analysen gleichermaßen. So wird der Rückfall in alte Muster, etwa der Arbeitsteilung in Paarbeziehungen, als „Beziehungsfalle" (Koppetsch und Burkart 1999, S. 190–196) oder als „Traditionalisierungsfalle" (Rüling 2007) bezeichnet. Jean-Claude Kaufmann widmet sich in zahlreichen Studien den Fallstricken der Egalisierung in modernen Paarbeziehungen. Im Folgenden schildert er eine charakteristische Situation, in der sich Männer noch nicht ‚im Griff haben':

> Am Steuer oder bloß als Beifahrer: Im Auto gibt es keine neutralen Positionen. Vor allem was die überaus heikle Frage anbelangt, der wir uns nun zuwenden: dem Fahrstil. […] Der Fahrstil ist eines der seltenen Gegenbeispiele, bei denen sich die Männer anscheinend mehr ärgern als die Frauen. Das lässt sich leicht erklären. In den Denk- und Anschauungsweisen nämlich sind Spuren aus der Zeit geblieben, in der der Mann allein das Fahrzeug lenkte. Auf dem Beifahrersitz Platz zu nehmen ist neu für ihn, und es fällt ihm sehr schwer, sich zurückzunehmen und sich völlig auf seine Partnerin zu verlassen. Ungewollt behält er die Straße im Auge und ist schnell mit Kritik bei der Hand (Kaufmann 2008, S. 94–95; vgl. auch Cameron 2007, S. 14–15).

Auch Frauen, eigentlich ja die Nutznießerinnen der Egalisierung, verhalten sich häufig (noch) unangemessen. Die Journalistin Bascha Mika schildert in ihrer Polemik *Die Feigheit der Frauen* (Mika 2011) ein aus ihrer Sicht typisches Beispiel für das ‚Kümmersyndrom' vieler Frauen. In der beschriebenen Situation geht es um eine Wohngemeinschaft, in der die Mitbewohnerinnen und vor allem die Freundin (Julia) des einen männlichen Mitbewohners (Timo) dessen Haushaltsarbeit mit übernehmen:

> Was in ihrer WG läuft, ist ein *Machtspiel*, wie es bereits Kinder kennen: Wer kann länger? Kann länger schreien. Länger die Luft anhalten. […] Timo ist ein Meister in diesem Spiel. Er hält Dreck und Druck einfach länger aus als seine Mitbewohnerinnen. Das weiß er, nutzt es aus und gibt den jungenhaften Tunichtgut: Hier-stehe-ich-und-kann-nicht-anders. Und immer findet sich eine Dumme, die nachgibt. *Doch Timos Machtposition ist ambivalent.* Denn Julia macht zwar einerseits freiwillig, was er heimlich erwartet. Andererseits bindet sie ihn, weil er in ihrer Schuld steht, sie *macht ihn von sich abhängig*, indem sie ihm alles abnimmt. Er herrscht, weil sie ihm dienstbar ist, sie herrscht, weil er sie braucht (Mika 2011, S. 106–107, Herv. A. T.).

Interessant an dieser Darstellung sind die Verwendung des Begriffs *Machtspiel* und die Hinweise auf die *wechselseitigen Abhängigkeiten*. Bei aller Überspitzung ist hier eine alltägliche und gleichwohl klassische Situation für den Figurationswandel zwischen Frauen und Männern beschrieben: Den beteiligten Frauen ist klar, dass sie sich im Sinne egalitär-moderner Beziehungen nicht derart übertrieben kümmern sollten, sie tun es dennoch und stehen so automatisch, was die Egalisierung angeht, auf der ‚Bremse'. Die Vorgeschichte solcher Machtspiele bleibt in dieser Streitschrift, wie meines Wissens auch in der Forschung, außer Acht. Für FigurationssoziologInnen läge es nahe, die Generationenperspektive einzubeziehen. Denn bereits die Eltern von Julia und Tim, um beim obigen Beispiel zu bleiben, haben vielfach schon gebremst und zwar dadurch, dass sie zwar ihre Töchter in Richtung Berufsorientierung stärken, ihre Söhne jedoch nicht in Richtung Haus- und Familienarbeit verpflichten. Auf diese Weise werden auch die immer wieder bestätigten Äußerungen von Jungen, die Berufstätigkeit von Frauen zwar grundsätzlich – jedoch nicht für ihre eigene, zukünftige Partnerin – bejahen, nachvollziehbar.

Keineswegs bestimmen heute ausschließlich Männer die Regeln des Zusammenlebens – und es gibt keine Garantie, dass die Regeln von Frauen per se egalitär sind. Die Sachlage ist nicht eindeutig: Einerseits erfordert das heute verlangte Selbstmanagement durchaus ‚weiche' Standards, mit denen sich Männer tendenziell schwer(er) tun (vgl. Brinkgreve 2004). Danach böte das „unternehmerische Selbst" (Bröckling 2007) Frauen einen Startvorteil. Andererseits sind es genau die Stressfaktoren der neoliberalen Ökonomie, die manche Frauen zu dem Schluss kommen lassen: ‚Das tue ich mir nicht an' (vgl. Stern Nr. 40, 2010). Grundsätzlich wären die Optionen für Lebensentwürfe heute für viele Frauen sogar größer als für Männer: In der Berufswahlentscheidung stehen ihnen von der Erzieherin grundsätzlich bis zur Managerin alle Optionen offen, während viele Männer die ‚Wahl', sich nach ‚unten' zu orientieren, nicht wirklich für eine Wahl halten. Gleichzeitig bleibt ‚Männlichkeit' nichts Statisches, sondern differenziert sich aus (vgl. Villa 2009, S. 127). Verkompliziert wird die Sachlage weiterhin dadurch, dass auch in vermeintlich ‚neutralen' Settings Geschlechterstereotypen ihre Beharrungskraft zeigen. In *funktional gerahmten Interaktionen*, so Christine Weinbach (2007), werden die Zuschreibungen von ‚männlich' und ‚weiblich' nicht notwendig neutralisiert. Auf diese Weise stellt man sich so genannte Professionals als Männer vor. Gleichwohl greift die These, wonach sich zwar die Menschen wandeln, nicht aber die Institutionen, zu kurz. Aus meiner Sicht sind Institutionen nicht oder zumindest nicht durchgängig die ‚Verhinderer', sondern letztlich häufig die Motoren von Egalisierung.

Nach figurationssoziologischer Auffassung gestalten Menschen ihre Welt, wenn sie auch häufig nicht durchschauen, wovon sie angetrieben werden. Menschen sind freier und zugleich abhängiger, als sie selbst glauben. Frauen, so Brinkgreve, verschaffen sich zusehends Gehör und könnten auch noch mehr Nachdruck entwickeln, um die Spielregeln zu verändern:

The established can set the rules, but if erstwhile outsiders win power, they also make their voice heard, and are also going to participate in setting the rules off the social game, and force the established to reckon with the fact. This process is now in progress, and it is not taking place without tension and conflict (Brinkgreve 2004, S. 152).

Für die Prozesstheorie sind die Pendelschwünge in diese Richtung besonders aufschlussreich: Wie stellt sich die Egalisierung dar, welche Gewinne kann man verbuchen, wo liegen die Risiken und Chancen?

4 Pendelausschlag II: Egalisierung und Terraingewinne von Frauen

Elias betrachtet das Geschlechterverhältnis primär dort, wo Frauen schon aufgestiegen sind, also die Machtbalance zu ihren Gunsten verändern konnten. Es sei erinnert: Macht ist dort für Elias interessant, wo die Spielstärke beider ‚Mannschaften' vergleichbar groß ist – wie bei einem guten Fußballspiel, das durch gleich starke Teams spannend wird. Die latenten Ungleichheiten und Ambivalenzen und nicht die offensiven Diskriminierungen und Sexismen sind Gegenstand einer solchen Geschlechtertheorie. Frauen, so Elias, gelingt es in historisch und national ganz unterschiedlichen Phasen der Gesellschaftsentwicklung, die Außenseiterposition zu verlassen und Rechte der etablierteren und machtstärkeren Männer für sich zu reklamieren. Dieser „langhingezogene Machtkampf" (Elias 2006a, S. 243; vgl. Zitat in Abschn. 2.1) ist gerade deshalb so spannend, weil die beiden Gruppen immer näher zusammenrücken. Das „größere Maß an sozialer Gleichheit" (Elias 2006a, S. 243; vgl. auch Brinkgreve 2004) steht für Elias im Vordergrund – und nicht die soziale Ungleichheit.

Charakteristisch hierfür ist das so genannte Figurationsideal, verbunden mit der paradox erscheinenden Vorstellung einer *harmonischen Ungleichheit*, das manche der untersuchten Frauen nach van Stolk und Wouters (1987) verfolgen (vgl. Elias 2006a, S. 242). Dieses Ideal bringt die in Frauenhäuser geflüchteten Frauen dazu, trotz der von ihren Partnern ausgeübten Gewalt zu diesen zurückzukehren oder zurückkehren zu wollen: „Wie die Verfasser dieses Buches zeigen", betont Elias, „müssen sie (die Frauen), wenn sich in der Praxis die Machtbalance zwischen den Geschlechtern zu verschieben beginnt, nicht nur gegen die dominierenden Männer, sondern auch gegen ihr eigenes Selbstbild einer Männerdominanz angehen" (Elias 2006a, S. 247). Die Tendenz zeigt in Richtung einer wachsenden Spielstärke von Frauen und einer Verringerung der Monopolstellung von Männern. In seinen

Analysen und Kommentaren zum Geschlechterverhältnis erweist sich Elias als ein Theoretiker der Egalisierung und Individualisierung (vgl. Klein und Liebsch 2001). Die Freiheits- und Spielraumgewinne für Frauen in westlichen Gesellschaften sind unübersehbar: Ihre Chancen zur Partizipation an Bildung und Beruf, ihre Individualisierungsoptionen, also: ihre Möglichkeiten, ein ‚eigenes Leben‘ zu führen (vgl. Beck-Gernsheim 2008), sind größer als noch vor zwei bis drei Generationen. Das geringere Ausmaß an *Fremdrestriktionen* durch Eltern, Verwandte oder Ehemänner (individualisierungstheoretisch gesprochen: die Freisetzung aus traditionellen Bindungen) ist jedoch nicht kostenneutral zu haben. Die Möglichkeit, mehr selbst zu entscheiden, geht mit *Selbstrestriktionen*, dem Zwang zum Selbstzwang (vgl. Elias 1997) einher. Kurz gesagt: mehr Freiheit bedeutet auch mehr Verantwortung. Genau dies ist die Gefühlslage der heranwachsenden Mädchen und jungen Frauen in westlichen Gesellschaften: In ihren Augen kommt es heute nicht (mehr) auf das Geschlecht, sondern auf die jeweils konkrete Person an. Sie gehen von Egalisierung aus, die sie selbst zur Option deklarieren. Ein traditioneller Lebensentwurf sei eben dann auch selbst und frei gewählt. Jede/r könne (und müsse!) ihr/sein eigenes Leben leben (vgl. Hartung und Schmitt 2010). Die behauptete Irrelevanz von Gender wird dann jedoch vielfach durch persönliche und berufliche Erfahrungen irritiert : Frauen stellen fest, dass entgegen ihrer bisherigen Wahrnehmung Geschlecht doch zählt und Männer an ihren Privilegien festhalten (vgl. Abschn. 3).

An der gegenwärtig in Deutschland wieder heftig geführten Quotendiskussion kann man erkennen, wie unberechenbar die politischen Lager in ihrer Einschätzung dieses Instruments sind. In einem Streitgespräch mit der Journalistin Bascha Mika (vgl. Mika 2011) wird die Juristin und CSU-Politikerin Angelika Niebler gefragt, wie sie ‚ausgerechnet‘ in der CSU die Quote durchgesetzt habe (allerdings nur auf den Bezirks- und Kreisebenen der Partei):

> Nein, wir sind nicht nach links gerutscht, wir sind moderner geworden. Und es ist eine Frage des Alters. Wenn ich heute 30 Jahre alt wäre, hätte ich mich vermutlich eingereiht in die Riege der jungen Aufrührerinnen, die bei uns in der Partei gegen die Quote protestiert haben: ‚Das brauchen wir nicht, das schaffen wir allein.‘ […] Dazu bin ich zu lang dabei. Ich weiß mittlerweile: Die Männer weichen nicht von alleine (Mika und Niebler 2011).

Dieses Beispiel illustriert zweierlei: Zum einen die von biografischen Entwicklungen abhängigen Unterschiede bezüglich der Einstellungen zu Gender oder Geschlechterpolitik, und zum anderen den Druck für Männer, sich modern zu geben. Unter diesem Blickwinkel ist es interessant, zwei zum Common Sense der Geschlechterforschung gewordene Formulierungen zu betrachten: Die Formulierungen von Ulrich Beck zur „verbalen Aufgeschlossenheit bei weitgehender

Verhaltensstarre" (Beck 1990, S. 31) und von Angelika Wetterer zur (bloß) „rhetorischen Modernisierung" (Wetterer 2003) des Geschlechterverhältnisses haben längst Eingang in publizistische Diskurse zum Geschlechterverhältnis gefunden. Vieles spricht tatsächlich dafür, auf diese Weise die Verlangsamung des Wandels und die Unterscheidung von Gleichheit in der Theorie und Ungleichheit in der Praxis abzubilden. Figurationssoziologisch stellt sich dieser Sachverhalt wie folgt dar: Eine ‚Verhaltensstarre' ist *auf Dauer* nicht durchzuhalten. Von der Egalisierung der Frauen betroffene Männer können gar nicht anders, als sich – wenn auch für soziologische Augen kaum wahrnehmbar – zu ändern. In diesem Sinne verstehe ich Wouters' Begriff der Akkommodation der Männer in der Geschlechterfiguration (vgl. Abschn. 2.2). Die FigurationssoziologInnen finden gerade diese *graduellen* Veränderungen und die Pendelausschläge in der Balance zwischen Egalisierung und deren Verhinderung interessant.

Intime Beziehungen sind – so gerne dies die Beteiligten in der Romantisierung ihrer Liebe auch glauben – keineswegs frei von Machtkämpfen. Dies gilt für heterosexuelle Beziehungen (vgl. Kunze 2005) und für homosexuelle Paare (vgl. Kippax und Smith 2001) gleichermaßen.

Figurationssoziologische Genderforschung kommt, ähnlich wie die alltags- und geschlechtersoziologischen Arbeiten von Jean-Claude Kaufmann (1996, 2008), harmlos daher. Sie zeigt die Bedeutung von Prozessen und Interaktionen, die auf den ersten Blick unspektakulär erscheinen (vgl. Treibel 2009, S. 156) und markiert dennoch die graduellen Veränderungen in Gesellschaften. Was gleichgeschlechtliche Beziehungen angeht, handelt es sich um mehr als graduelle Veränderungen, wenn diese auch von den Betroffenen nicht als so gravierend bzw. als nicht progressiv genug empfunden werden. Angesichts des Selbstbildes einer freieren, nicht oder weniger (hetero-)normativ belasteten Beziehungsgestaltung als bei heterosexuellen Paaren stellt sich gleichwohl auch die Frage nach den Machtbalancen.

‚Alle Macht den Frauen'? Eine Bundeskanzlerin alleine macht sicherlich noch keine Geschlechterrevolution. Allerdings handelt es sich keineswegs um eine sozialgeschichtliche Nebensache. Hermann Korte (2009) und Sighard Neckel (2010) gleichermaßen verweisen auf den Eliasschen Topos des *Königsmechanismus* (vgl. Elias 1997, II.), um das aus ihrer Sicht eindrückliche und unterschätzte Machtspiel von Angela Merkel zu analysieren. Der ursprünglich den höfischen Gesellschaften Frankreichs zugeschriebene Königsmechanismus erfordert ein hohes Maß an Weit- und Langsicht und die Fähigkeit, Gefolgsleute und Gegnerinnen und Gegner in der Balance zu halten.

5 Schluss: Figurationssoziologie – der passende Ansatz für die Ambivalenz der Geschlechterverhältnisse

Sind die derzeitigen Geschlechterverhältnisse als fortschrittlich oder als eher rückschrittlich zu bezeichnen? Für ProzesssoziologInnen ist schwer vorstellbar, dass Fortschritte, etwa in der Gleichstellung von Frauen gegenüber Männern, völlig zunichte gemacht werden können und vergessen werden. Dieser Optimismus und der beschriebene *Fokus auf den Fortschritten zugunsten von Frauen* machen die figurationssoziologische Geschlechterforschung für andere Theoriestränge verdächtig. Somit schließt sich der Kreis, jedoch an anderer Stelle, als anfänglich vermutet: Die Rezeptionssperre gegenüber der Figurationstheorie ist mehr als eine bloße ‚Geschmacksbarriere‘, die sich gegen den *Sound* der Eliasschen Texte richtet. Wenn man davon ausgeht, dass in der Geschlechterforschung ungeachtet aller internen Unterschiede Geschlecht als eine analytische Kategorie verstanden wird (vgl. Aulenbacher et al. 2010, S. 225), so ist klar: Die Figurationssoziologie ist keine *originäre* Geschlechterforschung. Sie hat Gender als Grundkategorie nicht eingebaut, sondern untersucht die Geschlechterverhältnisse als *einen* sozialen Verflechtungszusammenhang unter vielen. Somit läge die Rezeptionssperre in der Systematik der Figurationstheorie begründet. Diejenigen Forscherinnen und Forscher, die sich auf Elias beziehen, verwenden dessen Begriffe eher integrativ im Sinne der Allgemeinen Soziologie und nicht offensiv geschlechtertheoretisch. Dieses Prinzip, so adäquat es für die jeweiligen Arbeiten auch sein mag, verringert allerdings die Sichtbarkeit dieser Arbeiten für die Genderforschung

Auf eine weitere Besonderheit möchte ich hier nochmals explizit eingehen: Die hohe Präsenz männlicher Soziologen in diesem Forschungsfeld fällt auf. Mit direktem Bezug auf Elias sind Autoren wie Jean-Claude Kaufmann (1996) oder Jan-Peter Kunze (2005), in eher impliziter Rezeption Autoren wie Karl Lenz (2009) oder Robert Nye (2000) zu nennen. Möglicherweise ist die Figurationssoziologie eine Theorieoption, die vielen männlichen Kollegen besonders angemessen erscheint. Ganz nebenbei ist sie ‚therapeutisch wertvoll‘, als sie die Irritationen erklären hilft, die Männer in ihren beruflichen wie privaten Beziehungen zu Frauen erleben. Sie ist überdies ein Beleg dafür, wie stark die Veränderungen ausfallen – was aus Männersicht offensichtlich gravierender empfunden wird als aus Frauensicht. Für in diesem Feld engagierte Männer ist allerdings die feministische Forschung angesichts ihrer politischen und parteilichen Aufladung kein geeignetes Tätigkeitsfeld.[4] Die auffallende Affinität bei den Geschlechter*forschern* zu Elias mag wiederum

---

[4] Eine soziologische Interpretation der Geschlechterdiskurse etwa in der Hirnforschung kann hier nur angeregt werden: In seinem lesenswerten „Männer“-Essay appelliert Gerald Hüther an seine Geschlechtsgenossen, dass der Änderungsbedarf bei *ihnen* – und nicht bei

eine Erklärung für die Rezeptionssperren gegenüber Elias in der etablierten Ge-schlechterforschung und bei deren Vertreter*innen* bieten.

Wie oben erwähnt (vgl. Abschn. 2.1), ist Elias nicht der einzige Soziologe, der den Wandel der Geschlechterverhältnisse als eine der folgenreichsten gesellschaft-lichen Veränderungen der Gegenwart ansieht. Für die Generation von Beck, Gid-dens oder Castells (vgl. die Beiträge von Poferl, Kahlert und Degele in diesem Bd.) ist dies weniger überraschend als für Elias, den im Vergleich am wenigsten ‚zeitge-nössischen' Autor. Die Anschlussmöglichkeiten für eine soziologische Zeitdiagnose und Gesellschaftstheorie sehe ich in besonderem Maße dort gegeben, wo es nicht um Aspekte beständiger Ungleichheit, sondern um Dimensionen und Ausprägun-gen zunehmender Gleichheit zwischen Frauen und Männern gehen soll.

Wo liegen also die Grenzen und wo die Potenziale der Figurationssoziologie für eine genderreflexive Gesellschaftstheorie?

Eingangs hatte ich die Figurationssoziologie als Theorie der Machtbeziehun-gen charakterisiert. In dem Moment, wo man Macht mit dem Balance-Gedanken verknüpft, wie Elias es initiiert hat, sind starke Asymmetrien und Gewaltverhält-nisse schwerlich zu konzeptualisieren. In anderen Ansätzen werden Gewalt und Kontinuitäten der Ungleichheit tendenziell überschätzt, während Gewalt-Prozesse oder gar Gewalt-Exzesse in der Figurationssoziologie eher *unterschätzt* werden. Elias' Beitrag zu einer GeschlechterGesellschaftsTheorie verweist vor allem auf die Geschlechter*beziehungen* und nicht so sehr auf die stärker makrotheoretisch zu betrachtenden Geschlechter*verhältnisse* (vgl. Abschn. 3.1). Für eine Gesellschafts-theorie, die diese Verhältnisse als primär durch Ungleichheit gekennzeichnet ver-steht, ist die Figurations- und Prozesstheorie wohl die falsche Adresse.

Jedoch stellen selbst die radikalen Kritikerinnen des Geschlechterverhältnisses nicht in Abrede, dass es auch einen Wandel zugunsten von Mädchen und Frauen und eine Öffnung gegenüber gleichgeschlechtlichen Beziehungen gegeben hat. Der epochale Wandel besteht darin, dass heute Gewalt und Diskriminierung und nicht Egalisierung und Gleichstellung legitimiert werden müssen.

Was die Geschlechterbeziehungen angeht, gibt es heute ‚alles'. Aber dieses ‚Alles' ist nicht gleichermaßen untersucht. Die feministischen und Geschlechtertheorien sind nicht zuletzt aus Gründen ihrer wissenschaftsgeschichtlichen und politischen Genese (vgl. Hesse-Biber und Nagy 2007) auf Ungleichheitsverhältnisse fokussiert. Mit der Figurationssoziologie kann man einen Schwenk vornehmen und sich von der häufig unbewussten Gegenwartsfixierung (vgl. Elias 2006a, S. 297–333) lösen und das analysieren, was – inklusive aller Ambivalenz – gewonnen wurde. Wer

---

den Frauen – läge, da die alten Zeiten unwiederbringlich vorbei seien (vgl. Hüther 2009, S. 79).

hätte vor hundert Jahren gedacht, dass auch und gerade im globalen Maßstab die Emanzipation von Frauen einmal das zentrale Kriterium für Demokratie und Moderne sein würde? Dieser Egalisierungsschub wartet noch auf eine umfassende (figurationssoziologische) Erklärung. Möglicherweise können Männer, die etliche ihrer Privilegien und Hoheitsrechte über Diskurse verloren haben, besser sehen, was sich verändert hat. Unter diesem Blickwinkel wäre eine *GeschlechterGesellschaftsTheorie* ein besonders aussichtsreiches Projekt für eine verstärkte Kooperation der Geschlechter in der Forschung.

Das Bild von den verschiedenen Planeten, von denen Frauen und Männer vermeintlich stammen, hat eine hohe Alltagsplausibilität. Soziologisch plausibel, aktuell und interessant ist ein anderes Bild: Manchmal könnten Frauen Männer, Männer Frauen, Frauen Frauen und Männer Männer auf den Mond schießen. Aber in aller Regel statten sie das *Gegenüber* – und eben nicht einfach die *Gegenseite* – doch mit einer Rückfahrkarte zur Erde aus.

Literatur

Aulenbacher, Brigitte, Michael Meuser und Birgit Riegraf. 2010. *Soziologische Geschlechterforschung. Eine Einführung*. Wiesbaden.

Badran, Margot. 2011. Ägyptens Revolution als Gender-Revolution. Die Jugend von Kairo erhob sich gegen ihre Unterdrücker – eine Revolution im Geist des Feminismus. In *Der INKOTA-Brief Nr. 155 „Feminismus im Plural – Frauen weltweit in Bewegung"*. Berlin. www.labournet.de/internationales/eg/inkot-badran.pdf. Zugegriffen: 7. April 2011.

Barlösius, Eva. 2004. *Kämpfe um soziale Ungleichheit. Machttheoretische Perspektiven*. Wiesbaden.

Beck, Ulrich. 1990. Freiheit oder Liebe. Vom Ohne-, Mit- und Gegeneinander der Geschlechter innerhalb und außerhalb der Familie. In *Das ganz normale Chaos der Liebe*, Hrsg. Ulrich Beck und Elisabeth Beck-Gernsheim, 20–64. Frankfurt a. M.

Beck-Gernsheim, Elisabeth. 2008 [1983]. Vom „Dasein für andere" zum Anspruch auf ein Stück „eigenes Leben": Individualisierungsprozesse im weiblichen Lebenszusammenhang. In *Geschlechterdifferenzen – Geschlechterdifferenzierungen. Ein Überblick über gesellschaftliche Entwicklungen und theoretische Positionen*, Hrsg. Sylvia Marlene Wilz, 19–61. Wiesbaden.

Behnke, Cornelia. 1997. *„Frauen sind wie andere Planeten." Das Geschlechterverhältnis aus männlicher Sicht*. Frankfurt a. M.

Brinkgreve, Christien. 2004. Elias on gender relations: The changing balance of power between the sexes. In *The sociology of Norbert Elias*, Hrsg. Steven Loyal und Stephen Quilley, 142–154. Cambridge.

Bröckling, Ulrich. 2007. *Das unternehmerische Selbst. Soziologie einer Subjektivierungsform*. Frankfurt a. M.

Cameron, Deborah. 2007. *The myth of Mars and Venus*. Oxford.

Christ, Matthias. 2010. *Gewalt, Geschlecht und Gesellschaft. Zum Verhältnis von subjektiven Deutungen und objektiven Strukturen.* Karlsruhe (Ms., Diplomarbeit).

Elias, Norbert. 1997 [1939]. *Über den Prozeß der Zivilisation. Sozio- und psychogenetische Untersuchungen. 2 Bde.* (Gesammelte Schriften, Bd. 3.1 und 3.2). Frankfurt a. M.

Elias, Norbert. 2005a. *Autobiographisches und Interviews.* (Gesammelte Schriften, Bd. 17). Frankfurt a. M.

Elias, Norbert. 2005b [1989]. *Studien über die Deutschen. Machtkämpfe und Habitusentwicklung im 19. und 20. Jahrhundert.* (Gesammelte Schriften, Bd. 11). Frankfurt a. M.

Elias, Norbert. 2006a. *Aufsätze und andere Schriften III.* Frankfurt a. M.

Elias, Norbert. 2006b. *Was ist Soziologie?* Frankfurt a. M.

Elias, Norbert, und John L. Scotson. 2002. *Etablierte und Außenseiter.* Frankfurt a. M.

Ernst, Stefanie. 2010. *Prozessorientierte Methoden in der Arbeits- und Organisationsforschung. Eine Einführung.* Wiesbaden.

Gertenbach, Lars, und Hartmut Rosa. 2009. Kritische Theorie. In *Soziologische Theorien*, Hrsg. Lars Gertenbach, Heike Kahlert, Stefan Kaufmann, Hartmut Rosa und Christine Weinbach, 175–254. München.

Gray, John. 1992. *Men are from Mars, women are from Venus.* New York.

Gray, John. 2008. *Why Mars and Venus collide.* New York.

Gulotta, Guglielmo. 2009. *Gemeinsam in die Falle gehen. Vom Beziehungsdrama zum Happy End.* Heidelberg.

Hartung, Manuel J., und Cosima Schmitt. 2010. *Die netten Jahre sind vorbei. Schöner leben in der Dauerkrise.* Frankfurt a. M.

Hesse-Biber, Sharlene Nagy, Hrsg. 2007. *Handbook of feminist research: Theory and praxis.* Thousand Oaks.

Hüther, Gerald. 2009. *Männer – das schwache Geschlecht und sein Gehirn.* Göttingen.

Kahlert, Heike. 2009. Verbindungstheorien. In *Soziologische Theorien*, Hrsg. Lars Gertenbach, Heike Kahlert, Stefan Kaufmann, Hartmut Rosa, und Christine Weinbach, 255–308. München.

Karl-Franzens-Universität Graz, Hrsg. 2008. *Was ist der Mensch? Beiträge von Vortragenden der Montagsakademie 2007/08.* Graz.

Kaufmann, Jean-Claude. 1996. *Frauenkörper – Männerblicke.* Konstanz.

Kaufmann, Jean-Claude. 2008. *Was sich liebt, das nervt sich.* Konstanz.

Kippax, Susan, und Gary Smith. 2001. Anal intercourse and power in sex between men. *Sexualities* 4 (4): 413–434. http://sex.sagepub.com/content/4/4/413. Zugegriffen: 30. März 2011.

Klein, Gabriele, und Katharina Liebsch. 1997. Zivilisierung zur Zweigeschlechtlichkeit. Zum Verhältnis von Zivilisationstheorie und feministischer Theorie. In *Zivilisierung des weiblichen Ich*, Hrsg. Gabriele Klein und Katharina Liebsch, 12–38. Frankfurt a. M.

Klein, Gabriele, und Katharina Liebsch. 2001. Egalisierung und Individualisierung. Zur Dynamik der Geschlechterbalancen bei Norbert Elias. In *Soziale Verortung der Geschlechter. Gesellschaftstheorie und feministische Kritik I*, Hrsg. Gudrun-Axeli Knapp und Angelika Wetterer, 225–255. Münster.

Koppetsch, Cornelia, und Günter Burkart 1999. *Die Illusion der Emanzipation. Zur Wirksamkeit latenter Geschlechtsnormen im Milieuvergleich.* Konstanz.

Korte, Hermann. 2009. „Und ich gucke mir das an." Angela Merkels Weg zur Macht. Eine Fallstudie. In *Geschlecht und Macht. Analysen zum Spannungsfeld von Arbeit, Bildung und Familie*, Hrsg. Martina Löw, 16–28. Wiesbaden.

Kroll, Renate. 2005. Zu Macht und Romantik der Frauen im Zeitalter Ludwigs XIV. Die „Höfische Gesellschaft" aus literatur- und genderwissenschaftlicher Perspektive. In *Höfische Gesellschaft und Zivilisationsprozess. Norbert Elias' Werk in kulturwissenschaftlicher Perspektive*, Hrsg. Claudia Opitz, 143–165. Köln.

Kunze, Jan-Peter. 2005. *Das Geschlechterverhältnis als Machtprozess. Die Machtbalance der Geschlechter in Westdeutschland seit 1945*. Wiesbaden.

Kuzmics, Helmut. 2008. Zivilisierte Barbaren oder barbarische Zivilisation? Mögliche Richtungen gesellschaftlicher Entwicklung. In *Was ist der Mensch? Beiträge von Vortragenden der Montagsakademie 2007/08*, Hrsg. Karl-Franzens-Universität, 39–60. Graz.

Lenz, Karl. 2009. *Soziologie der Zweierbeziehung. Eine Einführung*. 4. Aufl. Wiesbaden.

Mika, Bascha. 2011. *Die Feigheit der Frauen. Rollenfallen und Geiselmentalität. Eine Streitschrift wider den Selbstbetrug*. München.

Mika, Bascha, und Angelika Niebler. 2011. Zwei Quotenfrauen streiten über die Quote. Streitgespräch. *Frankfurter Allgemeine Sonntagszeitung* Nr. 5 vom 6.2.2011: 35. http://m.faz.net/aktuell/wirtschaft/wirtschaftspolitik/fronten-in-der-frauendebatte-zwei-quotenfrauen-streiten-ueber-die-quote-1597720.html. Zugegriffen: 1. Februar 2012.

Müller, Ursula. 2004. Gewalt: Von der Enttabuisierung zur einflussnehmenden Forschung. In *Handbuch Frauen- und Geschlechterforschung. Theorie, Methoden, Empirie*, Hrsg. Ruth Becker und Beate Kortendiek, 549–554. Wiesbaden.

Neckel, Sighard. 2010. Teile und herrsche – und werde unentbehrlich. Norbert Elias: „Der Königsmechanismus". In *Sternstunden der Soziologie. Wegweisende Theoriemodelle des soziologischen Denkens*, Hrsg. Sighard Neckel, Ana Mijic, Christian von Scheve und Monica Titton, 286–291. Frankfurt a. M.

Neckel, Sighard, Ana Mijic, Christian von Scheve und Monica Titton, Hrsg. 2010. *Sternstunden der Soziologie. Wegweisende Theoriemodelle des soziologischen Denkens*. Frankfurt a. M.

Nye, Robert. 2000. Die Transmission der Männlichkeiten. *Österreichische Zeitschrift für Geschichtswissenschaften* 11 (3): 29–44.

Rosa, Hartmut, Davis Strecker und Andrea Kottmann. 2007. *Soziologische Theorien*. Konstanz.

Rüling, Anneli. 2007. *Jenseits der Traditionalisierungsfallen. Wie Eltern sich Familien- und Erwerbsarbeit teilen*. Frankfurt a. M.

Stern Nr. 40. 2010. *Karriere? Das tue ich mir doch nicht an! Warum gut ausgebildete Frauen das Spiel der Männer um Macht und Status nicht mitmachen* (Titelgeschichte).

Treibel, Annette. 1997. Das Geschlechterverhältnis als Machtprozess. Figurationssoziologie im Kontext von Gleichstellungspolitik und Gleichheitsforderungen. In *Zivilisierung des weiblichen Ich*, Hrsg. Gabriele Klein und Katharina Liebsch, 306–336. Frankfurt a. M.

Treibel, Annette. 2008. *Die Soziologie von Norbert Elias. Eine Einführung in ihre Geschichte, Systematik und Perspektiven*. Wiesbaden.

Treibel, Annette. 2009. Figurations- und Prozesstheorie. In *Handbuch Soziologische Theorien*, Hrsg. Georg Kneer und Markus Schroer, 133–160. Wiesbaden.

van Stolk, Bram, und Cas Wouters. 1987. *Frauen im Zwiespalt. Beziehungsprobleme im Wohlfahrtsstaat*. Frankfurt a. M.

Villa, Paula-Irene. 2009. Feministische- und Geschlechtertheorien. In *Handbuch Soziologische Theorien*, Hrsg. Georg Kneer und Markus Schroer, 111–132. Wiesbaden.

Walby, Sylvia. 2009. *Globalization and inequalities: Complexities and contested modernities*. London.

Weinbach, Christine, Hrsg. 2007. *Geschlechtliche Ungleichheit in systemtheoretischer Perspektive*. Wiesbaden.

Wetterer, Angelika. 2003. Rhetorische Modernisierung: Das Verschwinden der Ungleichheit aus dem zeitgenössischen Differenzwissen. In *Achsen der Differenz. Gesellschaftstheorie und feministische Kritik II*, Hrsg. Gudrun-Axeli Knapp und Angelika Wetterer, 286–319. Münster.

WHO. 2013. *Global and regional estimates of violence against women: Prevalence and health effects of intimate partner violence and non-partner sexual violence*. http://apps.who.int/iris/bitstream/10665/85239/1/9789241564625_eng.pdf. Zugegriffen: 25. September 2013.

Willems, Herbert. 2009. Theatralität als (figurations-)soziologisches Konzept: Von Fischer-Lichte über Goffman zu Elias und Bourdieu. In *Theatralisierung der Gesellschaft*. Bd. 1: Soziologische Theorie und Zeitdiagnose, Hrsg. Herbert Willems, 75–110. Wiesbaden.

Wouters, Cas. 2004. *Sex and manners. Female emancipation in the West, 1890–2000*. London.

Wouters, Cas. 2007. *Informalization. Manners & emotions since 1890*. London.

Geschlecht ist Geschichte: Komplexitäten der Macht.

Ein Foucaultsches Denksystem

Gabriele Michalitsch

Zusammenfassung

Im Zuge meines Beitrags versuche ich, aus der Vielzahl Foucaultscher Konzeptionen einen möglichen Rahmen geschlechterkritischer Gesellschaftsanalyse abzuleiten. Im Anschluss an eine einleitende Positionierung Foucaults zu Geschlecht und Geschlechterverhältnissen bilden Foucaults Horizont prägende, immer präsente Begriffe von Macht und Wahrheit sowie von Regierung, Gouvernementalität und Herrschaft hierbei zentrale Ausgangspunkte. Sie werden über seine Konzeption von Kritik verknüpft, um Geschlecht erweitert und als machtanalytischer Rahmen geschlechterkritischer Gesellschaftstheorie gefasst. Der Beitrag widmet sich somit einer spezifischen Aufnahme und Reflexion von Foucaults ,vagabundierendem Denken', um aus einem feministisch-sozialwissenschaftlichen Horizont gesellschaftstheoretische Fragen zu stellen – und Antworten zu suchen.

Gender Is History: Complexities of Power. A Foucaultian System of Thought

Abstract

Starting from the multitude of Foucaultian concepts, the contribution develops a theoretical frame for a critical gender analysis of (Western) societies. Following an introductory sketch of Foucault's positions on gender and gender relations, his core concepts of power and truth as well as of government, governmentali-

G. Michalitsch (✉)
Institut für Politikwissenschaft, Universität Wien, Universitätsstr. 7, 1010 Wien, Österreich
E-Mail: gabriele.michalitsch@univie.ac.at

H. Kahlert, C. Weinbach (Hrsg.), *Zeitgenössische Gesellschaftstheorien und Genderforschung,* Gesellschaftstheorien und Gender,
DOI 10.1007/978-3-531-19937-5_6, © Springer Fachmedien Wiesbaden 2015

ty and domination serve as starting points. Linking them by his conception of critique and integrating gender they form the analytical framework for a gender critical analysis of power in society. Hence, the contribution deals with a specific reception and reflection of Foucault's 'vagabond thinking' in order to approach gender issues in social sciences.

1   Einleitung

Foucault bezeichnete sich als „nietzscheanischer Kommunist", als „linker Anarchist", bestritt jedoch heftig, „jener Strukturalist zu sein, als den man ihn feierte" (Sarasin 2005, S. 10). Sicher stellen Marx, Nietzsche, Kant, aber auch Weber und die Kritische Theorie ebenso wie die Psychoanalyse von Freud bis Lacan zentrale Bezugspunkte Foucaultschen Denkens dar. Doch „Foucault einordnen? Nichts widerstrebte ihm mehr und nichts würde seinem Denken weniger gerecht."[1] (Sarasin 2005, S. 9) „Geschichte der Denksysteme"[2] war der Titel des Lehrstuhls am Collège de France, den Foucault ab 1970 innehatte, er drückt vielleicht am ehesten Foucaults Bestrebungen aus. Schließlich entsprach dessen Benennung seinem Vorschlag[3] (vgl. Eribon 1993, S. 304).

Diese „Geschichte der Denksysteme" schrieb Foucault stets „aus den Notwendigkeiten der Gegenwart" (Sarasin 2005, S. 11) heraus. Seine Untersuchungen entsprächen, verkündete Foucault in seiner Vorlesung vom 7. Januar 1976, dem Zeitraum der „letzten zehn, fünfzehn, maximal zwanzig Jahre[]" (Foucault 2001, S. 18), den er durch „die Wirkung verstreuter und unzusammenhängender Vorstöße" (Foucault 2001, S. 19) wie etwa lokaler Anti-Psychiatrie-Diskurse, der breiten Rezeption von Wilhelm Reichs Theorie (Reich 1927, 1932), Angriffe auf herrschende Moral, traditionelle Geschlechterhierarchien sowie Rechts- und Strafapparate und der Veröffentlichung von Deleuze und Guattaris „Anti-Ödipus" (1974) charakterisiert sieht (vgl. Foucault 2001, S. 19). Mit all diesen Infragestellungen seien Institutionen, Praktiken, Diskurse in „ungeheurem und ausuferndem Maße kritisierbar

---

[1] Foucault selbst antwortet auf das Ansinnen einer Selbst-Klassifikation: „Man frage mich nicht, wer ich bin, und sage mir nicht, ich solle der gleiche bleiben: das ist eine Moral des Personenstandes; sie beherrscht unsere Papiere. Sie soll uns frei lassen, wenn es sich darum handelt, zu schreiben" (Foucault 1994, S. 30).

[2] Dieser wurde 1969 an Stelle des Lehrstuhls für „Geschichte des philosophischen Denkens", den Jean Hippolyte bis zu seinem Tod bekleidet hatte, eingerichtet.

[3] Foucault entwickelt in der im Zuge seiner Bewerbung geschriebenen Broschüre unter anderem die Linien seines künftigen Lehrprogramms, um den vorgeschlagenen Titel des Lehrstuhls zu begründen (Eribon 1993, S. 304–307).

geworden", die Böden brüchig, „sogar und vielleicht vor allem jene, die uns am vertrautesten und festesten erschienen" (Foucault 2001, S. 19–20).

Der lokale Charakter der Kritik zeige dabei eine autonome, nicht-zentralisierte theoretische Produktion an, die durch eine „Wiederkehr des Wissens", einen „Aufstand der ‚unterworfenen Wissen'" (Foucault 2001, S. 21) möglich wurde. Dieses nicht-begriffliche, als unzureichend ausgearbeitet disqualifizierte, „unter funktionalen Zusammenhängen und formalen Systematisierungen verschüttete[]" (Foucault 2001, S. 21) Wissen wurde durch die Kritik zum Vorschein gebracht. Zugleich machten diese jeweils lokalen Kritiken hemmende Wirkungen umfassender und globaler Theorien deutlich, womit sich Foucault nicht zuletzt deutlich vom Marxismus absetzt.[4]

Die Rolle von Theorie sieht Foucault folglich darin, „nicht eine globale Systematizität", sondern „die Spezifität der Machtmechanismen zu analysieren, die Verbindungen, die Ausdehnungen zu ermitteln, nach und nach das Gebäude eines strategischen Wissens zu errichten" (Foucault 1978, S. 215). Theorie versteht er dabei als „Werkzeugkiste", die „nicht ein System, sondern ein Instrument", „eine den Machtverhältnissen und den um sie herum ausbrechenden Kämpfen angemessene Logik" (Foucault 1978, S. 216) anbietet. Entsprechende Untersuchungen könnten „nur nach und nach, ausgehend von einer (in bestimmten Dimensionen notwendig historischen) Reflexion auf gegebene Situationen vonstattengehen" (Foucault 1978, S. 216). Theorie antwortet folglich immer auf eine spezifische gesellschaftliche Situation, Grenzen zwischen Theorie und Zeitdiagnose lösen sich auf. Denn Foucaults Projekt ist eine „Geschichte der Gegenwart", eine Analyse von Macht und Wahrheit, die stets um Konstitutionsbedingungen des Gegenwärtigen kreist: „Die Geschichte der Gegenwart, die Geschichte unserer Identität formuliert Foucault als Analyse der Verhältnisse von Macht und Wissen in unserer Gesellschaft" (Ewald 1978, S. 10).

Im Bemühen um eine Gesellschaftstheorie, die auf die ebenso persistente wie gegenwärtige binär-hierarchische Geschlechterordnung fokussiert, versuche ich im Zuge dieses Beitrags, aus der Vielzahl Foucaultscher Konzeptionen einen möglichen Rahmen geschlechterkritischer Gesellschaftsanalyse herauszuarbeiten. Im Anschluss an eine einleitende Positionierung Foucaults zu Geschlechterverhält-

---

[4] Foucault kritisiert am Marxismus vor allem dessen Erstarrung und das damit verbundene Fehlen von Begriffsbildung und Terminologie für neue Fragen. Dennoch lässt sich Foucaults „Arbeit als eine kritische Fortsetzung der ‚Kritik der politischen Ökonomie' unter den Bedingungen der ‚Krise des Marxismus'" (Lemke 1997, S. 57) verstehen. Sarasin versteht Foucaults erste selbstständige Arbeit *Maladie mentale et personnalité* als „marxistische, ja entlang der KPF-Linie argumentierende Analyse der Geisteskrankheit" (Sarasin 2005, S. 16). Foucault war von 1950 bis 1953 Mitglied der Kommunistischen Partei Frankreichs.

nissen bilden Foucaults Horizont prägende, immer präsente Begriffe von Macht und Wahrheit sowie von Regierung, Gouvernementalität und Herrschaft zentrale Ausgangspunkte; sie werden über seine Konzeption von Kritik verknüpft, um Geschlecht erweitert und als Analyserahmen geschlechterkritischer Gesellschaftstheorie gefasst. Es geht also um eine spezifische Aufnahme und Reflexion von Foucaults „vagabundierende[m] Denken" (Ewald 1978), um ‚durch Foucault hindurch' aus einem feministisch-sozialwissenschaftlichen Horizont gesellschaftstheoretische Fragen zu stellen und Antworten zu suchen.[5]

2 Zwischen Feminismus und Androzentrismus

Auch wenn Foucault Kritik an Geschlechterhierarchien als Bezugspunkt seines Denkens erwähnt, finden sich explizite Problematisierungen von Geschlecht oder Geschlechterverhältnissen in seinen Schriften nur vereinzelt und am Rande.[6] Selbst dort, wo das diskursive Material die Fragwürdigkeit des insbesondere medizinischen Blicks auf die Geschlechter offenbart, geht er diesen nicht systematisch nach. Gelegentlich aber – vor allem in seinem späteren Werk, was durchaus auf Einflüsse von Frauenbewegung und feministischer Wissensproduktion zurückzuführen sein mag – problematisiert er Geschlechterverhältnisse zumindest ansatzweise als spezifische Form von Regierung[7] oder von Macht-Wissen-Verhältnissen. So nimmt Foucault in *Sexualität und Wahrheit* nicht zuletzt auf die „Pathologisierung der Frau" im 18. und 19. Jahrhundert Bezug. Die ab dem 18. Jahrhundert einsetzende Hysterisierung des weiblichen Körpers macht er hierbei als dreifachen Prozess deutlich: Der weibliche Körper werde zunächst als gänzlich von Sexualität durchdrungen analysiert und (dis-)qualifiziert, aufgrund einer ihm inhärenten Pathologie in das Feld der medizinischen Praktiken integriert und schließlich mit dem Gesellschaftskörper, der Familie und dem Leben der Kinder verbunden. Die Figur der

---

[5] Für unzählige Stunden gemeinsamen Denkens über, mit und gegen Foucault danke ich Arif Akkilic.

[6] So identifiziert Foucault etwa in *Die Anormalen* drei sich im 18. Jahrhundert entfaltende Figuren der Anomalie, unter ihnen – neben dem zu bessernden Individuum und dem masturbierenden Kind – das „Menschenmonster", ein Mischwesen von Mensch und Tier, zwei Individuen oder auch zwei Geschlechtern: „Wer zugleich Mann und Weib ist, ist ein Monster" (Foucault 2007b, S. 86).

[7] Im zweiten Band der Geschichte der Sexualität analysiert Foucault die Regulation ehelicher Beziehungen im *oikos* der athenischen Polis als Form von Regierung, bei der die Steuerung des Verhaltens der Ehefrau durch den Ehemann im Hinblick auf die Notwendigkeiten einer „klugen Ökonomie" erfolgt (vgl. Foucault 1993a, S. 183–233).

„Mutter" und ihr Negativbild der „nervösen Frau" fungieren als „sichtbarste Form der Hysterisierung" (Foucault 1983, S. 126). Neben dem „masturbierenden Kind", dem „familienplanenden Paar" und dem „perversen Erwachsenen" tritt die „hysterische Frau" als privilegierter Wissensgegenstand, Zielscheibe und Anker von Machtstrategien hervor (vgl. Foucault 1983, S. 126–127). Damit deutet Foucault in *Der Wille zum Wissen* an, dass Macht und Wissen Geschlecht formen, freilich ohne dies auszuführen. Zwar stellt er im Kontext seiner Auseinandersetzung mit Hermaphrodismus die Frage „Brauchen wir wirklich ein *wahres Geschlecht*?" (Foucault 2007a, S. 58, Herv. i. O.), doch bleiben Geschlecht und Geschlechterverhältnisse in ihrer gesellschaftlichen Tragweite, in Konstitutionsbedingungen und Praktiken ihrer Produktion unterbelichtet. Foucaults Historisierung des Subjekts sieht von Geschlecht ab. Macht, Regierung, Gouvernementalität treten von Geschlecht konzeptuell losgelöst auf, deren Geschlechter-Effekte werden nicht bedacht. Foucault, Zerstörer der Evidenzen, lässt die Universalie Geschlecht weitgehend unangetastet.

Die breite feministische Rezeption von Foucaults Arbeiten lässt sich vorrangig auf seinen Machtbegriff und seine radikale Historisierung – und Politisierung – von Subjekt, Körper und Sexualität zurückführen, die auch Geschlecht als Konstruktion und historisches Produkt fassbar machen.[8] Sie verdankt sich aber wohl auch der Vielzahl an Konzeptionen und seinem offenen, flexiblen Theorierahmen, die als Zugänge, als Instrumente, als Methoden eingesetzt werden können, je eigene geschlechtertheoretische Fragen zu verfolgen.[9]

3 Zwischen Macht und Herrschaft: Regierung und Gouvernementalität

Um ihre Konstitutionsbedingungen aufzuzeigen, nähert sich Foucault Gesellschaft stets über deren Historisierung. Traditioneller Geschichtsschreibung stellt Foucault dabei eine von jeder Fortschrittsperspektive befreite „éclairage en retour" (Visker 1991, S. 23) gegenüber, „die nicht die Vergangenheit vom Heute aus, sondern das Heute vom Vergangenen aus belichtet" (Visker 1991, S. 23). Dabei thematisiert Foucault Gesellschaft stets in ihren Dynamiken und Veränderungen und entwickelt unterschiedliche Annäherungsweisen, die sich als spezifische Methoden

---

[8] Foucault hat dekonstruktivistischen Feminismus, Queer Theory und postkoloniale feministische Theorien entscheidend geprägt (vgl. do Mar Castro Varela und Dhawan 2010; Spivak 2005; Jagose 1996).

[9] Vgl. etwa Bartky (1997); Bührmann (1995, 2001, 2005); Butler (1991, 1995, 2003); MacNay (1992); McLaren (2002); Maihofer (1995, 2001); Sauer (1997, 2007); Sawicki (1994).

oder auch Formen von Historiographie verstehen lassen: Archäologie, Genealogie und historischen Nominalismus.[10] Auch wenn Foucault ohne explizite Definition des Begriffs Gesellschaft auskommt, kreist sein Werk darum, Gesellschaft über Macht zu spezifizieren: „Die Macht ist der Name, den man einer komplexen strategischen Situation in einer Gesellschaft gibt" (Foucault 1983, S. 114). Gesellschaft ist demnach stets in Kategorien von Macht zu denken: Machtbeziehungen, -strategien und -taktiken bestimmen sie, denn Leben in Gesellschaft bedeutet stets, gegenseitig auf sein Handeln einwirken zu können. Folglich ist Gesellschaft ausgehend von der Ökonomie der in ihr ausgeübten Macht, die sich zugleich mit Machtstrategien und Widerstand gegen diese verbindet, zu definieren (vgl. Ewald 1978, S. 13).

3.1 Macht

Macht wurde in der traditionellen politischen Theorie von grundlegenden gesellschaftlichen – politisch-rechtlichen oder ökonomischen – Strukturen abgeleitet, ohne ihre Eigenart zu untersuchen. Foucault wendet sich gegen die damit verbundene Vorstellung, Macht werde stets von Einzelnen oder Gruppen über andere ausgeübt, wirke gewaltförmig „von außen" und habe die Funktion, „zu verbieten, zu

---

[10] Die Archäologie sucht Diskurse in ihrer Spezifität zu definieren. Der spezifische Gegenstand der Archäologie ist das Wissen. Die Archäologie untersucht – im Gegensatz zu einer strukturalistischen Analyse – nicht die allgemeinen Konstruktionsgesetze von Diskursen, sondern die historischen Bedingungen ihres Auftretens und ihrer Existenz. „Wie kommt es, dass eine bestimmte Aussage erschienen ist und keine andere an ihrer Stelle?" (Foucault 1994, S. 42) Die Regelhaftigkeit der Diskursformationen wird in der Archäologie zu deren Existenzbedingung, sie wird nicht auf außer-diskursive Praktiken, sondern auf ihre differentielle Stellung im Diskurs selbst zurückgeführt. Mit *Die Ordnung des Diskurses,* seiner Inauguralvorlesung am Collège de France am 2. Dezember 1970, lenkt Foucault die Aufmerksamkeit auf die Prozeduren, die in einer Gesellschaft den Diskurs zugleich kontrollieren, selegieren, organisieren und kanalisieren, um „die Kräfte und Gefahren des Diskurses zu bändigen" (Foucault 1996, S. 11). *Die Ordnung des Diskurses* markiert den Übergang zur Genealogie, mit der Foucault die gesellschaftliche Einbettung des Diskurses, die äußeren Bedingungen, Beschränkungen und Institutionalisierungen von Diskursen in den Vordergrund rückt. Als Werkzeug wird die Archäologie der Genealogie untergeordnet. Mit der Genealogie hebt Foucault gesellschaftliche Funktionen von Diskursen in Verbindung mit Machtpraktiken hervor. Er verknüpft damit vor allem die Frage, welcher Machttyp Diskurse der Wahrheit zu produzieren vermag. Der historische Nominalismus widmet sich schließlich der Problematik der Produktion eines Regimes von wahr und falsch sowie der Verknüpfung der Subjektivierung von Subjekten und der Objektivierung von Objekten, ihrer gleichzeitigen, sich fortwährend im Verhältnis zueinander modifizierenden Konstituierung über den Begriff des Wahrheitsspiels. Das Ziel besteht dabei darin, Universalien als Singularitäten, als Effekte historischer Praktiken sichtbar werden zu lassen und damit ‚Gewissheiten' der Gegenwart aufzulösen.

verhindern und zu isolieren" (Foucault 2007b, S. 73). Diese Auffassung verdanke sich einem historisch überholten Modell.[11] Das 18. Jahrhundert bringe hingegen eine Macht hervor, „die nicht Überbau ist, sondern die ins Spiel, in die Verteilung, in die Dynamik, in die Strategie und die Wirkung der Kräfte integriert ist" (Foucault 2007b, S. 74), eine erfinderische Macht, die Prinzipien von Transformation und Innovation in sich berge.

Macht ist folglich keineswegs repressiv zu deuten. Vielmehr hebt Foucault ihre produktive Dimension hervor. Macht ist demnach als Vielfältigkeit von Kräfteverhältnissen zu verstehen, als

> das Spiel, das in unaufhörlichen Kämpfen und Auseinandersetzungen diese Kräfteverhältnisse verwandelt, verstärkt, verkehrt; die Stützen, die diese Kräfteverhältnisse aneinander finden, indem sie sich zu Systemen verketten – oder die Verschiebungen und Widersprüche, die sie gegeneinander isolieren; und schließlich die Strategien, in denen sie zur Wirkung gelangen und deren große Linien und institutionelle Kristallisierungen sich in den Staatsapparaten, in der Gesetzgebung und in den gesellschaftlichen Hegemonien verkörpern (Foucault 1983, S. 113).

Es sind demnach Ungleichheiten, die Macht bedingen, aber auch deren Effekte darstellen: Differenzierungen und Teilungen gelten Foucault als Ausgangspunkte und zugleich Konsequenzen von Macht. Denn die Möglichkeitsbedingung von Macht liegt „in dem bebenden Sockel der Kraftverhältnisse, die durch ihre Ungleichheit unablässig Machtzustände erzeugen, die immer lokal und instabil sind" (Foucault 1983, S. 114). Macht vollzieht sich „von unzähligen Punkten aus und im Spiel ungleicher und beweglicher Beziehungen" (Foucault 1983, S. 115).

Gleichzeitig erzeugt Macht Ungleichheit: Spezifische Machttypen und mit diesen einhergehende Technologien produzieren auf je spezifische Weise Teilungen und Differenzierungen, in denen sich Ungleichheit verankert. Zentrale Bedeutung kommt hierbei Normen zu, die stets Prinzipien von Bewertung und Korrektur in sich bergen. Ihre Funktion besteht nicht in Ausschließung oder Zurückweisung, vielmehr sind sie immer an eine positive Technik der Intervention und Transformation gebunden (vgl. Abschn. 3.4).

Machtbeziehungen sind anderen Typen von Verhältnissen immanent, die von Produktionsprozessen über Erkenntnisrelationen bis hin zu familiären oder sexuellen Beziehungen reichen. Ihnen kommt gleichermaßen eine bedingende wie bedingte Rolle zu. „Sie sind einerseits die unmittelbaren Auswirkungen von Teilungen, Ungleichheiten und Ungleichgewichten, die in jenen Verhältnissen zustande

---

[11] Insbesondere opponiert er damit gegen die marxistische These, „daß es im wesentlichen die Funktion der Macht sei, den Prozeß der Produktion zu blockieren und [...] eine bestimmte soziale Klasse davon profitieren zu lassen". Diese beziehe sich „keineswegs auf das reale Funktionieren der Macht von heute" (Foucault 2007b, S. 74).

kommen, und andererseits sind sie die inneren Bedingungen jener Differenzierungen" (Foucault 1983, S. 115). Machtbeziehungen sind gleichzeitig intentional und nicht-subjektiv, lokal wie global, ebenso vielfältig wie heterogen. Macht zirkuliert und funktioniert; da sie sich permanent erzeugt, ist sie allgegenwärtig, dem gesellschaftlichen Körper koextensiv, „zwischen den Maschen ihres Netzes" gibt es „keine Zone elementarer Freiheiten" (Foucault 1978, S. 211). Gleichzeitig aber gilt: „Wo es Macht gibt, gibt es Widerstand" (Foucault 1983, S. 116). Diese Widerstände sind „um so realer und wirksamer […], als sie eben da sich formieren, wo die Machtbeziehungen ausgeübt werden" (Foucault 1978, S. 212). Die Individuen sind dabei stets in der Position, „Macht zugleich über sich ergehen zu lassen wie sie auszuüben. Sie sind niemals nur unbewegliche und zustimmende Zielscheibe dieser Macht, sie sind immer auch deren Schaltstellen. Anders gesagt: die Macht wird von den Individuen weitergegeben, sie wird nicht auf sie angewandt" (Foucault 2001, S. 44–45).

Das Individuum ist aber nicht nur das verbindende Element der Macht, sondern das, „was bewirkt, daß Körper, Gesten, Diskurse, Wünsche als Individuen identifiziert und konstituiert werden", ist bereits „eine der ersten Wirkungen der Macht" (Foucault 2001, S. 45). Entsprechend ist Macht, obgleich stets von Kalkül durchsetzt, mit Absichten und Zielsetzungen verbunden, nicht auf Ebene von Intention oder Entscheidung zu analysieren, sondern dort, wo sie sich festsetzt und zur Wirkung gelangt. Foucault plädiert daher für eine „aufsteigende Analyse" der Macht: von einer Mikroanalyse ausgehend immer allgemeiner werdende Mechanismen zu erforschen, wie diese „besetzt, kolonisiert, verwendet, umgebogen, transformiert, verlagert und ausgedehnt wurden und immer noch werden" (Foucault 2001, S. 45–46). Macht ist dabei immer weniger vom Recht her zu erfassen, sondern in ihren lokalen Formen und Institutionen zu analysieren, wie sie sich in Techniken verkörpert und zu materiellen oder gewaltsamen Interventionsinstrumenten greift (vgl. Foucault 2001, S. 42). Dabei ist die Funktionsweise von Macht Foucault folgend insbesondere im Hinblick auf die Konstitution des Subjekts zu untersuchen: „in jenen kontinuierlichen, ununterbrochenen Prozessen, die die Körper unterwerfen, die Gesten lenken, das Verhalten beherrschen" (Foucault 2001, S. 43).

Da sich Subjekte stets als geschlechtliche Subjekte konstituieren und die Vielzahl von Kräfteverhältnissen, die in modernen westlichen Gesellschaften als Macht zur Wirkung gelangen, Geschlechterverhältnisse einschließen, ließe sich im Hinblick auf eine geschlechterkritische Gesellschaftsanalyse der Terminus Geschlechtermacht einsetzen, um die Artikulation der spezifischen Kräfteverhältnisse zwischen den Geschlechtern zu benennen. Geschlechtermacht stellt gleichsam eine immer präsente Dimension von Macht dar und verweist auf Macht stets implizite Geschlechtlichkeit. Geschlechtermacht beschränkt sich nicht auf Verhältnisse *zwischen* den Geschlechtern, sondern ist allen Typen von Verhältnissen – wie etwa ökonomischen, sozialen oder sexuellen – immanent. Diese Verhältnisse bringen geschlechtlich definierte Ungleichheiten hervor, deren Effekt wie Bedingung Macht darstellt – insofern wären sie als Geschlechtermacht zu deuten. Geschlechtermacht verweist somit auf geschlechtliche Durchdringung von Macht. Macht ist folglich immer auch Geschlechtermacht. Mit Hilfe des Begriffs der Geschlechtermacht ließe sich in gesellschaftstheoretischen Kontexten die Konstitution von Geschlecht und Geschlechterverhältnissen fassen. So wäre Gesellschaft in der abendländischen Tradition stets als Machtkomplex der Hervorbringung von Geschlecht zu verstehen, Ökonomie oder Recht etwa immer auch als Produktionssystem von Geschlecht und Geschlechterhierarchien.

3.2 Wahrheit

Macht ist eng mit ‚Wahrheit' verknüpft, sie zwingt zur Produktion von Wahrheit. Für jede Gesellschaft gilt: „Dank der Macht sind wir der Wahrheitsproduktion unterworfen, wir können Macht nur über die Produktion von Wahrheit ausüben" (Foucault 2001, S. 38). Wahrheit wird aufgrund vielfältiger Zwänge produziert und verfügt über geregelte Machtwirkungen. „Jede Gesellschaft hat ihre eigene Ordnung der Wahrheit [...]; d. h. sie akzeptiert bestimmte Diskurse, die sie als wahre Diskurse funktionieren läßt" (Foucault 1978, S. 51).

Der Analyse des Diskurses – denn er ist „dasjenige, worum und womit man kämpft; er ist die Macht, deren man sich zu bemächtigen sucht" (Foucault 1996, S. 11) – kommt daher besondere Bedeutung zu. Qualifizierung bestimmter Diskurse als wahr erfordert Mechanismen und Techniken, die eine Unterscheidung von wahren und falschen Aussagen ermöglichen, sowie den Aufbau von Sanktionsorganen und -modi, die diese Differenzierung unterstützen, und schließlich den Ausweis von Personen und Instanzen, die über Wahrheit zu entscheiden haben (vgl. Foucault 1978, S. 51). Wahrheit ist demnach ein „Ensemble von geregelten Verfahren für Produktion, Gesetz, Verteilung, Zirkulation und Wirkungsweise der Aussagen. Wahrheit ist zirkulär an Machtsysteme gebunden, die sie produzieren und stützen, und an Machtwirkungen, die von ihr ausgehen und sie reproduzieren" (Foucault 1978, S. 53–54). An der Basis entstehen demnach keine Ideologien, sondern „zugleich viel weniger und viel mehr" (Foucault 2001, S. 49): vor allem konkrete Instrumente der Herausbildung und Akkumulation von Wissen, Untersuchungs- und Forschungsverfahren, Verifikationsapparate. Entsprechend könne Macht „nur dann ausgeübt werden [...], wenn sie Wissen oder vielmehr Wissensapparate bildet, organisiert und in Umlauf bringt" (Foucault 2001, S. 49).

In westlichen Gesellschaften ist Wahrheit Foucault folgend um den wissenschaftlichen Diskurs und die diesen produzierenden Institutionen zentriert. Permanenten ökonomischen und politischen Anforderungen ausgesetzt, wird sie vorrangig unter Kontrolle einiger weniger großer politischer und ökonomischer Apparate wie Universität, Armee und Massenmedien produziert und verteilt, in Erziehungs- und Informationsapparaten zirkulierend verbreitet und konsumiert. Sie ist ebenso Einsatz politischer Auseinandersetzungen und gesellschaftlicher Konfrontationen (vgl. Foucault 1978, S. 52).

Beziehungen, Strategien und Technologien der Macht sind somit von Formationen des als Wahrheit qualifizierten Wissens begleitet, die sie zugleich ermöglichen und produzieren. Aus der Koppelung von Diskursen und nicht-diskursiven Praktiken bilden sich Dispositive[12] von Macht und Wissen, die „das Nichtexistierende in der Wirklichkeit tatsächlich in Erscheinung treten" lassen und „es auf legitime Weise der Unterscheidung zwischen dem Wahren und dem Falschen" (Foucault 2004b, S. 39) unterwerfen.

Wahrheitsproduktion, ließe sich geschlechterkritisch ergänzen, ist ebenso an Geschlechtermacht gebunden, denn auch sie erfordert, um ausgeübt zu werden, als ‚wahr' qualifiziertes Wissen über Geschlecht(er), das sich mit vielfältigen Praktiken zu Macht-Wissen-Formationen verbindet. Macht-Wissen-Dispositiven ist somit Geschlechtlichkeit inhärent, sie lassen schließlich Geschlecht hervortreten, machen es zu Wirklichkeit – Wahrheit ist somit immer auch Geschlechterwahrheit.

Feministische Wissenschaftskritik hat diese Verwobenheit von ‚wahren' Diskursen moderner Wissenschaft und Geschlechtermacht vielfach offengelegt, explizite wie implizite Geschlechterkonstruktionen, Androzentrismus und Maskulinismus als Charakteristika vielfältiger wissenschaftlicher Diskurse und eine Reihe korrespondierender Strategien spezifischer Be- und Entnennungen von Geschlecht, von Ver- und Entgeschlechtlichung identifiziert (vgl. Fox und Longino 1996; Fox 1998; Lederman 2001; Niekant und Schuchmann 2003). An feministischer Wissenschaftskritik zeigt sich auch, dass Wissen von Geschlecht durchdrungen ist und dieses, in gesellschaftliche Institutionen ebenso wie Praktiken eingelagert, her-

---

[12] Der französische Begriff *dispositif* tritt vorwiegend in juristischen, medizinischen und militärischen Kontexten auf und bezeichnet materielle Vorkehrungen zur Durchführung strategischer Operationen. Foucault bezieht sich mit dem Begriff Dispositiv auf das Zusammenspiel von diskursiven und nicht-diskursiven Machtpraktiken und deren Verknüpfung mit Wissensproduktion. Dispositiv bezeichnet ein „heterogenes Ensemble, das Diskurse, Institutionen, architekturale Einrichtungen, reglementierende Entscheidungen, Gesetze, administrative Maßnahmen, wissenschaftliche Aussagen […], kurz: Gesagtes ebensowohl wie Ungesagtes umfaßt" (Foucault 1978, S. 119–120), das zugleich „immer in ein Spiel der Macht eingeschrieben, immer aber auch […] an Grenzen des Wissens gebunden [ist], die daraus hervorgehen, es gleichwohl aber auch bedingen" (Foucault 1978, S. 123). Letztlich bedeutet ein Dispositiv „Strategien von Kräfteverhältnissen, die Typen von Wissen stützen und von diesen gestützt werden" (Foucault 1978, S. 123).

vorbringt – und damit auf die Produktivität von Geschlechtermacht mittels Geschlechterwahrheit verweist.

3.3 Regierung

Die Produktion von Wahrheit avanciert schließlich zu einem Schlüssel von Regierung. Über den Begriff der Regierung verknüpft Foucault Wahrheitsproduktion und Formierung von Subjektivität. Regierung bezeichnet eine Form von Machtausübung, die Individuen durch die Produktion von Wahrheit anleitet, führt und so zu Subjekten formt. Subjektivität entspricht einer je spezifischen historischen Konstruktion; denn Foucault folgend gibt es nicht nur keine universelle Form des Subjekts, das Subjekt selbst entspricht einer historischen Form.

Zunächst fasste Foucault die Formierung von Subjekten vorrangig über Zwangsprozesse und Ausschließungsoperationen, wie sie im Begriff der „subjektivierenden Unterwerfung"[13] zum Ausdruck kommen.[14] Mit der genealogischen Verschiebung zur Produktivität der Macht wird die Frage der Subjektivität jedoch radikalisiert. Die Grenzvorstellung – und damit der Zwangscharakter – zwischen Individuum und einem unterwerfenden Außen löst sich mit der Idee der Subjektivierung auf: Wie bestimmen sich Individuen *selbst* als Subjekte? Herrschaftstechniken ergänzt Foucault nun um Selbsttechniken, „Künste der Existenz" (Foucault 1993a, S. 18), „gewußte und gewollte Praktiken [...], mit denen sich die Menschen nicht nur die Regeln ihres Verhaltens festlegen, sondern sich selber zu transformieren, sich in ihrem besonderen Sein zu modifizieren und aus ihrem Leben ein Werk zu machen suchen" (Foucault 1993a, S. 18). Selbsttechniken ermöglichen es Individuen, „mit eigenen Mitteln bestimmte Operationen mit ihren Körpern, mit ihren eigenen Seelen, mit ihrer Lebensführung zu vollziehen" (Foucault 2005, S. 295). Sie sind nicht bloßer Ausdruck von Herrschaftstechniken, sie ergänzen oder verstärken sich nicht zwangsläufig, doch bedingen sie sich wechselseitig ebenso wie sie aufeinander einwirken.[15]

Wo Lenkung der Individuen durch andere mit der Weise ihrer Selbstführung verknüpft ist, setzt Regierung an, die nicht durch Zwang charakterisiert ist, son-

---

[13] Foucault verwendet den Begriff *assujetissement* (vgl. Visker 1991, S. 98–100).

[14] In *Wahnsinn und Gesellschaft* (1973) präsentiert Foucault den zum Gegenstand der Genealogie erkorenen Leib noch als Objekt von Machtpraktiken, während in *Der Wille zum Wissen* (1983) der Leib zu deren Produkt avanciert.

[15] Es sind diese Relationen, die Foucault in *Der Gebrauch der Lüste* und *Die Sorge um sich* mit den Beziehungen von Subjektivität, Selbsttechniken und Erfahrung in den Vordergrund rückt (Foucault 1993a, 1993b).

dern einem beweglichen Gleichgewicht mit Ergänzungen und Konflikten zwischen Herrschaftstechniken und Selbsttechnologien entspricht. Mit der Regierung des Selbst wird das Verhältnis der Subjekte zu sich selbst zu einer von vielfältigen Formen von Regierung, mit der es im Feld der Machtverhältnisse verortet wird.[16] Regierung bedeutet folglich nicht bloß Unterwerfung oder Beherrschung von Subjekten, sondern vielmehr deren Hervorbringung. Sie umfasst schließlich die Gesamtheit der Institutionen und Praktiken, durch welche Menschen gelenkt werden, sowie sämtliche Prozeduren, Techniken und Methoden, welche die Lenkung von Menschen untereinander gewährleisten. Als ‚Führung der Führungen‘ zielt sie auf Verhalten und Handeln der Menschen und manifestiert sich etwa als Regierung der Kinder, der Verrückten, der Armen, der Arbeiter, aber auch – was Foucault außer Acht lässt – der Geschlechter.

Regierung leitet Individuen an und formiert Subjekte, die sich stets als geschlechtliche Subjekte konstituieren. Verhaltensführung und Handlungsanleitung müssen daher stets geschlechtliche Komponenten implizieren, die sich immer auch als „doing gender" (West und Zimmermann 1987) artikulieren. Institutionen und Praktiken, Techniken und Methoden der Lenkung von Menschen gehen demnach stets mit geschlechtlichen Differenzierungen und Ungleichheiten einher. Um diese – gerade auch implizite – Geschlechtlichkeit von Regierung hervorzuheben, lässt sie sich als Geschlechterregierung benennen.

3.4 Gouvernementalität

Foucault konzentriert sich in seiner Untersuchung von Regierung nicht auf Regierungspraktiken, sondern auf die Regierungskunst, das „Nachdenken über die bestmögliche Regierungsweise" (Foucault 2004b, S. 14). Im Kontext der Regierungskunst des modernen Staates entwickelt Foucault dabei einen weiteren zentralen Terminus, den der Gouvernementalität, mit der er die Regierungstechniken, die der Bildung des modernen Staates unterlegt sind, definiert. In seiner verallgemeinerten Form bezeichnet der Begriff der Gouvernementalität „die Art und Weise, mit der man das Verhalten der Menschen steuert" (Foucault 2004b, S. 261). Gouvernementalität bezieht sich hierbei auf die jeder Form von Regierung immanente Rationalität.[17]

---

[16] In der *Hermeneutik des Subjekts* (2004c) geht Foucault ausgehend von der „Sorge um sich" der Verknüpfung von Subjekt und Wahrheit nach.

[17] Regierung und Gouvernementalität sind wechselseitig eng auf einander bezogen und scheinen sich zuweilen zu vermischen (vgl. Sennelart 2004, S. 566).

Als spezifische Typen der vom Staat produzierten politischen Rationalität thematisiert Foucault zunächst die Lehren von Staatsräson und Polizei, mit der sich die Verbreitung lokaler und regionaler Disziplinierungsmaßnahmen etwa durch Schule, Armee oder Fabrik verbindet. Souveränität und Disziplin stellen spezifische Formen von mit dem Staat verbundener Regierung dar, die durch je eigene Gouvernementalitäten charakterisiert sind. Mit Bezug auf den modernen Staat definiert Foucault Gouvernementalität schließlich sehr viel spezifischer im historischen Horizont der sich im 18. Jahrhundert herausbildenden und bis in die Gegenwart charakteristischen Serie von Regierung, Bevölkerung und politischer Ökonomie. Gouvernementalität bedeutet hierbei

die aus den Institutionen, den Vorgängen, Analysen und Reflexionen, den Berechnungen und den Taktiken gebildete Gesamtheit, welche es erlauben, diese recht spezifische, wenn auch sehr komplexe Form der Macht auszuüben, die als Hauptzielscheibe die Bevölkerung, als wichtigste Wissensform die politische Ökonomie und als wesentliches technisches Instrument die Sicherheitsdispositive hat (Foucault 2004a, S. 162).

Damit bezieht Foucault Gouvernementalität auf die den Regierungstechniken des modernen Staates innewohnende Rationalität, wobei Regierung Lenkung der Bevölkerung mit Hilfe von Sicherheitsmechanismen auf Basis des von der politischen Ökonomie hervorgebrachten Wissens bedeutet. Bevölkerung meint hierbei die im 18. Jahrhundert auftretende neue politische Figur, die nicht mehr als Menge von – dem Willen des Souveräns unterworfenen – Untertanen, sondern nun „als Gesamtheit von Vorgängen" betrachtet wird, „die man in ihrer Natürlichkeit und ausgehend von ihrer Natürlichkeit verwalten muß" (Foucault 2004a, S. 108). Bevölkerung steht somit für „die Naturalität der Gesellschaft" (Foucault 2004a, S. 501).

Die politische Ökonomie, die sich innerhalb der Staatsräson entwickelt und im Sinne der Bereicherung des Staates – zu dessen Vermögen nicht nur Güter, sondern in erster Linie Menschen zählen – auf Wachstum und Unterhalt der Bevölkerung zielt, ermittelt die Bevölkerung schließlich als Kräften und Techniken der Transformation zugänglich, sofern diese „aufgeklärt, durchdacht, analytisch, wohlberechnet und vorausschauend" sind (Foucault 2004a, S. 110). Sie macht die Bevölkerung folglich als Bereich des Wissens und der Intervention sichtbar.[18] Ihre Vertreter fordern im 18. Jahrhundert aber auch wissenschaftliche Rationalität als unbedingt notwendige Grundlage guter Regierung. In weiterer Folge beginnen sich Wissenschaft und Entscheidung voneinander abzusetzen: einerseits „eine Wissen-

---

[18] Dem liegt der Bedeutungswandel zugrunde, den der Begriff der Ökonomie durch seine Übertragung von der Lenkung des Hauses auf die Lenkung des Staates durchlaufen hat.

schaftlichkeit, die immer mehr ihre theoretische Reinheit beanspruchen, die die
Ökonomie sein wird", die andererseits „zugleich das Recht einfordern wird, von
einer Regierung berücksichtigt zu werden, die ihre Entscheidung nach ihr auszurichten hat" (Foucault 2004a, S. 504). Regierung wird damit zur „Kunst, die Macht
in der Form der Ökonomie auszuüben" (Foucault 2004a, S. 144–145).

Sicherheitsdispositive stellen das charakteristische technische Instrument der
Regierung des modernen Staates dar. Da sich mit dem Aufkommen der Bevölkerung der Blick von Regierung auf ‚natürliche Phänomene' richtet, die nicht durch
Systeme von Aufforderungen, Befehlen oder Verboten zu reglementieren sind, sondern vielmehr respektiert, beachtet und berücksichtigt werden müssen, hat sich
Regierung auf deren Verwaltung durch Beeinflussung, Erleichterung oder Anrei-
zung zu beschränken. Es werden folglich Mechanismen der Sicherheit eingerichtet, Formen staatlicher Intervention, deren wesentliche Funktion darin besteht, die
Sicherheit dieser natürlichen Phänomene, dieser für die Bevölkerung wesentlichen
Prozesse (wie etwa wirtschaftliche) zu garantieren (Foucault 2004a, S. 506). Sofern
es sich hierbei um Erfassung und Steuerung von Leben, von biologischen Prozessen – etwa im Hinblick auf Geburten- und Sterberaten oder Lebenserwartung –
handelt, spricht Foucault von Biopolitik. Sicherheitsmechanismen werden hierbei
„um dieses Zufallsmoment herum, das einer Bevölkerung von Lebewesen inhärent
ist", errichtet, um „das Leben zu optimieren" (Foucault 2001, S. 290). Sicherheit
fungiert folglich als Oberbegriff für den Gegenstand auf die Regierung von Bevöl-
kerungen zielender Maßnahmen, Sicherheitsmechanismen sind als regulierende
Kontrollen im weitesten Sinn zu verstehen.

Entsprechend unterscheidet Foucault Normierung und Normalisierung als wesentliche Machttechnologien. Während die Funktion von Gesetzen darin besteht,
Normen zu kodifizieren, sind darüber hinaus Normierungsprozesse im Rahmen
von Disziplin und Normalisierungsprozesse im Rahmen von Sicherheit zu differenzieren. Während ein Gesetzessystem das, was unbestimmt ist, erlaubt, verfügt
ein Disziplinarsystem das, was getan werden muss; das Unbestimmte erweist sich
hierbei als untersagt. Im Rahmen von Disziplin wird zunächst ein in Bezug auf
ein zu erzielendes Resultat optimales Modell als Norm gesetzt, um Übereinstimmung zwischen diesem und den Menschen, Gesten, Akten herzustellen. Normal ist
schließlich, was sich der Norm fügt – was nicht dazu gewillt oder in der Lage ist,
gilt als anormal. Durch die Norm wird so die Bestimmung und Kennzeichnung von
Normalem und Anormalem ermöglicht. Diesen Prozess bezeichnet Foucault als
Normierung.[19] Normalisierung folgt im Kontext von Sicherheitsdispositiven hin-

---

[19] Er setzt hierfür den Begriff *normation* ein. In früheren Arbeiten nennt Foucault diesen
Prozess Normalisierung, in Abgrenzung zu Sicherheitsmechanismen präzisiert er schließlich
Normation und Normalisierung.

gegen einer anderen Logik. Hier dient das als Ergebnis statistischer Analyse fest-
gestellte ‚empirisch Normale‘ als Ausgangspunkt. In der Bevölkerung auftretende
Phänomene werden im Zuge ihrer statistischen Erfassung mit Normalitätskurven
verknüpft und ermöglichen damit eine Ortung von Normalem und Anormalem.
Die Normalitätskurven, die in ihnen ausgedrückten Häufigkeiten, dienen schließlich als Norm. Die Norm leitet sich also vom Normalen ab. Normalisierung besteht
darin, als ungünstig betrachtete Normalitätsverteilungen auf als günstig eingestufte
zurückzuführen, und zielt dabei auf eine „fortschreitende Aufhebung der Phänomene durch die Phänomene selbst" (Foucault 2004a, S. 102), um sie so in akzeptab-
len Schranken zu halten. Wie die Souveränität mittels Recht setzt die Disziplin prä-
skriptive Normen, während Sicherheitstechniken Normen als ‚optimales Mittel‘ auf
Basis empirischer Normalität etablieren. An Disziplinarmechanismen koppelt sich
folglich Normierung, an Sicherheitsmechanismen Normalisierung (vgl. Foucault
2004a, S. 88–90). Mit der Einsetzung von Sicherheitsmechanismen verschwinden
Gesetz und Disziplin jedoch als Machttechnologien nicht, sie ergänzen diese vielmehr.

Foucaults Analyse der Gouvernementalität der Gegenwart lässt sich zu einer
Analyse von Geschlechtergouvernementalität erweitern, indem ihre Bezugspunkte
entsprechend vergeschlechtlicht und ihre inhärente Geschlechtlichkeit deutlich gemacht werden. So treten im Schatten des Bevölkerungstopos auch die Geschlechter
hervor, Bevölkerung wird nach Geschlecht gespalten und hierarchisiert: Denn die
‚Natur‘ der Geschlechter wird nun von den entstehenden modernen Wissenschaften ergründet. Physiologie, Anthropologie und Medizin bringen ‚wahre‘ Diskurse
hervor, die die Unterschiede von Mann und Frau in ihren Körpern ausforschen,
und schreiben damit im Körper die ‚unabänderliche‘ Natur der Geschlechter fest
(vgl. Honegger 1991; Laqueur 1992; Schaps 1992). ‚Die Frau‘ wird dabei als Ab-
weichung von ‚dem Mann‘ konstruiert, zum schwachen Geschlecht stilisiert, die
Fragilität ihres Körpers entdeckt. Die störungsanfällige weibliche Physis wird zur
Erhaltung ihrer gesellschaftlichen Aufgabe schließlich für schutzbedürftig erklärt
und ins Haus verbannt.

Die politische Ökonomie verleiht den erkundeten körperlichen Differenzen der
Geschlechter mit der Zuweisung unterschiedlicher Aufgaben und Positionen ihre
gesellschaftliche Relevanz.[20] Mit der politischen Ökonomie wird das Modell der
Lenkung des Hauses durch den *pater familias* auf den Staat übertragen, das Haus

---

[20] Weibliche Gebärfähigkeit figuriert dabei – vor dem Hintergrund der Vermögensmehrung
des Staates, dessen Reichtum an der Bevölkerungszahl gemessen wird, und dem Arbeits-
kräftebedarf der neuen kapitalistischen Produktionsweise – vor allem als Untersatz politöko-
nomischer Überlegungen zur Bevölkerungsentwicklung, die sich weit in das 19. Jahrhundert
hinein erstrecken.

selbst aus dem Bereich ökonomischen Wissens verdrängt und Exklusion von Frau-
en – mit Ausnahme von Arbeiterinnen und Dienstbotinnen – aus der Ökonomie
gleichermaßen vorausgesetzt und vollzogen (vgl. Michalitsch 2010).

Sicherheitsdispositive als technische, auf Verwaltung der Bevölkerung gerichte-
te Instrumente von Regierung implizieren folglich auch Elemente der Gewährleis-
tung binär-hierarchischer Geschlechterordnung. Sie treten neben Recht und Disziplin, um diese abzusichern, und gewinnen vor allem im Laufe des 20. Jahrhunderts in dem Maße an Bedeutung, in dem das Recht als deren Garant zurücktritt.
Sicherheitsmechanismen lassen sich folglich auch als spezifische Mechanismen
zur Stabilisierung von Geschlechterhierarchien deuten. Um Geschlechtergouvernementalität im Rahmen gesellschaftstheoretischer Analysen aufzuzeigen, wären
diese Bezugspunkte jeweils spezifisch zu untersuchen.

3.5 Herrschaft

Regierung bildet eine Schnittstelle zwischen Macht und Herrschaft, sie vermittelt
zwischen offenen Machtbeziehungen als strategischen Spielen und Herrschaftszuständen, denn diese werden mit Hilfe von Regierungstechniken errichtet und aufrechterhalten. Herrschaft bezieht Foucault auf einen Zustand der Erstarrung und
Unbeweglichkeit von Machtbeziehungen. Seiner Perspektive, Macht ‚von unten‘ zu
analysieren, folgend, elaboriert er den Begriff Herrschaft jedoch nicht. Im Kontext
der ‚Mikrophysik der Macht‘ differenziert Foucault nicht zwischen Herrschaft und
Macht, um einerseits die Problematik moralisch-rechtlicher Legitimität von Macht
ebenso wie Vorstellungen eines herrschaftsfreien Raumes angesichts der Omnipräsenz von Macht zu vermeiden, aber auch um die Aufmerksamkeit auf materielle
Praktiken statt auf staatlich-institutionelle Apparate zu fokussieren (vgl. Lemke
1997, S. 306). Nur vereinzelt spricht er von Herrschaftszuständen, die dadurch charakterisiert seien, dass es – etwa durch Einsatz ökonomischer, politischer oder mi-
litärischer Instrumente – „einem Individuum oder einer gesellschaftlichen Gruppe
gelingt, ein Feld von Machtbeziehungen zu blockieren, sie unbeweglich und starr
zu machen und jede Umkehrung der Bewegung zu verhindern" (Foucault 2005,
S. 878).

Überschneidungen von Machtbeziehungen lassen Foucault folgend „allgemeine Gegebenheiten der Herrschaft hervortreten" (Foucault 1978, S. 211). Herrschaft
organisiert sich „als mehr oder weniger kohärente und einheitliche Strategie" (Foucault 1978, S. 211). Die verstreuten, heteromorphen und lokalen Prozeduren der
Macht werden „durch diese globalen Strategien readjustiert, verstärkt und transformiert, und all das mit zahlreichen Erscheinungen von Trägheit, mit Verlagerungen
und Widerständen" (Foucault 1978, S. 211). Herrschaft entspricht folglich keiner

binären Struktur von Herrschenden und Beherrschten, sondern einer „vielförmi-
ge[n] Produktion von Herrschaftsverhältnissen, die partiell in Gesamtstrategien in-
tegrierbar sind" (Foucault 1978, S. 211). Sie bezieht sich demnach auf die Subjekte
in ihren gegenseitigen Beziehungen, „die vielfältigen Unterwerfungen, die sich innerhalb des sozialen Körpers vollziehen und funktionieren" (Foucault 2001, S. 41).
Es sind vielschichtige, sich in Produktionsapparaten, Familien, einzelnen Gruppen
und Institutionen ausbildende und wirkende Kräfteverhältnisse, die „als Basis für
weitreichende und den gesamten Gesellschaftskörper durchlaufende Spaltungen
dienen. Diese bilden dann eine große Kraftlinie, die die lokalen Konfrontationen
durchkreuzt und verbindet" (Foucault 1983, S. 115) und dabei auch Angleichun-
gen, Homogenisierungen, Serialisierungen und Konvergenzen herbeiführen kann.
„Die großen Herrschaftssysteme sind Hegemonie-Effekte, die auf der Intensität all
jener Konfrontationen aufruhen" (Foucault 1983, S. 115–116).[21]

Die Analyse der Macht auf Herrschaft auszurichten, bedeutet folglich, deren
materielle Träger, Formen der Unterwerfung, Verflechtungen und Verwendungen
der lokalen Systeme dieser Unterwerfung und nicht zuletzt ihre Wissensdispositive
zu explizieren (vgl. 2001, S. 49). Hiermit scheint schließlich auch eine Herange-
hensweise für die Untersuchung von Geschlechterverhältnissen als Herrschaftsverhältnissen skizziert.

4 Abschließende Anschlüsse

Foucaults Machtanalyse setzt somit auf mindestens sechs Ebenen an: den strategischen Beziehungen von Macht, Wahrheit, Regierung, ihren Rationalitäten und
Techniken sowie Herrschaft, die im Hinblick auf *GeschlechterGesellschaftsTheorien*
der Gegenwart als Leitlinien einzusetzen und auf Geschlecht hin zu fokussieren
wären. Dies hieße, das gesellschaftliche System von Geschlechterreproduktion, mit
dem die Kategorie Geschlecht in ihrer binären Ausprägung von Männlichkeit und
Weiblichkeit stets neu hergestellt wird, sowie Geschlecht als multidimensionale
strukturelle Kategorie und Geschlechterverhältnisse als omnipräsente Machtverhältnisse zu untersuchen. Eine solche Analyse, die, von Geschlechtermacht ausgehend, an der gleichzeitigen Formierung und Entwicklung von Gesellschaft und
Geschlecht ansetzt, richtet sich auf das gesamte gesellschaftliche, Dispositive for-
mierende Netz diskursiver und nicht-diskursiver Praktiken, die Geschlecht (re-)

---

[21] Dem Recht kommt in diesem Kontext eine besondere Rolle zu, denn es vermittelt und ver-
wirklicht Herrschaftsverhältnisse (vgl. Foucault 2001, S. 41). Diskurs und Technik des Rechts
haben dabei die Funktion, Herrschaft gleichsam zu verbergen und an ihrer Stelle „zum einen
die legitimen Rechte der Souveränität, zum anderen die gesetzmäßige Verpflichtung zum
Gehorsam" (Foucault 2001, S. 41) erscheinen zu lassen.

produzieren. Sie verdeutlicht deren immanente Verwobenheit, indem sie das gesellschaftliche Geschlechtertableau aufspannt, Geschlecht in seinen allgemeinen wie spezifischen Konstitutionsbedingungen, in seiner Komplexität und Variabilität von Geschlechtermacht und zirkulierender Geschlechterwahrheit erfasst.

Von Foucault ausgehend ließe sich demnach ein ebenso offener wie integrativer Rahmen gesellschaftstheoretischer Analyse eröffnen, der Mikro-, Meso- und Makrountersuchungen von Geschlechterverhältnissen Platz bietet. Dies spiegelt sich auch in Foucaults Verständnis von Kritik, das meines Erachtens nicht zuletzt geschlechterkritischen Gesellschaftsanalysen einen integrierenden Orientierungsrahmen eröffnet.

Die kritische Haltung, eine ebenso politische wie moralische, charakterisiert Foucault als „Kunst[,] nicht dermaßen regiert zu werden" (Foucault 1992, S. 12). Kritik manifestiere sich darin, dass sich „das Subjekt das Recht herausnimmt, die Wahrheit auf ihre Machteffekte hin zu befragen und die Macht auf ihre Wahrheitsdiskurse hin" (Foucault 1992, S. 15). Kritik ist für Foucault folglich die „Kunst der freiwilligen Un-Knechtschaft, der reflektierten Unfügsamkeit" (Foucault 1992, S. 15). Ihr kommt die Funktion von Ent-Unterwerfung gegenüber der Politik der Wahrheit zu.[22] Das zentrale Moment der Kritik besteht für Foucault dabei in der Bezugnahme auf Macht und eine entsprechende „Ereignishaftigkeitsprüfung" oder „Ereignishaftmachung" (1992, S. 30), mit der Verschränkungen von Zwangsmechanismen und Erkenntnisinhalten aufgegriffen und Erkenntnisinhalte auf Machteffekte hin untersucht werden, indem Verweise und Stützen zwischen Erkenntnisinhalten und Zwangsmechanismen, Gründe für Machtwirkungen bestimmter Erkenntniselemente und für rationale, kalkulierte, technisch effiziente Formen und Rechtfertigungen von Zwangsverfahren identifiziert werden.

> Die Kritik [...] besteht darin zu bestimmen, unter welchen Bedingungen und mit welchen Auswirkungen sich eine Veridiktion vollzieht, d. h. abermals eine Art der Formulierung, die von bestimmten Regeln der Verifikation und Falsifikation abhängt. (Foucault 2004b, S. 61)

Im Hinblick auf Kritik tritt damit an die Stelle der Frage nach Legitimität die Frage nach Akzeptabilität und tatsächlicher Akzeptanz von Erkenntnis, die über eine Analyse „des Nexus von Macht-Wissen, der die Tatsache seines Akzeptiertseins

---

[22] Hierbei bezieht sich Foucault (1992) auf Kants Fassung von Aufklärung im Verhältnis zu Unmündigkeit, wie er sie in seinem 1784 veröffentlichten Aufsatz zur *Beantwortung der Frage: Was ist Aufklärung?* (Kant 1999) – Foucaults Titel *Was ist Kritik?* lehnt sich daran an – entwickelt.

auf das hin verständlich macht, was es akzeptabel macht" (Foucault 1992, S. 34), zu erschließen sei.

Folglich gehe „es nicht um einen Kampf ‚für die Wahrheit'" (Foucault 1978, S. 53), „sondern um den Status der Wahrheit und um ihre ökonomisch-politische Rolle" (1978, S. 53).[23] Nicht Bewusstseinswandel stehe dabei im Zentrum, sondern „die Veränderung des politischen, ökonomischen und institutionellen Systems der Produktion von Wahrheit. [... d]ie politische Frage ist nicht der Irrtum, die Illusion, das entfremdete Bewußtsein oder die Ideologie, sie ist die Wahrheit selbst" (Foucault 1978, S. 54).

Herrschende Wahrheiten, festgefügte Evidenzen ihrer Selbstverständlichkeit zu berauben, bedeutet in einem Foucaultschen Horizont geschlechter- wie gesellschaftstheoretischer Fragen, heutigen Gesellschaften historisierend ihre Zwangsläufigkeit zu nehmen, ihre Macht und ihre Wahrheit in ihrem Funktionieren, ihren Bedingungen und ihren Effekten sichtbar zu machen und das zu dechiffrieren, was sie akzeptabel macht. Geschlechterkritische Gesellschaftstheorie wäre dann als von Individuen über Institutionen bis hin zu Strukturen reichende Analyse von Geschlechtermacht und -wahrheit in ihrer Verflechtung aufzufassen: die Macht des Geschlechts mit der Wahrheit des Geschlechts zu verknüpfen. In diesem Kontext schiene mir insbesondere eine geschlechterkritische Analyse von Geschlechtermacht und -wahrheit im Hinblick auf die politische Ökonomie und politökonomisches Wissen – sowohl in seiner wissenschaftlichen Produktion wie seiner medialen und erzieherischen Zirkulation – in ihrer wechselseitigen Bezogenheit viel versprechend, um die Aufmerksamkeit von Geschlechterforschung gerade im Zeichen ökonomischer Krise verstärkt auf den Konnex von Produktionsverhältnissen, Geschlecht, Begehren und Begriffsformierung zu lenken.

Dies bedeutet schließlich, Subjekte und Objekte in ihren miteinander verschränkten Konstitutionsbedingungen und ihren Verhältnissen zueinander historisch-nominalistisch zu untersuchen, ohne die stets lauernde Frage nach Selbst-Befragung auszuschließen: nach der in den Subjekten, in *uns*, verankerten Macht, nach all ihren Wirkungsfacetten, nach dem, wie sie *uns* macht. Welche Begriffe wären einem solchen Unterfangen angemessen? Welche Begriffe ermöglichen, solche Fragen zu stellen und das der Bestimmung Entzogene zu fassen? Welches Wissen wäre denn zu produzieren? Aber auch: Welchen Gehorsam und welche Fügung verlangt Wissenschaft, um von ihren Trägern und Institutionen akzeptiert zu werden? Und was verbindet sich damit hinsichtlich ihrer – *unserer* – stets politischen

---

[23] Eine besondere Rolle kommt dabei Intellektuellen zu, deren fundamentale politische Aufgabe darin bestehe, Möglichkeiten einer neuen Politik der Wahrheit auszuloten.

Artikulationen: Was ist Selbst-Bestimmung politischer Subjekte, worin besteht ihre Freiheit und ist es nicht gerade auch sie, die uns regiert? Anders formuliert: Kann Geschlecht von Herrschaft gelöst werden? Wäre dann noch von ‚Geschlecht' zu sprechen? Lässt sich eine Gesellschaft ohne Geschlecht denken? Ließe sich der abendländischen Tradition eingeschriebene Geschlechtermacht letztlich jemals überwinden? Und müsste auf dem Weg einer solchen Suche nicht gerade das verlauten, was ungesagt bleibt, zum Schweigen verurteilt oder ungehört verhallt, was als Wissen disqualifiziert wird?

Literatur

Bartky, Sandra Lee. 1997. Foucault, femininity, and the modernization of patriarchal power. In *Feminist social thought: A reader*, Hrsg. Diana Tietjens Meyers, 92–111. New York.
Bührmann, Andrea D. 1995. *Das authentische Geschlecht. Die Sexualitätsdebatte der neuen Frauenbewegung und die Foucaultsche Machtanalyse*. Münster.
Bührmann, Andrea D. 2001. Geschlecht und Subjektivierung. In *Michel Foucault. Eine Einführung in sein Denken*, Hrsg. Marcus S. Kleiner, 123–136. Frankfurt a. M.
Bührmann, Andrea D. 2005. Die Politik des Selbst. Rezeptionssperren und produktive Aneignungen der Foucault'schen Studien zur Gouvernementalität. In *Forschungsfeld Politik. Geschlechtskategoriale Einführung in die Sozialwissenschaften*, Hrsg. Cilja Harders, Heike Kahlert und Delia Schindler, 175–192. Wiesbaden.
Butler, Judith. 1991. *Das Unbehagen der Geschlechter*. Frankfurt a. M.
Butler, Judith. 1995. *Körper von Gewicht. Die diskursiven Grenzen des Geschlechts*. Berlin.
Butler, Judith. 2003. Noch einmal: Körper und Macht. In *Michel Foucault. Zwischenbilanz einer Rezeption*, Hrsg. Axel Honneth und Martin Saar, 52–70. Frankfurt a. M.
Deleuze, Gilles, und Félix Guattari. 1974. *Anti-Ödipus. Kapitalismus und Schizophrenie 1.* Frankfurt a. M.
do Mar Castro Varela, María, und Nikita Dhawan. 2010. *Postkoloniale Theorie. Eine kritische Einführung*. Bielefeld.
Eribon, Didier. 1993. *Michel Foucault. Eine Biographie*. Frankfurt a. M.
Ewald, François. 1978. Foucault – Ein vagabundierendes Denken. In *Dispositive der Macht. Über Sexualität, Wissen und Wahrheit*, Hrsg. Michel Foucault, 7–20. Berlin.
Foucault, Michel. 1973 [1961]. *Wahnsinn und Gesellschaft. Eine Geschichte des Wahns im Zeitalter der Vernunft*. Frankfurt a. M.
Foucault, Michel. 1978. *Dispositive der Macht. Über Sexualität, Wissen und Wahrheit*. Berlin.
Foucault, Michel. 1983 [1976]. *Der Wille zum Wissen. Sexualität und Wahrheit 1*. Frankfurt a. M.
Foucault, Michel. 1992. *Was ist Kritik?* Berlin.
Foucault, Michel. 1993a [1984]. *Der Gebrauch der Lüste. Sexualität und Wahrheit 2*. Frankfurt a. M.
Foucault, Michel. 1993b [1984]. *Die Sorge um sich. Sexualität und Wahrheit 3*. Frankfurt a. M.
Foucault, Michel. 1994 [1969]. *Archäologie des Wissens*. Frankfurt a. M.
Foucault, Michel. 1996 [1971]. *Die Ordnung des Diskurses*. Frankfurt a. M.
Foucault, Michel. 2001 [1996]. *In Verteidigung der Gesellschaft*. Frankfurt a. M.

Foucault, Michel. 2004a. *Geschichte der Gouvernementalität I. Sicherheit, Territorium, Bevölkerung.* Frankfurt a. M.

Foucault, Michel. 2004b. *Geschichte der Gouvernementalität II. Die Geburt der Biopolitik.* Frankfurt a. M.

Foucault, Michel. 2004c. *Hermeneutik des Subjekts.* Frankfurt a. M.

Foucault, Michel. 2005. *Dits et Ecrits. Schriften IV, 1980–1988.* Frankfurt a. M.

Foucault, Michel. 2007a. [1980]. Das wahre Geschlecht. In *Ästhetik der Existenz. Schriften zur Lebenskunst,* Michel Foucault, 58–67. Frankfurt a. M.

Foucault, Michel. 2007b [1999]. *Die Anormalen.* Frankfurt a. M.

Fox Keller, Evelyn. 1998. *Liebe, Macht und Erkenntnis. Männliche oder weibliche Wissenschaft.* Frankfurt a. M.

Fox Keller, Evelyn, und Helen E. Longino, Hrsg. 1996. *Feminism and science.* Oxford.

Honegger, Claudia. 1991. *Die Ordnung der Geschlechter. Die Wissenschaften vom Menschen und das Weib 1750–1850.* Frankfurt a. M.

Jagose, Annamarie. 1996. *Queer Theory. Eine Einführung.* Berlin.

Kant, Immanuel. 1999. Beantwortung der Frage: Was ist Aufklärung? In *Was ist Aufklärung? Ausgewählte kleine Schriften,* Hrsg. Horst D. Brandt, 20–27. Hamburg.

Laqueur, Thomas. 1992. *Auf den Leib geschrieben. Die Inszenierung der Geschlechter von der Antike bis Freud.* Frankfurt a. M.

Lederman, Muriel, Hrsg. 2001. *The gender and science reader.* London.

Lemke, Thomas. 1997. *Eine Kritik der politischen Vernunft. Foucaults Analyse der modernen Gouvernementalität.* Berlin.

MacNay, Lois. 1992. *Foucault and feminism: power, gender and the self.* Boston.

Maihofer, Andrea. 1995. *Geschlecht als Existenzweise. Macht, Moral, Recht und Geschlechterdifferenz.* Frankfurt a. M.

Maihofer, Andrea. 2001. Geschlechterdifferenz – eine obsolete Kategorie? In *Das Subjekt und die Anderen. Interkulturalität und Geschlechterdifferenz vom 18. Jahrhundert bis zur Gegenwart,* Hrsg. Herbert Uerlings, 55–72. Berlin.

McLaren, Margaret A. 2002. *Feminism, Foucault, and embodied subjectivity.* Albany.

Michalitsch, Gabriele. 2010. Geschlechterregierung und politische Ökonomie. Was Adam Smith damit zu tun hat, dass Frauen heute weniger als Männer verdienen. In *L'Homme. Europäische Zeitschrift für Feministische Geschichtswissenschaft* 21 (2): 119–133.

Niekant, Renate, und Uta Schuchmann, Hrsg. 2003. *Feministische ErkenntnisProzesse. Zwischen Wissenschaftstheorie und politischer Praxis.* Opladen.

Reich, Wilhelm. 1927. *Zur Funktion des Orgasmus. Zur Psychopathologie und zur Soziologie des Geschlechtslebens.* Leipzig.

Reich, Wilhelm. 1932. *Der Einbruch der Sexualmoral.* Berlin.

Sarasin, Philipp. 2005. *Michel Foucault zur Einführung.* Hamburg.

Sauer, Birgit. 1997. *Geschlecht, Emotion und Politik.* Wien.

Sauer, Birgit. 2007. Politik der Gefühle – Gefühle der Politik. Eine geschlechtssensible Perspektive zur Gefühls-Wissens-Ordnung der Moderne. In *Wissen in Bewegung. Vielfalt und Hegemonie in der Wissensgesellschaft,* Hrsg. Sabine Ammon, 181–191. Weilerswist.

Sawicki, Jana. 1994. Foucault, feminism, and questions of identity. In *The Cambridge companion to Foucault,* Hrsg. Gary Gutting, 286–313. Cambridge.

Schaps, Regina. 1992. *Hysterie und Weiblichkeit. Wissenschaftsmythen über die Frau.* Frankfurt a. M.

Sennelart, Michel. 2004. Situierung der Vorlesungen. In *Geschichte der Gouvernementalität I. Sicherheit, Territorium, Bevölkerung,* Hrsg. Michel Foucault, 527–571. Frankfurt a. M.

Spivak, Gayatri Chakravorty. 2005. Feminismus und Dekonstruktion, noch einmal: Mit uneingestandenem Maskulinismus in Verhandlung treten. In *Forschungsfeld Politik. Geschlechtskategoriale Einführung in die Sozialwissenschaften*, Hrsg. Cilja Harders, Heike Kahlert und Delia Schindler, 239–258. Wiesbaden.

Visker, Rudi. 1991. *„Michel Foucault". Genealogie als Kritik*. München.

West, Candace, und Don H. Zimmermann. 1987. Doing gender. *Gender and Society* 1 (2): 125–151.

‚Gender' und die Soziologie der Kosmopolitisierung

Angelika Poferl

Zusammenfassung

Der Beitrag befasst sich mit der von Ulrich Beck entwickelten Soziologie der Kosmopolitisierung und geht der Bedeutung dieses theoretischen, methodologischen und empirisch-analytischen Ansatzes für eine Soziologie der Geschlechterverhältnisse nach. Ausgehend von dem kosmopolitischen Anspruch, eine neue Perspektive der sozialwissenschaftlichen Beschreibung und Erklärung sich wandelnder politischer und weltgesellschaftlicher Verhältnisse am Beginn des 21. Jahrhunderts zu liefern, wird argumentiert, dass dies nicht nur den Verzicht auf einen methodologischen Nationalismus, sondern auch die Überwindung eines Androzentrismus der sozialwissenschaftlichen Analyse erfordert. Einen übergeordneten Gesichtspunkt der Argumentation bilden die weitreichenden gesellschaftstheoretischen Folgen einer Ausblendung der Geschlechterdimension, zugleich aber auch die Probleme allzu rigoroser kategorialer Setzungen, die methodische Offenheit und kosmopolitisches Denken gleichermaßen erfordern.

'Gender' and the Sociology of Cosmopolitanization

Abstract

The article deals with the sociology of cosmopolitanization developed by Ulrich Beck and looks into the relevance of this theoretical, methodological and empirical approach for a sociology of gender. Starting from the cosmopoliti-

A. Poferl (✉)
Fachbereich Sozial- und Kulturwissenschaften, Hochschule Fulda, University of Applied Sciences, Marquardstr. 35, 36039 Fulda, Deutschland
E-Mail: angelika.poferl@sk.hs-fulda.de

H. Kahlert, C. Weinbach (Hrsg.), *Zeitgenössische Gesellschaftstheorien und Genderforschung,* Gesellschaftstheorien und Gender,
DOI 10.1007/978-3-531-19937-5_7, © Springer Fachmedien Wiesbaden 2015

cal demand to deliver a new perspective for the description and explanation of
changing political and (world)societal structures at the beginning of the 21st
century, it is argued, that this requires not just to give up a methodological nationalism but also to abstain from an androcentrism of social-scientific analysis. One leading point of view is concerned with the far reaching theoretical
consequences of ignoring the dimension of gender but also the problems of too
rigorous categorial fixations which make it necessary to introduce methodical
openness and a way of cosmopolitical thinking.

1 Einleitung

Der von Ulrich Beck entwickelte Ansatz einer Soziologie der Kosmopolitisierung
beansprucht, eine neue Perspektive der sozialwissenschaftlichen Beschreibung und
Erklärung zu liefern und die Analyse des Wandels gegenwärtiger politischer und
weltgesellschaftlicher Verhältnisse auf neue Grundlagen zu stellen. Konzentriert
auf eine Kritik des „methodologischen Nationalismus" (Beck 1998, S. 46)[1] einerseits, sich absetzend von soziologisch unbedarften Philosophien des Kosmopolitismus andererseits geht es darum, Prozesse der Verflechtung und Re-Strukturierung
gesellschaftlicher Lebens- und Handlungszusammenhänge über nationalstaatliche
Grenzen hinweg in den Fokus der Theoriebildung und Forschung zu rücken und
die Aufmerksamkeit der Gesellschaftsanalyse auf die Entwicklung eines „realexis-
tierenden Interdependenzzusammenhang[s]" (Beck 2004b, S. 19) zu richten. Im
Unterschied zu verwandten Konzepten der Transnationalisierung, Globalisierung
oder Glokalisierung, deren vielfältige Anregungen aufgenommen werden, betont
Beck die Entstehung eines gemeinsamen Erfahrungs-, Handlungs- und Verantwor-
tungsraumes, der gleichwohl nicht als ‚Einheit' begriffen werden kann, des Weiteren die Existenz des „internalisierten" (Beck 2002b, S. 18) bzw. „globalen Anderen'
in unserer Mitte" (Beck und Sznaider 2011, S. 418) sowie die Notwendigkeit einer
Anerkennung der „Andersheit des Anderen" (Beck 2002b, S. 18),[2] die zu den empirischen wie epistemologischen Voraussetzungen einer Soziologie der Kosmopoliti-

---

[1] Den Begriff des „methodologischen Nationalismus" übernimmt Beck von Anthony Smith
(1995), diskutiert ihn aber kritisch als eine sozialwissenschaftliche Grundprämisse der Ersten
Moderne, die angesichts durchgreifender Globalisierung und Transnationalisierung ihre Be-
rechtigung verliert.

[2] Stellenweise spricht Beck (z. B. Beck 2004b, S. 16) von der Andersheit nicht des, sondern
„der" Anderen, womit eher konkrete Personen oder soziale Gruppen (z. B. Angehörige anderer Kulturkreise) assoziiert sind. Die Verwendung des Singulars verweist dagegen auf die
‚andere' Seite von Unterscheidungen, was die Taxonomie verschiedenster sozialer Phänomene bis hin zu den Grenzen des Sozialen selbst betreffen kann. Für den Kosmopolitisierungsansatz sind beide Verwendungsweisen von Bedeutung.

sierung gehören. Die Metapher des „kosmopolitischen Blicks" (Beck 2004b) steht für eine spezifische Sichtweise auf Gesellschaft, die es zugunsten der Eröffnung neuer Erkenntnismöglichkeiten einzunehmen gilt.

Abweichend von den breit rezipierten Schriften zur *Risikogesellschaft* und zur Individualisierungstheorie (Beck 1986; Beck-Gernsheim 1983; Beck und Beck-Gernsheim 1994, 2002), in denen der Wandel des Geschlechterverhältnisses in der „reflexiven" bzw. „Zweiten Moderne" einen zentralen theoriekonstitutiven Platz einnimmt, spielen gender-bezogene Themen in den später einsetzenden Ausarbeitungen einer Soziologie der Kosmopolitisierung keine systematisch ausgewiesene Rolle. Zwar sind vor allem die Schriften, die in Zusammenarbeit mit Elisabeth Beck-Gernsheim entstanden sind, durch eine hohe Sensibilität für Geschlechterfragen gekennzeichnet, die bspw. die Entstehung transnationaler Familien sowie die spezifischen Auswirkungen von Transnationalisierungsprozessen in weiblichen und männlichen Lebenszusammenhängen vor Augen hat; dazu liegen je eigene, sozialstrukturanalytisch und familiensoziologisch profilierte Schriften vor (Beck und Beck-Gernsheim 2011; vgl. auch Beck-Gernsheim 2007). In allgemeineren, theorierelevanten Hinweisen bspw. auf die Unabdingbarkeit der Menschenrechte im Rahmen einer kosmopolitischen Lage ist wiederum die besondere Lage von Frauen ‚mitgedacht'. Die folgenden Ausführungen beabsichtigen jedoch weder eine Werkexegese noch eine Spurenlese. Anhand ausgewählter Themen- und Problemstellungen werden Ausgangslagen, Ansatzpunkte und Potenziale für eine weiterführende Verknüpfung von Kosmopolitisierung und Geschlechterforschung aufgezeigt. Die ersten beiden Abschnitte widmen sich der gesellschaftstheoretischen Verankerung einer Soziologie der Kosmopolitisierung im Rahmen der Theorie reflexiver Modernisierung (2) und zeichnen die Grundannahmen der Theorie- und Forschungsprogrammatik nach (3). Daran anschließend werden Perspektiven einer kosmopolitischen Soziologie der Geschlechterverhältnisse entwickelt, die als solche begrifflich und material noch weitgehend unerschlossen ist. Sie beinhalten weiterführende gesellschaftstheoretische Überlegungen sowie mögliche verbindende Forschungs- und Diskussionsthemen (4). Einen übergeordneten Gesichtspunkt der Argumentation bilden die weitreichenden Folgen einer Ausblendung der Geschlechterdimension, zugleich aber auch die Probleme allzu rigoroser kategorialer Setzungen. Dies mündet in ein Plädoyer für die Unterscheidung von hermeneutischem Verstehen, methodischer Offenheit und kosmopolitischem Denken, wobei letzteres wiederum Auswirkungen auf das Verständnis gesellschaftstheoretischer Perspektivität hat. Vorgeschlagen wird, eine Hermeneutik der Gleichheit und Differenz zu entwickeln, die sich gesellschaftlichen Transformationen und der Entdeckung des Neuen zuwendet (5). Die Darstellungs- und Argumentationslogik des Beitrags ist dialogisch angelegt. ‚Innen-Ansichten' des Kosmopolitisierungsansatzes einerseits, Überlegungen zur Gender-Problematik andererseits werden aufeinander bezogen und synthetisiert, was ein Oszillieren zwischen beiden Seiten unumgänglich macht.

Die Soziologie der Kosmopolitisierung ist über weite Strecken auf die Bedingungen des Lebens und Handelns in einer globalisierten Welt und eine Klärung der damit verbundenen gesellschaftlichen Folgeerscheinungen ausgerichtet. Insofern ist mit dem Thema der Globalisierung ein wichtiger Referenzrahmen abgesteckt. Allerdings wäre es falsch, den Kosmopolitisierungsansatz darauf zu reduzieren. Wie zu zeigen sein wird, stehen *Entgrenzungsphänomene* und daraus sich ergebene *Re-Strukturierungen* im Mittelpunkt der gesellschaftstheoretischen Argumentation. Sie betreffen die – als wirkmächtig konstatierte und zugleich *in Frage gestellte* – Unterscheidung von ‚Wir‘ und ‚Anderen‘, aber bspw. auch die Erosion der Unterscheidungen von Natur und Gesellschaft, Krieg und Frieden, Vergangenheit und Zukunft, Wissen/Nicht-Wissen[3] und andere mehr. Nationale Zugehörigkeit übergreifende und nationalstaatsorientierte Optiken aushebelnde Entwicklungen stellen mithin nur ein, aber ein zentrales Merkmal insgesamt sehr viel umfassenderer ‚Kosmopolitisierungen‘ von Gesellschaft dar.

2   Der gesellschaftstheoretische Kontext: Reflexive Modernisierung und Zweite Moderne

Die Entfaltung der Theorie- und Forschungsperspektive einer Soziologie der Kosmopolitisierung stellt ein in den 1990er Jahren begonnenes und inzwischen weit ausgedehntes programmatisches Unterfangen dar. Sie ist theoretisch eng verknüpft mit der von Beck und anderen entwickelten Theorie „reflexiver Modernisierung" (Beck und Bonß 2001; Beck und Lau 2004), deren Fundamente bereits in den 1980er Jahren (Beck 1986) gelegt worden sind. Der explizite Gegenwartsbezug weist die Soziologie der Kosmopolitisierung wie auch die Theorie reflexiver Modernisierung zum einen als Zeitdiagnose aus: Im Blickpunkt stehen gesellschaftliche Entwicklungen des ausgehenden 20. und beginnenden 21. Jahrhunderts, die einen grundlegenden, empirisch beobachtbaren Wandel gesellschaftlicher Strukturen und Lebenswirklichkeiten anzeigen. Der historischen Rekonstruktion wie insbesondere auch der „Wiederkehr der Gesellschaftsgeschichte" (Beck et al. 2001, S. 26) wird zugleich ein wichtiger Stellenwert für die sozialwissenschaftliche Analyse zugewiesen. Die Einbindung in den Bezugsrahmen der Theorie reflexiver Modernisierung macht zum anderen den gesellschaftstheoretischen Anspruch deutlich: Entworfen werden spezifische Konzepte, operationale Kriterien und weiterführende Fragestellungen zur Beschreibung, Erklärung und empirisch-analytischen Durchdringung

---

[3] Je nach Ausrichtung der Diskussion werden in der Literatur unterschiedliche Oppositionspaare betont.

gesellschaftlicher Transformationsprozesse, die unter dem Begriff der Kosmopolitisierung firmieren.

Terminologisch auf den Nenner gebracht widmet sich die Theorie reflexiver
Modernisierung einer *Modernisierung der Moderne* (Beck und Bonß 2001), die auf
die kategorialen und institutionellen Grundlagen der Moderne – in ihrer domi-
nanten Ausformung des westlichen, nationalstaatlichen und industriegesellschaftlichen Modells – zurückschlägt und bislang gültige, auf vielfache Weise stabil ge-
haltene Leitideen, Unterscheidungen und Handlungskoordinaten unterminiert.
Reflexive Modernisierung resultiert aus Prozessen fortschreitender, radikalisierter
Modernisierung, die einen „*Meta-Wandel*" der Moderne (Beck et al. 2001, S. 12,
Herv. i. O.) einleiten. Angesichts der umfassenden Veränderung gesellschaftlicher
Wirklichkeiten sind die Sozialwissenschaften herausgefordert, ihre Bezugssysteme
und Begrifflichkeiten umzustellen – eine Forderung, die nicht nur reaktiv, sondern
projektiv zu verstehen ist, als unverzichtbarer Weg, über bekannte Strukturen und
eingeübte, historisch gebundene Betrachtungsweisen hinauszudenken. Die Theorie reflexiver Modernisierung geht von der Hypothese eines *Struktur- und Epochen-
bruchs* in Form der Unterscheidung von Erster (‚einfacher' industriegesellschaftli-
cher) und Zweiter (reflexiver) Moderne aus, wobei spätere Stadien der Theoriebildung (Beck et al. 2004) eine Verflechtung zwischen *Kontinuitäten* und *Diskontinuitäten* konstatieren. Insofern stellt reflexive Modernisierung eine *nicht-lineare*, von
Widersprüchen und Kontingenzen durchzogene Entwicklung dar. Von zentraler
Bedeutung ist das Theorem der *nicht-intendierten Nebenfolgen*, auf denen der an-
genommene Meta-Wandel aufruht. Besagt ist damit, dass die beschriebenen Struk-
turveränderungen weder auf absichtsvolles Handeln noch auf Aggregationseffekte
noch auf Reflexion im Sinn von Emanzipation und Aufklärung zurückzuführen
sind. Die Logik des Wandels ist vielmehr bestimmt von problematisch gewordenen
Entwicklungen der Ungewissheit, Uneindeutigkeit und Unsicherheit, die im Prinzip alle gesellschaftlichen Handlungsbereiche (z. B. Erwerbsarbeit, Unternehmens-
organisation, Familie und Privatheit, Politik, Wissenschaft, Technik) durchdringen
und als „Nebenfolgen *zweiter Ordnung* […] gesellschaftliche Institutionen *von innen her* in Frage stellen" (Beck et al. 2001, S. 32, Herv. i. O.). Infolge technisch-öko-
nomischer oder kulturell-politischer Neuerungen kommt es sowohl zu institutionellen *Funktionskrisen* als auch zu *Krisen der Legitimation*. Ihre je konkreten Ausprägungen sowie die gesellschaftlichen Umgangs- und Bewältigungsweisen geben
Aufschluss über *neue Formen der gesellschaftlichen Strukturierung* bzw. *Re-Strukturierung*, die der teils schleichenden, teils raschen Veränderung erstmoderner Muster folgen. Diese neuen Formen zu identifizieren und herauszuarbeiten stellt das
vorrangige gesellschaftstheoretische und empirisch-analytische Erkenntnisinteres-
se der Theorie reflexiver Modernisierung dar. Allgemeine sozialtheoretische Fra-

gen (etwa: Wie sind Handeln und Entscheiden zu begreifen? Woran bemisst sich Rationalität? Welchen Stellenwert hat Subjektivität?) sind dabei durchweg an die zeitdiagnostischen und gesellschaftstheoretischen Annahmen gebunden. Theorieorientierung und eine experimentierende, auf die „Suche nach Neuem" (Beck et al. 2001, S. 48) konzentrierte Methodik prägen das Forschungsverständnis.[4]

Hervorzuheben ist, dass die Theorie reflexiver Modernisierung sich von vorherein (auch) in einem Diskussionszusammenhang der „Entdeckung der Globalität" (Beck et al. 2001, S. 14) verortet und darin auf die neuere angelsächsische Globalisierungsliteratur, auf postkoloniale Positionen sowie die Vielfalt der Moderne(n)[5] Bezug nimmt. Allgemeine „Testkriterien" reflexiver Modernisierung setzen an Aspekten wie der „Vervielfältigung der Grenzen (bzw. Grenzziehungen)", dem „Zwang zu kontextuellen Grenzziehungen", der „Pluralisierung der Rationalitäten" und der „Erwartung des Unerwarteten" (Beck et al. 2001, S. 39) an. Im Zuge der Theorieentwicklung rückt dementsprechend das Verhältnis von „Entgrenzung und Entscheidung" (Beck et al. 2004, S. 13) in den Vordergrund. Entgegengesetzt zur Behauptung einer vollständigen Auflösung von Dualismen und klar definierbaren sozialen Sphären (wie sie der Postmoderne zugeschrieben wird), erhebt die Theorie reflexiver Modernisierung die „*Politik der Grenze in der entgrenzten Moderne*" zu einem leitenden Anliegen der soziologischen Klärung (Beck et al. 2004, S. 15, Herv. i. O.). Die Kritik an Ordnungs- und Handlungslogiken der Ersten Moderne zielt ab auf die Unangemessenheit der in Anspruch genommenen Trennschärfen zwischen „Kategorien von Menschen, Dingen und Tätigkeiten", „Handlungssphären und Lebensformen" sowie die „institutionelle Zuschreibung von Zuständigkeit, Kompetenz und Verantwortung" (Beck et al. 2004, S. 16), die an Begründbarkeit, Geltungskraft und gesellschaftlicher ‚Normalität' verlieren. Dem stehen Verschmelzungen ehedem streng getrennter Bereiche sowie eine Pluralität von Arbeits-, Familien-, Lebens-, Identitäts- und Bürgerrechtsformen gegenüber. Sie verlangen die Entwicklung einer institutionellen Logik, die „nicht mehr dem Prinzip des ‚Entweder-oder', sondern dem des ‚Sowohl-als-auch' folgt" (Beck et al. 2004, S. 16). In dieser Argumentation spiegelt sich eine Grundfigur der Beschreibung empirischer Überschneidungen und Durchdringungen, deren Beachtung im Theorierahmen reflexiver Modernisierung zugleich als epistemologisches Prinzip eingefordert und an verschiedenen Stellen als *Soziologie des ‚Und'* ausgeführt ist, d. h. als eine Soziologie, die ihrerseits die Einbindung in unterschiedliche Zusammenhänge, das Verbindende dieser Differenzen und die Entstehung neuer Sozialformen denken und erforschen kann (sie erweist sich darin als ein dialektisch angelegter Ansatz).

---

[4] Zur Perspektive einer experimentellen Soziologie vgl. bereits auch Poferl (1999).

[5] Vgl. dazu Therborn (1995) sowie Eisenstadt (2002); später: Beck/Grande (2010).

Die Leitidee eines Strukturwandels durch Entgrenzung und daraus resultie-render Dynamiken lässt sich auf die durch Globalisierungs- und Transnationali-sierungsprozesse beförderte *Unabschließbarkeit von Handlungs- und Erfahrungs-räumen* übertragen. Die Folgen dieser Erweiterung für das sozialwissenschaftliche Selbstverständnis sind weitreichend; jeglichem selbstreferentiellem Theorieuni-versalismus – das heißt auch: jeglichem „Fundamentalismus der Ersten Moderne" (Beck et al. 2004, S. 17) – wird eine Absage erteilt. Daraus erwachsen einerseits *nor-mative und politische Implikationen* der Theoriebildung, die an vorgetragene Kriti-ken der Moderne – hingewiesen wird bspw. auf die postkoloniale, die ökologische, die Menschenrechtskritik (vgl. Beck et al. 2001, S. 12) – anknüpfen kann und zur Selbstkritik veranlassen: „Normativ und politisch gewendet, schließt ,reflexive Mo-dernisierung' also auch die Selbstkritik, Redefinition, ja Reformation der (Ersten) Moderne ein" (Beck et al. 2001, S. 12). Andererseits stellen sich neue konzeptio-nelle und analytische Aufgaben. Das Wissen um eine *Pluralisierung der Modernen* innerhalb wie außerhalb der westlichen Welt einzubeziehen, die *Verflechtung von Modernen* zu berücksichtigen und schließlich der Frage möglicher *verschiedener Ausformungen einer Zweiten Moderne* (vgl. Beck et al. 2004, S. 18, Herv. A. P.) nach-zugehen, ist als ein dringliches Desiderat der Theoriebildung ausgewiesen.[6] Dazu hat auch die Entfaltung des Kosmopolitisierungsansatzes beigetragen.

3 Die Soziologie der Kosmopolitisierung als Theorie- und Forschungsprogrammatik

In den stark von der angelsächsischen Diskussion geprägten und seit Mitte der 1990er Jahre entstandenen Schriften zur Globalisierungstheorie und -forschung setzt Beck sich von einseitig ökonomisch und ideologisch besetzten Vorstellungen ab. Vorgeschlagen werden eigene, mehrdimensionale Begriffe von Globalisierung, Globalität und Weltgesellschaft, in denen sowohl der Aspekt der ,Fiktionalität' von Grenzen als auch der Verzicht auf Annahmen der Zentriertheit und Integration eine zentrale – gesellschaftstheoretisch konstitutive – Rolle einnehmen. Sein Kon-zept der Weltgesellschaft ist (in Anlehnung an Martin Albrow 1996) als nicht-in-tegrierte Differenz und Vielheit, als *„Vielheit ohne Einheit"* bestimmt (Beck 1998, S. 28, Herv. i. O.).[7] Zugleich weist Beck die *„Unrevidierbarkeit entstandener Globali-*

---

[6] Zur Verflechtung von Modernen vgl. Randeria (1999). Die „Varieties of Second Modernity" werden bei Beck und Grande (2010) behandelt.

[7] Die bei Beck eher lose Verwendung des Begriffs der Weltgesellschaft grenzt sich von sys-temtheoretischen Konzepten der Weltgesellschaft im Anschluss an Niklas Luhmann (1975) ebenso wie von neoinstitutionalistischen Ansätzen der Weltgesellschaft oder Weltkultur nach

tät" (Beck 1998, S. 29, Herv. i. O.) als ein wesentliches Unterscheidungsmerkmal zwischen Erster und Zweiter Moderne aus. Kriterien zur Überprüfung der Gültigkeit und politisch-gesellschaftlichen Relevanz der verwendeten Theoriebegriffe schließen ausdrücklich an Kategorien der Wahrnehmung und Handlungsorientierung an. Globalität gilt, mit anderen Worten, als „eine *nicht hintergehbare Bedingung menschlichen Handelns am Ausgang dieses Jahrhunderts"* (Beck 1998, S. 35, Herv. i. O.), die ihre Spuren in der durch massenmediale Inszenierungen gestützten Welterfahrung und im sozialen Handeln hinterlässt. Erst letzteres macht „*wahrgenommene, reflexive Weltgesellschaft"* (Beck 1998, S. 28, Herv. i. O.) aus.

Für den Entwurf einer Soziologie der Kosmopolitisierung[8] sind diese Annahmen elementar. Sie wird getragen von einer vielschichtigen Argumentation, aus der zwei wesentliche Punkte herauszugreifen sind: Mit der Ablehnung eines methodologischen Nationalismus der Gesellschaftsanalyse wird erstens die in Gestalt von „Container-Theorie[n]" (Beck 1998, S. 49) geübte Gleichsetzung von Nation und Gesellschaft sowie das Konstrukt der ‚Nationalstaatsgesellschaften' als unhaltbar und untauglich für eine gegenwartsbezogene Theoriebildung und Forschung zurückgewiesen. Die Unterwerfung des soziologischen Blicks unter die „ordnende Autorität – Macht und Gewalt – des Nationalstaates" (Beck 1998, S. 49) entbehrt jeglicher Grundlage zur Kennzeichnung ‚der' Gesellschaft oder ‚des' sozialen Raums schlechthin; gleiches gilt für die Prämisse spezifischer kollektiver Identitäten, gebunden an Nation, Klasse, ethnische Zugehörigkeit, Religion sowie die „abgrenzbaren Lebensformen von Männern und Frauen" (Beck 1998, S. 50), die Generalisierung systemischer Organisationsmuster und Eigenlogiken und nicht zuletzt die Selbstüberhöhungen moderner Gesellschaften als Manifestation des Fortschritts. Die Frage des *Gesellschaftsbegriffs* sowie der jeweils adäquaten *Analyseeinheiten* hat vielmehr – so die Forderung – selbst zu einem Gegenstand der methodologischen Reflexion zu werden. Entsprechend sind Prozesse der Globalisierung – und spezifischer dann: der Kosmopolitisierung – gerade *nicht* als Durchsetzung einer mehr oder weniger homogen strukturierten, nach nationalem Maßstab aufgebauten Welt zu begreifen. Zwischen wie innerhalb gedachter Einzelgesellschaften bleiben viel-

John W. Meyer (2005) ab. Geteilt werden weder die Homogenitätsannahmen einer vereinheitlichenden Weltkultur noch die Übertragung funktional-differenzierungstheoretischer Modelle auf eine globale Ebene.

[8] Das Bemühen, eine sozialwissenschaftliche Perspektive auf das Thema des Kosmopolitismus bzw. – nach Beck – der Kosmopolitisierung zu entwickeln, wird vor allem in der angelsächsischen Literatur verfolgt, die dazu inzwischen breit angewachsen ist. Vgl. exemplarisch etwa Cheah und Robbins (1998); Vertovec und Cohen (2002) sowie die in mehreren Sonderheften geführte Debatte (z. B. *Theory, Culture & Society; British Journal of Sociology; European Journal of Sociology; Public Culture*).

fache soziale, kulturelle und politische Ungleichheiten und Unterschiede bestehen oder bilden sich neu heraus, einschließlich nationalstaatlicher und als solche keineswegs (!) abgeschaffter Rahmenbedingungen des Handelns. Darüber hinaus jedoch, so ein zweiter Punkt, ist das sozialwissenschaftliche Konzept der ,Kosmopolitisierung' strikt von Philosophien des Kosmopolitismus bzw. normativ verstandener Weltbürgerlichkeit zu unterscheiden. Der Begriff der Kosmopolitisierung hat eine Doppelbedeutung. Er zielt einerseits auf gesellschaftliche Realitäten, die sich verändert haben: „Heute steht zur Diskussion, daß *die Wirklichkeit selbst kosmopolitisch geworden ist.*" (Beck 2004b, S. 8, Herv. i. O.). Er steht andererseits – verstanden als Perspektive *auf* Kosmopolitisierung, als kosmopolitischer *Blick* – für soziologische Aufklärung und ein methodologisches Konzept, das sich für den Wandel gesellschaftlicher Verhältnisse zu öffnen vermag. In der Einnahme eines solchen „Beobachterstandpunkt[es]" (Beck 2004b, S. 8) liegt somit eine epistemologische Notwendigkeit; ohne ihn könnten Umbrüche und Transformationen weder erkannt noch ,bestätigt' oder falsifiziert werden, sie entzögen sich der Analyse und blieben systematisch irrelevant. Entsprechend setzt auch der (theorie-)politische Anspruch auf Aufklärung den kosmopolitischen Blick in Form einer „begriffliche[n] Restrukturierung der Wahrnehmung" (Beck 2004b, S. 8) voraus (vgl. u. a. auch Beck 2000, 2002b, 2004a).

Der Ansatz einer Soziologie der Kosmopolitisierung entzieht sich positivistischen Annahmen der bloßen Abbildbarkeit von Realität ebenso wie der Versuchung, theoretisch scheinbar gesicherte Konzepte gegen die Unwägbarkeiten sozialen Wandels abzuschotten. Als ,Wirklichkeitswissenschaft' (im Sinne Max Webers 1988, S. 146–214) setzt er sich der *Pluralisierung* sowie der *Inkongruenz* von Grenzen aus. Kosmopolitisierung wird dabei als grundlegend neuer Prozess der *sozialen Differenzierung* und als oftmals latenter, sich im Verborgenen vollziehender Wandel der ,inneren' *Qualität des Sozialen und Politischen* verstanden. Ein zentrales Charakteristikum der kosmopolitischen Perspektive ist die „*dialogische* Imagination", die als Prozess der Vergegenwärtigung und Auseinandersetzung mit der Existenz des „*internalisierten Anderen*" (Beck 2002b, S. 18, Herv. i. O.) im Kontext des je eigenen Lebens bzw. gesellschaftlichen Erfahrungs- und Handlungsraums zu begreifen ist. Vor diesem Hintergrund gewinnt die Figur der – ausdrücklich nichtessenzialistisch gedachten – „Andersheit des Anderen" entscheidende Bedeutung: Sie steht für die Logik „*inklusiver Oppositionen*" (Beck 2002b, S. 19, Herv. i. O.) und somit, anders formuliert, für die Einbeziehung des ,Nicht-Identischen', die dem Denken, Leben und Handeln unter Bedingungen der Zweiten Moderne auferlegt ist. Gleichwohl gibt es keinen privilegierten Ausgangspunkt der Erkenntnis mehr. Andersheit ist Verschiedenheit und darin zugleich Gleichheit: „This indicates a world in which it has become a necessity to understand, reflect and criticize the otherness of others, and thereby confirm oneself and others as *different and therefore of equal value"* (Beck 2004a, S. 153, Herv. i. O.). In der als Gegenprogramm zum methodologischen Nationalismus entfalteten Konzeption eines empirisch-analytischen „methodologischen Kosmopolitismus" (Beck 2002b, S. 19) kommt wiederum die Denkweise einer Soziologie des ‚Sowohl-als auch' zum Tragen (vgl. auch Beck und Sznaider 2006):

> The national perspective is a monologic imagination, which excludes the otherness of the other. The cosmopolitan perspective is an alternative imagination, an imagination of alternative ways of life and rationalities which includes the otherness of the other. It puts the negotiation of contradictory cultural experiences into the centre of activities: in the political, the economic, the scientific and the social. (Beck 2002b, S. 18)

Damit kann ‚Andersheit' grundsätzlich ‚mehr' als differente Nationalität umfassen. Beck zieht die „otherness of other civilisations and modernities" ebenso wie bspw. „the otherness of nature", „the otherness of future", „the otherness of the object" und die Überwindung wissenschaftlich dominierter Rationalitätsvorstellungen (Beck 2002b, S. 18) als mögliche Erscheinungsformen inklusiver Oppositionen heran. Allerdings bleibt der Bezug auf die wechselseitige Durchdringung von Kulturräumen wegweisend. In der alltäglichen Praxis eines zwangsläufig ‚deformierten', ‚mundanen' und ‚unreinen' Kosmopolitismus wie auch im sozialwissenschaftlichen Zugang erfordert dialogische Imagination die – kosmopolitische – Kompetenz, eine „Kunst der Übersetzung" und des „bridging" zu entwickeln. Sie beinhaltet, die eigene Lebensweise im Horizont anderer Möglichkeiten und sich selbst vom Standpunkt „kulturell Anderer" in Gestalt eines „imaginative crossing of boundaries" zu betrachten (Beck 2004a, S. 153). Bei alldem ist *Anerkennung* von Andersheit in einem positiven, Pluralität und Differenz akzeptierenden Sinn, zu unterscheiden von einer „Welt, in der die Pluralität der Anderen geleugnet, ignoriert oder verdammt wird, jedoch *nicht mehr aus der Welt zu schaffen ist"* (Beck 2007, S. 111, Herv. i. O.).

Sichtbar werden in diesen Entwicklungen und auf allen Ebenen des Gesellschaftlichen die Konturen eines – global ausgeweiteten – „Zeitalter[s] des Vergleichs" (Beck 2002b, S. 18), das neuartige Widersprüche, Konfliktdynamiken wie auch Haltungen der Abwehr und Feindseligkeit bis hin zu Re-Nationalisierung und neuen Fundamentalismen hervorruft. Insofern ist ausdrücklich *nicht* von einem Automatismus der Entstehung ‚kosmopolitischer Subjekte' im Sinn allseits verbreiteter Weltoffenheit und gelingender Weltbürgerlichkeit auszugehen; dies würde bedeuten, einem „kosmopolitischen Mythos" (Beck 2004a, S. 154) aufzusitzen. Die Soziologie der Kosmopolitisierung verwahrt sich entschieden dagegen, ein ‚Elitenprojekt' zu sein. Als selbstkritisches Unterfangen hat sie, darin mit Paul

Rabinow argumentierend, die Partikularität und Unentrinnbarkeit „[…] of pla-
ces, characters, historical trajectories and fate" (Beck 2002b, S. 18) zur Kenntnis
zu nehmen. An dieses Spannungsfeld von Öffnung und Begrenzung schließen
typische, zu bearbeitende Dilemmata eines politischen und intellektuellen Kosmopolitismus der Gegenwart an; sie umfassen das Verhältnis von Universalismus
und Partikularismus, den Umgang mit Ethnizität, die Relation zwischen Globalem
und Lokalem, die Fallstricke von Konstruktivismus, Realismus, Essenzialismus
und Anti-Essenzialismus sowie die Bedeutung der Menschenrechte, die sich als
Problem- und Diskussionsfelder abzeichnen (vgl. Beck 2002b, S. 35). Die Kosmopolitisierungsperspektive folgt der Vorstellung eines „rooted cosmopolitanism",
der auch die Entgegensetzung von ‚Kosmopoliten' und ‚locals' – „there is no cosmopolitanism without localism" (Beck 2002b, S. 19) – zurückweist. Ein zentrales
und zugleich spezifischeres Thema ist die Entstehung neuer transnationaler *Gemeinschaften*, die auf der Erfahrung von *Risiken* in einer zunehmend sich herausbildenden Weltrisikogesellschaft und „Weltgefahrengemeinschaft"' (Beck 2007,
S. 27) bzw. auf einem entstehenden gemeinsamen globalen Gefahrenraum basiert.
Ein weiterer damit verbundener Themenkomplex greift die Frage *globaler sozialer
Ungleichheit* auf; entwickelt wird eine eigene „kritische Theorie sozialer Ungleichheit" (Beck 2002a, S. 54),[9] die an der Dynamik von *Legitimation* und *De-Legiti-
mation* sowie der Unterscheidung zwischen einer „Realität sozialer Ungleichheit"
und dem „politischen Problem sozialer Ungleichheit" (Beck 2008, S. 11) ansetzt.
Die Restriktionen des methodologischen Nationalismus verhindern die Wahrnehmung globaler Ungleichheit, sie tragen zur Ausblendung und hierin zur „negativen
Legitimation" (Beck 2008, S. 11) derselben bei. Darin liegt eine institutionalisierte
Unsichtbarkeit,[10] die durch die Introvertiertheit des nationalen Blicks erzeugt und
stabilisiert wird. Erst soziale Gleichheitsnormen (Bürgerrechte, Menschenrechte)
führen dazu, dass Ungleichheiten als solche erkannt und anerkannt werden. Dies
aber bedeutet: „Je mehr Gleichheitsnormen sich weltweit ausbreiten, desto mehr
wird der globalen Ungleichheit die Legitimationsgrundlage des institutionalisier-
ten Wegsehens entzogen." (Beck 2008, S. 15)

Weitere neuere Arbeiten zur Theorie reflexiver Modernisierung behandeln zum
einen den Themenkomplex von Macht und Herrschaft (Bonß und Lau 2011). Konstatiert wird ein Strukturwandel gegenwärtiger Macht- und Herrschaftsverhältnisse, der durch Formen der *Entgrenzung* und *Subjektivierung* gekennzeichnet ist.
Herrschaft in der Zweiten Moderne ist darüber hinaus in ein „Meta-Machtspiel"
einbezogen, in dem Machtpotenziale und der Status der Akteure nicht unverrück-

---

[9] Vgl. dazu auch Beck (2010, 2011a); Beck/Poferl (2010).
[10] Vgl. ähnlich Stichweh (2010).

bar vorgegeben, sondern erst konstituiert werden. Angesichts fragil gewordener
(nationalstaatlicher) oder fehlender (weltstaatlicher) Ordnungen kommt deren
„Strategien" dabei ein wichtiger Stellenwert zu, verstanden als „*Quasi-Institutio-*
nen" bzw. „als Handlungsformen der Kontingenz des Politischen" (Beck 2011b,
S. 287, Herv. i. O.). In Auseinandersetzung mit der Frage der Selbstbegrenzung
von Moderne sowie kritisch gegenüber Positionen einer übersteigerten Moderni-
täts- und Kulturkritik holen aktuelle Debatten zum anderen zu einem Plädoyer für
die selbstbewusste Konstruktion „reflexiver" bzw. „kosmopolitischer Tabus" (Beck
und Sznaider 2011, S. 417) aus. Sie umfassen die Bewahrung und Verteidigung
eines Kerns von unverletzlichen, menschenrechtlichen Prinzipien und Normen
ebenso wie eine Theorie und Praxis der Vermeidung des (politisch und ethisch)
unannehmbaren Möglichen. Damit kommt die elementare Dimension menschlicher *Verwundbarkeit* – verstanden als Bezugspunkt eines aufzuspannenden trans-
zendentalen Horizonts von Moderne –, aber auch die Gefahr „neuer, barbarischer
Alternativen" (Beck und Sznaider 2011, S. 418) einer Nach-Moderne (*After-moder-*
nity) in den Blick.

Die Entwicklung einer Soziologie der Kosmopolitisierung ist eingebettet in die
Theorie reflexiver Modernisierung und von deren gesellschaftstheoretischen wie
methodologischen Auffassungen nicht zu trennen. Beide gehen von der Grundannahme einer sich neu öffnenden *conditio humana* zu Beginn des 21. Jahrhunderts
aus, die durch die „unwiderrufliche[] Unausgrenzbarkeit der kulturell Anderen"
(Beck 2007, S. 111) gekennzeichnet ist. Wie kann die skizzierte Theorie- und Forschungsprogrammatik die Analyse von Geschlechterverhältnissen einbeziehen?

4   Perspektiven einer kosmopolitischen Soziologie der Geschlechterverhältnisse

Die große Errungenschaft der Frauen- und Geschlechterforschung seit ihren
(Neu-)Anfängen in den 1970er und 1980er Jahren besteht darin, Geschlecht als
eine Strukturkategorie moderner Gesellschaften benannt und in ihren komplexen,
vielschichtigen Ausprägungen und Erscheinungsformen (auf der Ebene der gesellschaftlichen Arbeitsteilung und Sozialstruktur, der Lebenslagen, Lebensführung
und Identitäten, der sozialen Beziehungen, der kulturellen Ordnungen und Praktiken sowie der damit durchgehend verbundenen Ungleichheiten, Hierarchien,
Asymmetrien und Herrschaftsmechanismen) überhaupt erst sichtbar gemacht
zu haben. Geschlecht fungiert als ein zentrales, institutionell stabilisiertes Prinzip
der gesellschaftlichen Konstruktion von Wirklichkeit und wirkt über die – Zweigeschlechtlichkeit erst herstellende – Deutungs- und Handlungspraxis des *doing*
gender in die sozialen Sphären der Öffentlichkeit und Privatheit, in Lebens- und

Handlungsweisen, Beziehungs- und Tätigkeitsformen hinein. Weiblichkeit/Männlichkeit attribuierende Kulturformen und Geschlechterdiskurse tragen zur Verankerung – oder auch Irritation und Auflösung – bestehender Geschlechterordnungen in der Selbstorganisation von Gesellschaft sowie deren Beeinflussung durch Wissenschaft, Politik, Medien und soziale Bewegungen bei. Geschlecht grundiert „Existenzweisen" (Maihofer 1995), es prägt sich in die Arten und Weisen des gesellschaftlichen Daseins, der Welt- und Selbsterfahrung, die Lebensformen von ,Frauen' und ,Männern' sowie darauf bezogene Grenzüberschreitungen und Erprobungen des ,Dazwischen', in individuelle und kollektive Identitäten, subjektive leibliche Empfindungen und körperliche Verfasstheiten ein. Vor diesem Hintergrund spielt die Frage der Vermittlung von Geschlecht mit anderen Strukturkategorien eine wichtige Rolle, in den letzten Jahren vor allem gebündelt um den Begriff der Intersektionalität, der Geschlechterdifferenz *und* Differenz innerhalb der Geschlechter-Kategorie zu erfassen sucht (vgl. allein in der deutschsprachigen Literatur Klinger und Knapp 2008; Winker und Degele 2009; Smykalla und Vinz 2013). Der wissenschaftliche Mainstream – in seinen „androzentrischen Verkürzungen" (Gildemeister und Wetterer 1992, S. 201) immer noch ein *male stream*? – nimmt die Tragweite der Gender-Kategorie allerdings nach wie vor nur begrenzt zur Kenntnis. Auch die Soziologie der Kosmopolitisierung muss sich dem Vorwurf aussetzen, in dieser Hinsicht keineswegs konsequent zu sein.

Im Folgenden seien einige weiterführende Ansatzpunkte zur Entwicklung einer kosmopolitischen Perspektive auf Geschlechterverhältnisse herausgearbeitet und mit ausgewählten Forschungs- und Diskussionsthemen verknüpft. Grundlegend wird dabei von einer geschlechtlichen Strukturierung gegenwärtiger Globalisierungs- und Transnationalisierungsprozesse ausgegangen, woran angesichts der vorhandenen Forschungslagen im Feld der Frauen- und Geschlechterforschung kaum Zweifel bestehen kann. Die Überlegungen setzen an der Problematik der Geschlechterungleichheit (4.1), an der Frage von Differenz und Andersheit (4.2) sowie der Bedeutung von Geschichtlichkeit, Kontextabhängigkeit und Situiertheit (4.3) an.

4.1 Zur (Un-) Sichtbarkeit von Geschlechterungleichheit. Die Dynamik der De-Legitimation

Thematisch kann sich einer Soziologie der Kosmopolitisierung die ganze Bandbreite vorliegender Frauen- und Geschlechterforschung eröffnen, weswegen es wenig sinnvoll erscheint, eine vollständige ,Liste' potenziell bearbeitbarer Fragen und Probleme aufzustellen. Die Theoriebildung und Forschung über Geschlechterverhältnisse in der globalisierten Welt stellt angesichts des generell erst in den 1990er

Jahren (wieder) erwachten sozialwissenschaftlichen Interesses an Globalisierungs-
fragen in gewisser Weise Neuland, aber wahrlich kein unbeackertes Terrain dar.[11]
Behandelt werden Umstrukturierungen im Bereich der Politik, Ökonomie, Erwerbsarbeit sowie der familialen Sorge- und familienbezogenen Dienstleistungs-
arbeit; Untersuchungen zu Migration und Exklusion, zu transnationalen Familien
und Partnerschaften, zum Wandel von Identität, zu den Subjektformierungen
globaler Konsumkultur, zu Gewalt, Religion, Gender-Regimen und Gender Mainstreaming, zu alternativer Globalisierung, sozialer Gerechtigkeit und feministischer Solidarität, zu Frauen- und Menschenrechten, zur Entwicklungsproblematik
sowie zur Rolle von Frauengruppen und -organisationen in der globalen Zivilge-
sellschaft liegen vor. Konzepte eines auf feministische Bewegungen angewandten
Kosmopolitismus (Werbner 2008) nehmen auf Frauen- und Menschenrechte sowie
die Entwicklung eines entsprechenden politischen Bewusstseins Bezug; die Diskussion um Verwundbarkeit (z. B. McRobbie 2006) oder um einen „embedded cosmopolitanism" (Erskine 2008) greift feministische Beiträge auf.

Die Befunde machen deutlich, dass Geschlechterordnungen weltweit im Umbruch sind. Spezifische Strukturen von Herrschaft und sozialer Ungleichheit halten
sich hartnäckig, zugleich bilden sich neue Hierarchien und Asymmetrien, Subjekt-
und Identitätsformen, lebensweltliche und politische Handlungsorientierungen
heraus. Im Vergleich von Kosmopolitisierungsdiskussion und genderbezogener
Globalisierungsforschung lässt sich, grob zusammengefasst, festhalten: Hinsichtlich der Kritik an überholten, allein nationalstaatsbezogenen Betrachtungen wie
auch an eindimensionalen, vereinfachenden und ideologischen Auffassungen von
Globalisierung besteht erkennbar Konsens. Ebenso geht es in beiden Gebieten darum, nicht nur abstrakte Zusammenhänge und systemische Veränderungen aus-
zubuchstabieren, sondern Globalisierung ‚von innen‘ heraus, als einen konkreten,
Institutionen, Lebenslagen, Lebenswelten und soziale Beziehungen durchdringen-
den Prozess zu beleuchten. Zudem verbieten sich auch unter einer Geschlechterperspektive einfache Gegenüberstellungen des Globalen und Lokalen sowie damit
verbundener Täter-Opfer-Schablonen – kulminierend etwa in der Figur des männlichen ‚global player‘ und der ‚Dritte-Welt-Frau‘ –, die aus dem feministischen Diskurs erwachsen, durch die Geschlechterforschung zugleich aber in Frage gestellt
und zugunsten konzeptioneller wie empirischer Differenzierungen revidiert worden sind (Freeman 2001). Kritische Auseinandersetzungen mit Theoriekonzep-
ten der Zweiten Moderne betonen seit längerem eine ungenügende Befassung mit
Beharrungstendenzen der Geschlechterverhältnisse sowie eine Vernachlässigung

---

[11] Hinweise darauf können allenfalls selektiv erfolgen; vgl. exemplarisch Lenz (1995, 2000);
Marchand und Runyan (2000); Hobuß et al. (2001); Hess und Lenz (2001); Walby (2002);
Acker (2004); Davids und van Driel (2005); Lenz et al. (2007).

von Herrschaft und andere Inkonsistenzen (vgl. etwa Kahlert 2002; Wetterer 2003).
Gleichwohl muss konstatiert werden, dass die Theorieentwicklung etliche Schnitt-
stellen bietet, eine Geschlechterperspektive nicht allein additiv, sondern konstitutiv
aufzunehmen. Beide Richtungen können sich in ausgewiesenen Forschungsfeldern
treffen, vor dem Hintergrund der Globalisierungsforschung z. B.:

- in der Weiterentwicklung einer transnationalen und über Geschlechterverhältnisse informierten Sozialstrukturanalyse, die Prozesse der Mobilität in freiwilligen und erzwungenen Erscheinungsformen, aber auch Immobilität, Migration,
  Flucht, veränderte Familien- und Arbeitsformen berücksichtigt;
- in der Erweiterung eines Konzepts weiblich/männlicher Individualisierung, das
  die strukturellen Vorgaben der Freisetzung und Re-Integration durch (räumlich
  wie sozial) grenzüberschreitende Lebensformen und insbesondere die hand-
  lungsleitende Macht der Imagination sowie der Vorstellung der Imagination
  ‚möglicher Leben'[12] mit aufgreift;
- in der Ausarbeitung einer Idee transnationaler Öffentlichkeit, die dem Rechnung
  trägt, dass auch Frauen als Akteurinnen und geschlechterpolitische Themen am
  ‚Meta-Machtspiel' der Entwicklung neuer weltpolitischer Konstellationen beteiligt sind (allein darin wird die für moderne bürgerliche, aber auch traditionale
  Gesellschaften konstitutive und je unterschiedlich ausgeformte Trennung von
  weiblich zugewiesener Privatheit und männlich codierter Öffentlichkeit in Frage gestellt);
- in der Konzipierung eines Modernisierungsbegriffs, der die eigenständigen Ausprägungen und Verquickungen von ‚Tradition' und ‚Modernität' der Geschlechterverhältnisse im Kontext pluraler, multipler Modernen zu fassen vermag;
- in der Ausformulierung einer ‚Weltrisikologik', die im Hinblick auf Risikoerfah-
  rungen und mögliche unterschiedliche Betroffenheiten nicht geschlechtsblind
  bleibt;
- sowie insgesamt in der Entfaltung einer Perspektive der Kosmopolitisierung, die
  deren institutionelle, politische, kulturelle und alltagspraktische Gestalten und
  Erscheinungsformen in allen Bereichen des Sozialen und mit hoher Sensibilität
  für die Implikationen der Geschlechterdimension untersucht.

Die Strukturmerkmale, kulturellen Ordnungen und „sozialen Landschaften"
(Albrow 1998, S. 288) globalisierter Modernen lassen sich ohne eine Berücksichtigung von Geschlecht nicht angemessen erfassen. Herausragende Bedeutung für
eine kosmopolitische Soziologie der Geschlechterverhältnisse gewinnt dabei die
Schlüsselfrage nicht nur der Geschlechter*differenz*, sondern präziser auch der Ge-

---

[12] Angeknüpft wird hierin an Appadurai (1998).

schlecht*erungleichheit* in sich überlagernden, globalen, nationalen und lokalen Konstellationen. Sie liegt ‚quer' zu den oben aufgeführten Themen und soll daher auch eigens benannt werden. Eine Theoriebildung und Forschung hierzu kann sich – im Anschluss an das zentrale Argument der von Beck vorgeschlagenen „kritischen" Ungleichheitstheorie (Beck 2002a, S. 54) – die Einsicht zu Nutze machen, dass die Problematisierung und Sichtbarkeit von Ungleichheit den Entzug von Legitimationsgrundlagen voraussetzt. Aus feministischer Sicht ist dies zunächst nicht übermäßig überraschend: Auch Geschlechterungleichheit wurde nicht immer schon als solche begriffen, sondern maßgeblich erst im Zuge der Emanzipationsbestrebungen von Frauen zu einem Sachverhalt, der der Rechtfertigung bedarf und nicht länger folgenlos ignoriert werden kann. Bereits die Geschichte der Bürger- und Menschenrechtsentwicklung lässt sich unter dem Aspekt der Logik ‚inklusiver Oppositionen' lesen. *Menschenrechte haben (k)ein Geschlecht* – so der vielsagende Untertitel einer einschlägigen Publikation (Gerhard et al. 1990), der nicht nur die Kluft zwischen Rechtsanspruch und Realität, sondern auch die Widersprüchlichkeit von Exklusion, Einbeziehung und Besonderung von Frauen zum Ausdruck bringt. Die Institutionalisierung eines tatsächlich ‚universal' inkludierenden, supra- und transnational wirksamen Deutungs- und Handlungsrahmen der Menschenrechte – sei es auf rechtlicher, politischer und zivilgesellschaftlicher Ebene, sei es im Denken, Handeln und Fühlen von Menschen – wird diese Dynamik erwartbar vorantreiben und verstärken; Prozesse der Naturalisierung, Nationalisierung, geschlechtlichen Hierarchisierung und andere Formen sozialer Teilung erweisen sich im Zuge steigender Gleichheitserwartungen – weltweit auch und gerade von Frauen – als zunehmend angreifbar und begründungslos. Die Anerkennung dessen zieht gesellschaftliche Folgen nach sich. Sie berührt jedoch auch die Frage der wissenschaftlichen Optik. Mit ihr bricht nicht nur der in kosmopolitischer Einstellung kritisierte *methodologische Nationalismus*, sondern auch der seitens der Genderforschung angeprangerte *Androzentrismus* von Beschreibungsperspektiven auf – darin wiederum bieten sich hervorragende Voraussetzungen für wechselseitige Korrekturen je unzureichender Blickwinkel an.

4.2   Welche Differenz? Welche Andersheit?

Die explizite Kritik an konventionellen Auffassungen von Gesellschaft sowie damit verbundener sozialwissenschaftlicher Zugänge, der geforderte Bruch mit überlieferten Sehgewohnheiten und Routinen, der gesellschaftstheoretische und methodologische Anspruch, unerkannte Zusammenhänge aufzuzeigen und dies rekursiv auf die Theoriebildung zu beziehen, nicht zuletzt das Wissen um die politische und normative Dimension von Theorie und Forschung einschließlich ihrer selbstkritischen Reflexion zeichnen sowohl die Programmatik einer Soziologie der Kosmopolitisierung als auch Postulate der Frauen- und Geschlechterforschung aus. Diesen architektonischen oder womöglich auch einfach nur das Selbstverständnis prägenden Parallelen weiter nachzugehen, bedarf einer grundlagentheoretischen Auseinandersetzung, die hier nur angedeutet werden kann und gewiss auch eine Spezifikation einzelner Theoriebausteine erfordert. Hervorgehoben sei an dieser Stelle, neben der Problematik der Ungleichheit, die Frage nach dem Verständnis von Differenz und Andersheit, die sich vorrangig an die Soziologie der Kosmopolitisierung richtet; daran anschließend das Erfordernis einer Historisierung und Kontextualisierung der Theoriebildung und Forschung, das sich sowohl aus dem Kosmopolitisierungsansatz als auch der Frauen- und Geschlechterforschung ableiten lässt.

Allein die Frage nach den jeweiligen *Verwendungsweisen* des Differenz-Begriffes in der Soziologie der Kosmopolitisierung sowie nach *Andersheit* im Verhältnis zum feministischen, aber auch postkolonial gebrauchten Begriff der *Alterität*[13] führt in umfassende Debatten hinein. In beiden Fällen geht es um eine Denkfigur, die sowohl dem Dualismus des Geschlechterverhältnisses als auch anderen, auf die Unterscheidung von ‚Wir' und ‚Anderen', Eigenheit/Fremdheit aufbauenden sozialen Klassifikationen zu eigen ist. Die Kosmopolitisierungsperspektive betont gleichermaßen die Virulenz, den Ausschließungscharakter *und* die Brüchigkeit solcher Unterscheidungen; die Argumente sind vorhergehend dargestellt worden und können in vielfacher Hinsicht überzeugen. Allerdings verändern sich Tragfähigkeit und Aussagekraft der je konkreten Gegenüberstellungen und Differenzkonstruktionen, wenn Geschlechterkategorien eingeführt werden. Sie stellen sich dabei in ihrer Obsoletheit oder Geltung – je nach Perspektive – keineswegs als weniger wirkmächtig und prekär, sondern (noch) um einiges komplexer dar. Diese Überlegungen lassen sich auf hoch relevante gesellschaftliche Phänomene ‚herunterbrechen'. Zum einen ist hierbei an die in der Frauen- und Geschlechterforschung vielzitierte Überschneidung mit ethnonationalen und ethnopolitischen Konstruktionen von Zugehörigkeit zu denken, die Frauen im Rahmen einer sozialen Entität und vom (gedachten) ‚Kern' sowohl andro- wie ethnozentrischer Inklusion her gesehen gleichsam zum ‚doppelten Anderen' werden lässt und gegebenenfalls zu einer Verstärkung von Diskriminierungseffekten führt. Entsprechende Verschiebungen zeigen sich aber auch anhand weiterer, im Kosmopolitisierungsansatz angesprochener Beispiele:

---

[13] Zu Recht verweisen Knapp und Klinger (2008) auf die Befassung mit Alterität bereits bei Simone de Beauvoir. Zu einem zentralen Thema wird Alterität – und damit dann auch der Prozess des *othering* – in der poststrukturalistischen Diskussion, sowie in der postkolonialen Soziologie (zu letzterem vgl. im Überblick z. B. Reuter und Villa 2010).

Was meint die Andersheit von Natur und ihre technologische Überformung angesichts gesellschaftlicher Ordnungen, die dem Kulturmuster Weiblichkeit ohnehin ein ‚Mehr' an Naturnähe, dem weiblichen Körper ein ‚Mehr' an Naturhaftigkeit zuschreiben? Was meint ‚Frieden', wenn zugleich ‚Krieg' gegen Frauen geführt wird, was meint ‚Krieg', wenn Gewalt und Menschenrechtsverletzungen an Frauen als zusätzliches Kriegsmittel zum Einsatz kommen? Welchen Stellenwert nimmt schließlich die spezifische – soziokulturelle, sozioökonomische oder eben auch physische – Verwundbarkeit von Frauen ein? Es wäre zweifellos ungenügend, hier eingeübten Stereotypen der Betrachtung von Geschlechtsunterschieden entlang dem Muster weiblicher Hilflosigkeit und Schwäche zu folgen. Umgekehrt jedoch kann es nicht ausreichen, entsprechende Bilder der Verwundbarkeit zu dekonstruieren oder ihren instrumentellen Einsatz (z. B. zur Begründung humanitärer Interventionen und Schutzmaßnahmen) anzuprangern (vgl. Carpenter 2005); zwischen Viktimisierung als diskursiver Strategie und der Realität von Opfern bestehen klare Grenzen. Damit wird deutlich: Eine Soziologie der Kosmopolitisierung muss sich in jedweder Hinsicht der Einführung *geschlechtsinklusiver* Unterscheidungen und deren Mehrdeutigkeit stellen, sofern sie nicht den Befangenheiten eines androzentrischen Zugangs unterliegen will; sie ist dafür theoretisch gerüstet.

4.3 Zur Bedeutung von Geschichte und Geschichten

Weitere Verbindungslinien ergeben sich aus den theoretisch und methodisch unumgänglichen Anforderungen der *Historisierung* sowie der Anerkennung von *Kontextabhängigkeit* und *Situiertheit*, die beide hier verhandelte Richtungen – die Soziologie der Kosmopolitisierung einerseits, die Frauen- und Geschlechterforschung andererseits – vorzeichnen und nahelegen. Die Standortgebundenheit des Denkens ist (nicht nur) in der feministischen Wissenschaftskritik aufgezeigt worden (vgl. Harding 1990, 1994); auch die Unzulänglichkeit einer bloßen Aneinanderreihung von Differenzmerkmalen und nicht zuletzt das Problem der Reifikation, d. h. der Festschreibung und Verdinglichung von ‚Verschiedenheit', die doch eigentlich analytisch durchdrungen werden soll, ist bekannt (vgl. Gildemeister und Wetterer 1992). Vor diesem Hintergrund gewinnt die Suche nach wechselseitigen Überformungen und Überschneidungen erst ihr eigentliches Potenzial. Sie sollte allerdings über eine Orientierung am Bestehenden hinausgehen und aufgeschlossen sein für *neue* strukturelle und kulturelle Konfigurationen, die gerade auch unter den Bedingungen von Globalität entstehen. Die Berücksichtigung historischer Entwicklungen und Genealogien, unterschiedlicher Gesellschaftskontexte, lokaler Gegebenheiten und daraus resultierender sozialer Situierungen ermöglicht dabei, den Fallstricken neutralisierender, ort-, gesichts- und geschichtsloser Theoriebildung zu entgehen. Sie erlaubt zudem, versteckte Essenzialismen in der Konstruktion von Unterscheidungen aufzuspüren *und* die Gefahr eines Anti-Essenzialismus zu bannen, der mit der Einsicht in den hergestellten Charakter sozialer Kategorien die Macht ihrer historischen Gewordenheit zu vernachlässigen droht – mit anderen Worten: die Bedeutsamkeit spezifischer Prägungen der Vergangenheit und damit verbundener Interessen der Gegenwart, überlieferte Privilegien und Deprivationen sowie die Last der Widersprüche, die im je eigenen Leben und der je eigenen Herkunft zusammengebunden sind. Die Sensibilität für Differenz erfordert gleichermaßen, das Verbindende zu sehen und über das Verbindende die Ungleichheit von Handlungsmacht und Handlungsfreiheit nicht aus den Augen zu verlieren. Nichts davon ergibt sich aus ontologischen ‚Selbstverständlichkeiten', sondern ruht in erster Linie auf der empirisch sorgfältigen, genauen Rekonstruktion von individueller und kollektiver *Erfahrung* auf. Beck verweist in seinen Arbeiten auf die Wunden des Kolonialismus, die Verbrechen des Holocaust und die vernichtende Markierung des ‚Jüdischen'[14]. Dazu lassen sich keine Parallelen ziehen. Die Geschlechterdimension ist tief – und vergleichsweise undramatisch – in die Basisinstitutionen der Moderne (Erwerbsarbeit, Familie und Reproduktion, Privatheit/Öffentlichkeit, Wissenschaft, Politik, Religion) eingebaut – was geschlechtsbezogene Demütigung und Grausamkeit nicht ausschließt. Sie verfügt so über relative Omnipräsenz und ist als ‚Anderes in unserer Mitte', um dies metaphorisch aufzugreifen, sehr konkret. Zugleich aber wird eben dieses Bild in jedem einzelnen seiner Elemente fraglich: Wer oder was ist das Andere? Was heißt unser? Welche Mitte? Die gesellschaftliche und kulturelle *Normalität* von Geschlechterordnungen wird erst durch subjektive Erfahrungen von Ausgrenzung, Marginalität, Ungerechtigkeit und Unfreiheit sowie deren politische Problematisierung erschüttert. Die mit der ‚Tatsache des Geschlechts'[15] verwobenen Aspekte von Ungleichheit und Herrschaft kommen nicht ‚von selbst' zum Vorschein; sie werden erlebt, empfunden und erlitten, sie werden hingenommen oder rufen Widerstand hervor.

5 Für eine Hermeneutik der Gleichheit und Differenz

Kosmopolitisierung stellt sich als ein strukturell vorgezeichneter Prozess dar, der sich im Wissen und Handeln sozialer Akteure realisiert (was jedoch völlig unabhängig von deren Selbsteinschätzungen als ‚kosmopolitisch' zu begreifen ist – dies wäre mehrheitlich wohl der unwahrscheinlichste Fall). Damit ist, problem- und gegenstandsbezogen, nach den jeweiligen Ausprägungen und Wirkungsweisen

---

[14] Vgl. aus kosmopolitischer Sicht Levy und Sznaider (2001).

[15] Vgl. dazu auch, allerdings psychoanalytisch argumentierend, Rendtorff (2008).

von ‚Struktur' im Verhältnis zu den Ebenen der ‚Wahrnehmung', ‚Bewusstheit' und ‚Erfahrung', nach objektivierenden und subjektivierenden Elementen von Institutionalisierung und sozialer Praxis sowie nach der Verbindung makro- und mikrosozialer Phänomene zu fragen. Die Theorie reflexiver Modernisierung – und mit ihr die Soziologie der Kosmopolitisierung – ist sowohl an der Veränderung von Lebenswelten als auch an institutionellen Regulativen, d. h. an Wahrnehmungen sozialer Wirklichkeit sowie an Organisationsformen und Ordnungen des Sozialen interessiert. Sie erweist sich darin als ein gleichermaßen strukturanalytisch und wissenssoziologisch angelegter, aber auch politisch ambitionierter Ansatz: *„Cosmopolitization is not a fully voluntary choice"* (Beck 2011a, S. 24, Herv. i. O.), sondern ruht auf den Anforderungen und Handlungsproblemen einer zunehmend globalisierten Welt sowie deren Interpretation und Bearbeitung durch soziale Akteure (Individuen, Gruppen, Netzwerke, Bewegungen), Organisationen, Staaten und supranationale Regime auf. Unter dem Vorzeichen der Risikoproblematik und damit verbundener Probleme sozialer Ungleichheit weisen die neueren Schriften zur Kosmopolitisierung und reflexiven Modernisierung auf die Entwicklung eines *pragmatisch* begründeten Interesses an der Kooperation mit ‚globalen Anderen' hin. Neuartige, transnationale Gemeinschaften der Risikoerfahrung (diskutierte Beispiele hierfür sind Klimawandel, Terror und Finanzkrise) werden imaginiert und praktiziert, sie zeugen nicht zuletzt darin von „realpolitischem" Wirklichkeitssinn.[16] Die *„unfreiwillige Konfrontation mit dem fremden Anderen"* lässt dabei – so Beck (2008, S. 51, Herv. i. O.) – im Alltag wie in den Sozialwissenschaften Bedarf an einer *„Hermeneutik des Fremden"* entstehen. Doch was heißt dies im Hinblick auf Geschlecht?

Inwieweit die Argumentationsfigur einer Hermeneutik des Fremden auf die Analyse von Geschlechterverhältnissen übertragen werden kann und was dies für die Möglichkeiten *empirisch*-hermeneutischen Verstehens bedeutet, ist durchaus offen und erfordert mehr als nur einige Kunstgriffe der Anpassung und Variation. Universelle Risiken sind vermutlich kaum geschlechtneutral zu begreifen, während partikulare, hier: geschlechtstypische Risiken (wie etwa der Existenzsicherung, der gesellschaftlichen Teilhabe, der Gefährdung persönlicher wie physischer Integrität) nach gesellschaftlichen und kulturellen Kontexten wiederum unterschiedlich ausgeformt sind. Gewiss kann auch daran Realpolitik anschließen, basierend auf Zusammenschlüssen, erkannter Verbundenheit, politisch-praktischer Solidarität.[17] Methodisch eignen sich allzu starke kategoriale Voreinstellungen, ringend um die Operationalisierung von ‚Gleichheit' (bzw. ‚Gemein-

---

[16] Zum Konzept einer kosmopolitischen Realpolitik vgl. u. a. Beck (2007) und Beck und Grande (2004).

[17] Zur Diskussion um den – schwierigen – Begriff der Solidarität und ein dagegen gehaltenes Konzept kosmopolitischer Sozialität vgl. Poferl (2010).

samkeit') und ,Differenz' (bzw. ,Andersheit') sowie deren je wechselnde Bezüge
allerdings nur bedingt dazu, dergleichen Gemengelage zu entwirren; sie scheinen Sachverhalte zu erhellen – und bleiben unbefriedigend zugleich. Ähnlich
zeigt sich am Begriff der Menschenrechte, dass die Zuschreibung von entweder
Gleichheit oder aber Differenz als einem (nicht normativen, sondern) deskripti-
ven Beschreibungsmerkmal nur bedingt funktioniert. Die Arithmetik der Maß-
stäbe gerät an ihre Grenzen, wo Vermittlung und Relationierung gefordert sind:
Gleichheit in welcher Hinsicht? Differenz im Hinblick worauf? Mein Vorschlag
ist daher, die ,Hermeneutik des Fremden' durch eine *Hermeneutik* der *Gleichheit*
und der *Differenz* zu ersetzen, die den Sinn dieser Kategorien und ihre Kultur-
bedeutung, die Gleichheit und Differenz erzeugenden Mechanismen und Praktiken sowie ihre materialen Voraussetzungen zu erschließen sucht. Für eine kosmopolitische Soziologie der Geschlechterverhältnisse ist es dabei unabdingbar, die
unterschiedlichen Konstitutionsebenen von Struktur, Wissen und Handeln aufeinander zu beziehen und *aus den jeweiligen sozialen Feldern heraus* zu begreifen –
das heißt auch für Theoriebildung: von den empirischen Ausprägungen der Sachverhalte auszugehen und diese so unvoreingenommen und kontextsensibel wie
nur möglich zu erfassen d. h. ein ,Verstehen' anzustreben jenseits unzulässiger Ver-
allgemeinerungen oder einseitiger Stilisierungen. Dies verlangt eine Haltung der
methodischen Offenheit, vor deren Hintergrund sich auch ein verabsolutierender
Zugriff auf die Figur der ,Andersheit des Anderen' verbietet; sie kann allenfalls als
Heuristik, und als *sensitizing concept* eingesetzt werden.

Davon zu unterscheiden ist schließlich die Frage des theoretischen Stellenwer-
tes von *Kritik* und *Normativität*, die jedoch ebenfalls *keine* strikten kategorialen
Setzungen (und auch keineswegs, dies wäre ein Missverständnis, die Rückkehr zu
überfrachteter Identitätspolitik) verlangt. Ein Denken in punktuellen, temporalen
Allianzen, wie dies für den feministischen Diskurs wegweisend Haraway (1995)
vorgeschlagen hat, sowie die Idee einer Verteidigung ,reflexiver Tabus', wie Beck
und Sznaider (2011) selbst dies nennen, bieten sich als Folie einer geschlechter-
politischen Verständigung an. Deren tatsächliche *kosmo*politische Wendung verlangt, die kategorial abgezirkelten Kreise von Gesellschaftstheorie aufzubrechen
und sich von einer Methodologie der Erkundung von *Transformationen* sowie
der *Entdeckung des Neuen* leiten zu lassen. Dies käme einer Art Kosmologie im
Sinn grenzüberschreitender und grenzen-bewusster Verknüpfungen des je Hete-
rogenen gleich (epistemisch radikalisiert vgl. Stengers 2008). Daraus folgt nicht,
eine für Ungleichheit sensibilisierte Perspektive aufzugeben. Das Kosmo*politische*
des Blicks entscheidet sich darin, welche Wirklichkeiten er aufzunehmen vermag
und wie viel Multiperspektivität er zulässt – sei es auf der Ebene der Theorie, in
der politischen oder sozialwissenschaftlichen Praxis. Von einer kosmopolitischen
Soziologie der Geschlechterverhältnisse ist kategoriale und methodische Experi-

mentierfreudigkeit einzufordern. Ihre Tragfähigkeit und Kreativität steht und fällt mit der Frage, inwieweit sie ‚das Andere' einbeziehen *und* zugleich auflösen, d. h. in seiner *nicht* notwendig konstanten, sondern changierenden Abhängigkeit von strukturell und kulturell differenten Erwartungs-, Ereignis-, Handlungs-, Interessen- und Sinnhorizonten begreifen kann. Auch für die Möglichkeit einer neuen, nicht totalisierenden „*Zeitdiagnose*" der globalisierten Welt, wie – in einem anderen Kontext – Nancy Fraser (Fraser und Naples 2004, S. 1109; Herv. des deutschen Begriffs i. O.) sie fordert, wäre damit einiges gewonnen.

Literatur

Acker, Joan. 2004. Gender, capitalism and globalization. *Critical Sociology* 30 (1): 17–41.

Albrow, Martin. 1996. *The global age. State and society beyond modernity.* Cambridge.

Albrow, Martin. 1998. Auf Reisen jenseits der Heimat. Soziale Landschaften in einer globalen Stadt. In *Kinder der Freiheit*, Hrsg. Ulrich Beck, 288–314. Frankfurt a. M.

Appadurai, Arjun. 1998. Globale ethnische Räume. In *Perspektiven der Weltgesellschaft*, Hrsg. Ulrich Beck, 11–40. Frankfurt a. M.

Beck, Ulrich. 1986. *Risikogesellschaft. Auf dem Weg in eine andere Moderne.* Frankfurt a. M.

Beck, Ulrich. 1998. *Was ist Globalisierung? Irrtümer des Globalismus – Antworten auf Globalisierung.* Frankfurt a. M.

Beck, Ulrich. 2000. The cosmopolitan perspective: Sociology of the second age of modernity. *British Journal of Sociology* 51 (1): 79–105.

Beck, Ulrich. 2002a. *Macht und Gegenmacht im globalen Zeitalter. Neue weltpolitische Ökonomie.* Frankfurt a. M.

Beck, Ulrich. 2002b. The cosmopolitan society and its enemies. *Theory, Culture & Society* 19 (1–2): 17–44.

Beck, Ulrich. 2004a. Cosmopolital realism: on the distinction between cosmopolitanism in philosophy and the social sciences. *Global Networks* 4 (2): 131–156.

Beck, Ulrich. 2004b. *Der kosmopolitische Blick oder: Krieg ist Frieden.* Frankfurt a. M.

Beck, Ulrich. 2007. *Weltrisikogesellschaft. Auf der Suche nach der verlorenen Sicherheit.* Frankfurt a. M.

Beck, Ulrich. 2008. *Die Neuvermessung der Ungleichheit unter den Menschen.* Frankfurt a. M.

Beck, Ulrich. 2010. Remapping social inequalities in an age of climate change: For a cosmopolitan renewal of sociology. *Global Networks* 10 (2): 165–181.

Beck, Ulrich. 2011a. Global inequality and human rights: A cosmopolitan perspective. *Minerva Lecture*, Tel Aviv University, March 2011.

Beck, Ulrich. 2011b. Herrschaft in der Zweiten Moderne. Das Meta-Machtspiel. In *Macht und Herrschaft in der reflexiven Moderne*, Hrsg. Wolfgang Bonß und Christoph Lau, 284–303. Velbrück.

Beck, Ulrich, und Elisabeth Beck-Gernsheim, Hrsg. 1994. *Riskante Freiheiten. Individualisierung in modernen Gesellschaften.* Frankfurt a. M.

Beck, Ulrich, und Elisabeth Beck-Gernsheim. 2002. *Individualization. Institutionalized individualism and its social and political consequences.* London.

Beck, Ulrich, und Elisabeth Beck-Gernsheim. 2011. *Fernliebe. Zusammen, aber getrennt. Lebensformen im globalen Zeitalter.* Berlin.

Beck, Ulrich, und Wolfgang Bonß, Hrsg. 2001. *Die Modernisierung der Moderne.* Frankfurt a. M.

Beck, Ulrich, Wolfgang Bonß und Christoph Lau. 2001. Theorie reflexiver Modernisierung – Fragestellungen, Hypothesen, Forschungsprogramme. In *Die Modernisierung der Moderne,* Hrsg. Ulrich Beck und Wolfgang Bonß, 11–59. Frankfurt a. M.

Beck, Ulrich, Wolfgang Bonß und Christoph Lau. 2004. Entgrenzung erzwingt Entscheidung: Was ist neu an der Theorie reflexiver Modernisierung? In *Entgrenzung und Entscheidung: Was ist neu an der Theorie reflexiver Modernisierung?* Hrsg. Ulrich Beck und Christoph Lau, 13–62. Frankfurt a. M.

Beck, Ulrich, und Edgar Grande. 2004. *Das kosmopolitische Europa. Gesellschaft und Politik in der Zweiten Moderne.* Frankfurt a. M.

Beck, Ulrich, und Edgar Grande, Hrsg. 2010. Varieties of Second Modernity: Extra-European and European experiences and perspectives. *British Journal of Sociology* (Special Issue) 61 (3).

Beck, Ulrich, und Christoph Lau, Hrsg. 2004. *Entgrenzung und Entscheidung: Was ist neu an der Theorie reflexiver Modernisierung?* Frankfurt a. M.

Beck, Ulrich, und Angelika Poferl, Hrsg. 2010. *Große Armut, großer Reichtum. Zur Transnationalisierung sozialer Ungleichheiten.* Berlin.

Beck, Ulrich, und Nathan Sznaider. 2006. Unpacking cosmopolitanism for the social sciences: A research agenda. *British Journal of Sociology* 51 (1): 1–22.

Beck, Ulrich, und Nathan Sznaider. 2011. Self-limitation of modernity? The theory of reflexive taboos. *Theory and Society* 40 (4): 417–436.

Beck-Gernsheim, Elisabeth. 1983. Vom „Dasein für Andere" zum Anspruch auf ein Stück „eigenes Leben". Individualisierungsprozesse im weiblichen Lebenszusammenhang. *Soziale Welt* 34 (2): 307–340.

Beck-Gernsheim, Elisabeth. 2007. *Wir und die Anderen. Vom Blick der Deutschen auf Migranten und Minderheiten.* Frankfurt a. M.

Bonß, Wolfgang, und Christoph Lau, Hrsg. 2011. *Macht und Herrschaft in der reflexiven Moderne.* Weilerswist.

Carpenter, R. Charli. 2005. „Women, children and other vulnerable groups": Gender, strategic frames and the protection of civilians as a transnational issue. *International Studies Quarterly* 49 (2): 295–334.

Cheah, Pheng, und Bruce Robbins, Hrsg. 1998. *Cosmopolitics. Thinking and feeling beyond the nation.* Minneapolis.

Davids, Tine, und Francien van Driel, Hrsg. 2005. *The gender question in globalization. Changing perspectives and practices.* Aldershot.

Eisenstadt, Shmuel, Hrsg. 2002. *Multiple modernities.* New Brunswick.

Erskine, Toni. 2008. *Embedded cosmopolitanism. Duties to strangers and enemies in a world of „dislocated communities".* Oxford.

Fraser, Nancy, und Nancy A. Naples. 2004. To interpret the world and to change it: An interview with Nancy Fraser. *Signs* 29 (4): 1104–1124.

Freeman, Carla. 2001. Is local:global as feminine:masculine? Rethinking the gender of globalization. *Signs* 26 (4): 1007–1037.

Gerhard, Ute, Mechthild Jansen, Andrea Maihofer, Pia Schmid und Irmgard Schultz, Hrsg. 1990. *Differenz und Gleichheit. Menschenrechte haben (k)ein Geschlecht.* Frankfurt a. M.

Gildemeister, Regina, und Angelika Wetterer. 1992. Wie Geschlechter gemacht werden. Die soziale Konstruktion der Zweigeschlechtlichkeit und ihre Reifizierung in der Frauenforschung. In *TraditionenBrüche. Entwicklungen feministischer Theorie*, Hrsg. Gudrun-Axeli Knapp und Angelika Wetterer, 201–254. Freiburg i. Br.

Haraway, Donna. 1995. *Die Neuerfindung der Natur. Primaten, Cyborgs und Frauen*. Frankfurt a. M.

Harding, Sandra. 1990. *Feministische Wissenschaftstheorie. Zum Verhältnis von Wissenschaft und sozialem Geschlecht*. Hamburg.

Harding, Sandra. 1994. *Das Geschlecht des Wissens. Frauen denken die Wissenschaft neu*. Frankfurt a. M.

Hess, Sabine, und Ramona Lenz. 2001. *Geschlecht und Globalisierung. Ein kulturwissenschaftlicher Streifzug durch transnationale Räume*. Königstein.

Hobuß, Steffi, Christina Schües, Nina Zimnik, Birgit Hartmann und Iulia Patrut, Hrsg. 2001. *Die andere Hälfte der Globalisierung. Menschenrechte, Ökonomie und Medialität aus feministischer Sicht*. Frankfurt a. M.

Kahlert, Heike. 2002. Die soziologische Erzählung der ‚Zweiten Moderne‘. Skizzen zu einem aktuellen Versuch, das ‚Neue‘ zu denken. *Potsdamer Studien für Frauen- und Geschlechterforschung* 6: 124–136.

Klinger, Cornelia, und Gudrun-Axeli Knapp, Hrsg. 2008. *ÜberKreuzungen. Fremdheit, Ungleichheit, Differenz*. Westfälisches Dampfboot.

Knapp, Gudrun-Axeli, und Cornelia Klinger. 2008. Einleitung. In *ÜberKreuzungen. Fremdheit, Ungleichheit, Differenz*, Hrsg. Cornelia Klinger und Gudrun-Axeli Knapp, 7–19. Münster.

Lenz, Ilse. 1995. Geschlecht, Herrschaft und internationale Ungleichheit. In *Das Geschlechterverhältnis als Gegenstand der Sozialwissenschaften*, Hrsg. Gudrun-Axeli Knapp und Regina Becker-Schmidt, 16–46. Frankfurt a. M.

Lenz, Ilse. 2000. Gender und Globalisierung: Neue Horizonte? In *Das undisziplinierte Geschlecht. Frauen- und Geschlechterforschung – Einblick und Ausblick*, Hrsg. Angelika Cottmann, Beate Kortendiek und Ute Schildmann, 221–245. Opladen.

Lenz, Ilse, Charlotte Ullrich und Barbara Fersch, Hrsg. 2007. *Gender orders unbound? Globalisation, restructuring and reciprocity*. Opladen.

Levy, Daniel, und Natan Sznaider. 2001. *Erinnerung im globalen Zeitalter: Der Holocaust*. Frankfurt a. M.

Luhmann, Niklas. 1975. *Soziologische Aufklärung 2*. Opladen.

Maihofer, Andrea. 1995. *Geschlecht als Existenzweise. Macht, Moral, Recht und Geschlechterdifferenz*. Frankfurt a. M.

Marchand, Marianne H., und Anne Sisson Runyan, Hrsg. 2000. *Gender and global restructuring. Sightings, sites and resistances*. London.

McRobbie, Angela. 2006. Vulnerability, violence and (cosmopolitan) ethics: Butler's *precarious life*. British Journal of Sociology 57 (1): 69–86.

Meyer, John W. 2005. *Weltkultur. Wie die westlichen Prinzipien die Welt durchdringen*. Frankfurt a. M.

Poferl, Angelika. 1999. Gesellschaft im Selbstversuch. Der Kick am Gegenstand – oder: Zu einer Perspektive experimenteller Soziologie. *Soziale Welt* 50 (4): 363–372.

Poferl, Angelika. 2010. Jenseits der Solidarität? Globale Probleme und die kosmopolitische Konstitution von Sozialität. In *Große Armut, großer Reichtum: Zur Transnationalisierung sozialer Ungleichheiten*, Hrsg. Ulrich Beck und Angelika Poferl, 134–167. Berlin.

Randeria, Shalini. 1999. Jenseits von Soziologie und soziokultureller Anthropologie. Zur Ortbestimmung der nichtwestlichen Welt in einer zukünftigen Sozialtheorie. *Soziale Welt* 50 (4): 373–382.

Rendtorff, Barbara. 2008. Warum Geschlecht doch etwas „Besonderes" ist. In *ÜberKreuzungen. Fremdheit, Ungleichheit, Differenz*, Hrsg. Cornelia Klinger und Gudrun-Axeli Knapp, 68–86. Münster.

Reuter, Julia, und Paula-Irene Villa, Hrsg. 2010. *Postkoloniale Soziologie. Empirische Befunde, theoretische Anschlüsse, politische Intervention*. Bielefeld.

Smith, Anthony D. 1995. *Nations and nationalism in a global era*. Cambridge.

Smykalla, Sandra, und Dagmar Vinz, Hrsg. 2013. *Intersektionalität zwischen Gender und Diversity. Theorien, Methoden und Praktiken der Chancengleichheit*. 3. Aufl. Münster.

Stengers, Isabelle. 2008. *Spekulativer Konstruktivismus*. Berlin.

Stichweh, Rudolf. 2010. Inklusion/Exklusion, funktionale Differenzierung und die Theorie der Weltgesellschaft. In *Große Armut, großer Reichtum: Zur Transnationalisierung sozialer Ungleichheiten*, Hrsg. Ulrich Beck und Angelika Poferl, 240–260. Berlin.

Therborn, Göran. 1995. Routes to/through modernity. In *Global modernities*, Hrsg. Mike Featherstone, Scott Lash und Roland Robertson, 124–139. London.

Vertovec, Stephen, und Robin Cohen, Hrsg. 2002. *Conceiving cosmopolitanism. Theory, context, and practice*. Oxford.

Walby, Sylvia. 2002. Feminism in a global era. *Economy and Society* 31 (4): 533–557.

Weber, Max. 1988. *Gesammelte Aufsätze zur Wissenschaftslehre*. Tübingen.

Werbner, Pnina, Hrsg. 2008. *Anthropology and the new cosmopolitanism. Rooted, feminist and vernacular perspectives*. Oxford.

Wetterer, Angelika. 2003. Rhetorische Modernisierung: Das Verschwinden der Ungleichheit aus dem zeitgenössischen Differenzwissen. In *Achsen der Differenz. Gesellschaftstheorie und feministische Kritik II*, Hrsg. Gudrun-Axeli Knapp und Angelika Wetterer, 286–319. Münster.

Winker, Gabriele, und Nina Degele. 2009. *Intersektionalität. Zur Analyse sozialer Ungleichheiten*. Bielefeld.

Boltanski/Chiapello: Ein feministischer Geist im neuen Kapitalismus?

Günter Burkart

Zusammenfassung

Was ist der mögliche Beitrag der Theorie des neuen Kapitalismus von Boltanski und Chiapello zu einer gender-sensiblen Gesellschaftstheorie? Auch wenn das AutorInnenpaar kaum auf Geschlechterverhältnisse eingeht, provozieren seine Beschreibungen des „neuen Geistes" des Kapitalismus geradezu die Frage, ob dieses Rechtfertigungssystem möglicherweise stärker als frühere Versionen des kapitalistischen Geistes feministische Ideen integriert – und nicht nur Ideen der ‚Achtundsechziger', wie Boltanski und Chiapello meinen. Der Beitrag geht der Frage nach, ob mit der Durchsetzung des neuen Geistes eine Feminisierung der Kultur des Kapitalismus verbunden sein könnte oder ob eher eine Modernisierung der patriarchalen kapitalistischen Herrschaft zu erwarten ist. Abschließend erfolgt eine zusammenfassende Bewertung der Frage, wie der Kapitalismus mit der feministischen Herausforderung umgeht und was der „neue Geist" für eine gesellschaftstheoretisch orientierte Geschlechterforschung bedeuten könnte.

Boltanski/Chiapello: A Feminist Spirit in the New Capitalism?

Abstract

What possible contributions does the theory on a new spirit of capitalism by Boltanski and Chiapello make to a gender-sensitive social theory? Although these authors hardly mention gender relations, their descriptions of the recent changes in capitalism and its new spirit virtually provoke the question whether

G. Burkart (✉)
Institut für Soziologie und Kulturorganisation, Leuphana Universität Lüneburg,
Scharnhorststr. 1, 21314 Lüneburg, Deutschland
E-Mail: burkart@uni.leuphana.de

H. Kahlert, C. Weinbach (Hrsg.), *Zeitgenössische Gesellschaftstheorien und Genderforschung*, Gesellschaftstheorien und Gender,
DOI 10.1007/978-3-531-19937-5_8, © Springer Fachmedien Wiesbaden 2015

this new system of justification has been integrating not only ideas of the 'six-ty-eight' movement, but also of the feminist movement. The question is raised whether the implementation of the new spirit of capitalism leads to a feminiza-tion of capitalist culture or rather to a modernization of patriarchal domination. In general, it is asked how capitalism deals with the feminist challenges and what significance the theory of the new spirit could have for a social theory embra-cing gender as a central category.

1   Kapitalismus, Krise und Kritik

In ihrer Studie *Le nouvel esprit du capitalisme,* die 1999 in Frankreich erschien, versuchen der Soziologe Luc Boltanski und die Ökonomin Ève Chiapello dem gegenwärtigen Rechtfertigungssystem des Kapitalismus auf die Spur zu kommen. Eine der Grundthesen ist, dass der Kapitalismus in den letzten Dekaden erfolgreich bleiben konnte, weil er die gegen ihn seit den 1960er Jahren vorgebrachte Kritik neutralisieren konnte, indem er sie in das Rechtfertigungssystem einbaute, mit dem er sich gesellschaftliche Zustimmung sichert. Im Anschluss an Max Weber (1980, S. 17–206) wird dieses Legitimationssystem als „Geist des Kapitalismus" bezeichnet. Da es die Kritik einbezieht, lasse sich keine klare Grenze zwischen Ideologie und Kritik ziehen. Es geht daher auch um die ambivalente Rolle der Kritik am Kapitalis-mus für dessen Entwicklung.

An der Kapitalismuskritik seit den 1960er Jahren war auch der Feminismus maßgeblich beteiligt. Eine wichtige Diskussionslinie bezog sich auf die gesell-schaftstheoretische Frage der Bedeutung des Geschlechterverhältnisses im (pat-riarchalen) Kapitalismus. Im Folgenden soll ausgelotet werden, inwiefern das Werk von Boltanski und Chiapello Ansätze für eine Weiterführung dieser Diskussion lie-fert. Zunächst einmal ist festzustellen, dass sich in *Der neue Geist des Kapitalismus* kaum Hinweise auf das Geschlechterverhältnis finden lassen. Das AutorInnenpaar ist an der Geschlechterfrage wenig interessiert. Wenn es zum Beispiel um Gerech-tigkeit oder um Ressourcenverteilung geht, sind es fast immer die klassischen Fra-gen der Ungleichheitssoziologie, die thematisiert werden, und selbst in Bezug auf die Arbeitswelt werden Geschlechtsspezifika kaum angesprochen.

Boltanski und Chiapello konzentrieren sich, wenn sie von kritischen Impul-sen sprechen, die dem Kapitalismus unfreiwillig geholfen hätten, vor allem auf die ‚Achtundsechziger'-Bewegung. Den ‚Protestbewegungen' wird eine zentrale Rolle in der Kritik und in der Erneuerung des Kapitalismus eingeräumt, als die beiden wichtigsten Akteursgruppen werden die Studierenden und die Gewerkschaften identifiziert. Beide werden so behandelt, als ob sie rein männliche Bewegungen ge-wesen wären. Der Feminismus kommt in *Der neue Geist des Kapitalismus* nur am

Rand vor, eher beiläufig. Wenn sämtliche Bemerkungen zu Geschlechterverhältnissen, Feminismus oder Frauenbewegung, die im Buch verstreut sind, gebündelt
und aneinandergereiht wären, würde das kaum zwei Seiten füllen.

Gleichwohl lohnt es sich, so meine These, die Studie auf ihren möglichen Beitrag zu einer *GeschlechterGesellschaftsTheorie* zu durchforsten. Die Beschreibungen, die Boltanski und Chiapello liefern, provozieren geradezu die Frage, ob der
„neue Geist" des Kapitalismus möglicherweise stärker als frühere Versionen des
kapitalistischen Geistes feministische Ideen transportiert.

Im nächsten Abschnitt (2) werden zunächst die Grundzüge der Theorie skizziert, mit der These des Aufkommens eines „neuen Geistes" des Kapitalismus. Im
Anschluss daran (Abschnitt 3) wird die Frage gestellt, ob mit der Durchsetzung
des neuen Geistes eine Feminisierung der Kultur des Kapitalismus verbunden sein
könnte oder ob eher eine Modernisierung der patriarchalen kapitalistischen Herrschaft zu erwarten ist. ‚Feminisierung' meint dabei eine Stärkung von Werten und
Praktiken, die bisher eher als ‚weiblich' galten und demzufolge im patriarchalen
Kapitalismus abgewertet waren, und in der Konsequenz eine Steigerung weiblicher
Partizipations- und Herrschaftschancen. ‚Modernisierung' des Patriarchats meint
eine Aufrechterhaltung männlicher Herrschaft durch Zugeständnisse an die feministische Kritik. Abschließend (Abschnitt 4) wird eine zusammenfassende Bewertung der Frage, wie der Kapitalismus mit der feministischen Herausforderung umgeht und was der „neue Geist" für eine GeschlechterGesellschaftsTheorie bedeutet,
versucht.[1]

2 Die Erneuerung des kapitalistischen Rechtfertigungssystems

2.1 Ökonomie und Ideologie: Der Geist des Kapitalismus

Boltanski und Chiapello interessieren sich für die ökonomisch-sozialen Aspekte
des Kapitalismus nur am Rande, ihre theoretischen Anstrengungen konzentrieren
sich auf den ideologischen ‚Überbau' und dessen sozio-kulturelle Verankerung. Sie
gehen davon aus, dass der Kapitalismus nur erfolgreich ist, solange er Zustimmung
erhält – nicht zuletzt Zustimmung von den abhängig Beschäftigten. Das Arbeits-
verhältnis sei in diesem Fall durch eine Art „freiwillige Unterwerfung" (Boltanski
und Chiapello 2003, S. 42) gekennzeichnet. Für die Arbeiterklasse kann es gute
Gründe geben, nicht gegen ihre (angebliche) Ausbeutung zu revoltieren, sondern

---

[1] Für kritische Lektüre und wertvolle Hinweise danke ich Nina Degele, Heike Kahlert und
Christine Weinbach.

das System im Prinzip zu akzeptieren – sei es auch nur, weil es relativ zu anderen Systemen erträglicher ist. Hier kommt der kapitalistische „Geist" (*esprit*) ins Spiel. Er hat die Funktion der Legitimierung und Beschränkung des Akkumulationsprozesses (Boltanski und Chiapello 2003, S. 64–65, 517–518). Als eine Art freiwillige Selbstkontrolle des Kapitalismus ist er dafür zuständig, diesen den Menschen attraktiv zu machen und eine aufregende Lebensperspektive zu bieten. Er soll moralische Gründe für das Mitmachen liefern, ihre Motivation immer wieder erneuern. Dies ist eine permanente, nie abgeschlossene Aufgabe, da sie ständig unter kritischer Beobachtung steht. Boltanski und Chiapello sprechen von der „Notwendigkeit eines kapitalistischen Geistes" (Boltanski und Chiapello 2003, S. 42–48). Lohnanreize oder Zwangsmaßnahmen könnten immer nur begrenzt wirksam sein. Der Kapitalismus brauche eine Ideologie, die von „außen" komme, d. h. nicht aus der Ökonomie, sondern aus der Kultur, und „die das Engagement für den Kapitalismus rechtfertigt" (Boltanski und Chiapello 2003, S. 43), nicht zuletzt durch Bezug auf das Allgemeinwohl.[2]

Der „Geist" des Kapitalismus ist also nicht nur „Ideologie". Er bezieht sich auf ein komplexes Rechtfertigungssystem. Hier greifen Boltanski und Chiapello auf den Begriff der *cité* zurück, der in *Der neue Geist des Kapitalismus* mit *Polis* übersetzt wurde.[3] Die Polis ist die Wertigkeitsordnung eines Gemeinwesens, die institutionelle Form von Werten und von normativen Mustern der Rechtfertigung. Polisformen (Poleis) sind institutionelle Ordnungen, mit denen vor allem Wertigkeit und relative Größe (Rangplatz) von Handlungen und von Personen (Sozialtypen) festgestellt wird, und wo festgelegt wird, welche Rechtfertigungsmuster benutzt werden können, wie Motivation zustandekommt, wie Überzeugungen, die zu Folgebereitschaft führen, geschaffen werden, wie Wertekonflikte geschlichtet werden können.

---

[2] Man kann darüber diskutieren, ob der Kapitalismus tatsächlich auf die Kultur angewiesen ist, um ‚Sinn' zu finden. Mancher bestreitet das, insbesondere unter Hinweis auf das Geld (Deutschmann 2008). Doch der *Mythos* des Geldes lässt sich ohne Bezug auf Kultur nur schwer erklären. Das Versprechen auf Konsumfülle und Wohlstand wäre ohne einen entsprechenden kulturellen Wertehintergrund kaum in der Lage, die Arbeitsmotivation auf hohem Niveau in Gang zu halten. Besonders in Bezug auf die Konsumsphäre ist der Kapitalismus auf die Kultur angewiesen, aber die Kultur profitiert auch vom Kapitalismus, wie etwa Eva Illouz (2003) am Beispiel der Kommerzialisierung der romantischen Liebe betont.

[3] Der Begriff wurde von Boltanski und Thévenot (2007) in einer historisch-sozialphilosophischen Analyse entwickelt. Dort werden sechs Polisformen unterschieden und ausführlich erläutert: die Poleis der Erleuchtung, der Reputation, der Familienwelt, der Bürgerwelt, der Marktwirtschaft und der Industrie (die entsprechenden französischen Termini sind: *cité inspirée, cité de renom, cité domestique, cité civique, cité marchande, cité industrielle*).

Der Kapitalismus legitimiert sich in verschiedenen Epochen, indem er sich auf allgemeine Rechtfertigungsordnungen (*Poleis*) bezieht, die in der Kultur verfügbar sind. Dabei kann der jeweilige „Geist" auch eine Kombination oder einen Kompromiss von zwei oder mehreren Polisformen umfassen. Der Geist des Kapitalismus bedient sich aus dem Fundus solcher Ordnungen, baut aber zusätzlich die Kapitalismuskritik mit ein. In *Der neue Geist des Kapitalismus* werden die sechs historischen Polis-Formen und ihre Zuordnung zu Etappen des Kapitalismus nur kurz skizziert.[4] In dem empirischen Material, das der Studie zugrunde liegt (Management-Texte), tauchte in den 1990er Jahren ein neuer Komplex von normativen Bezügen auf, den Boltanski und Chiapello in den historischen Polis-Formen nicht finden konnten. Sie konstruierten daher einen neuen Polis-Typus, der den neuen Geist des Kapitalismus bestimmt.

2.2   Ein neuer Geist des Kapitalismus: *Cité par projet*

Der neue Geist ist gekennzeichnet durch die Anforderung an die Akteure, Projekte zu initiieren und mit Netzwerkstrukturen umgehen zu können. Sie sollen *Netzwerke* bilden und pflegen, dabei flexibel, innovativ und kreativ sein. In der *projektbasierten Polis* (*cité par projet,* auch konnexionistische Polis oder Netz-Polis genannt) kommt die größte Wertigkeit jenen Personen zu, die ihre Aktivitäten unter Hinweis auf diese Fähigkeiten begründen können. Dabei beschränkt sich *Aktivität* nicht mehr auf ‚Arbeit' im traditionellen Sinn, sondern bezieht sich vor allem auf *Projekte,* d. h. auf temporäre Arbeitszusammenhänge ohne stabile Hierarchie, kurzfristige Verdichtungen der Netzstruktur. Jedes Projekt wird zu einer Gelegenheit, ein Netzwerk zu entwickeln. Das *Bewährungsmodell* ist der Wechsel von einem Projekt zum nächsten. Jedes neue Projekt gilt als Chance, die eigene Wertigkeit und *employability* zu erhöhen. Sicherheiten gibt es immer weniger.

Die legitimatorische Arbeit des kapitalistischen Geistes setzt an kritischen Punkten an und ist deshalb in der Regel äußerst konflikthaft. Ein Instrument, solche

---

[4] In einer eher flüchtigen historischen Skizze werden drei Etappen des Kapitalismus unterschieden: der familienunternehmerische Kapitalismus im späten 19. und frühen 20. Jahrhundert; der fordistische Manager- und Konzernkapitalismus in den mittleren Jahrzehnten; und der neue Kapitalismus am Ende des 20. Jahrhunderts. Die Zuordnung von Polis-Formen zu diesen Etappen ist keine Eins-zu-eins-Relation. Boltanski und Chiapello gehen von einem jeweiligen Kompromiss zweier dominanter Polis-Formen aus. So herrschte etwa im familienwirtschaftlichen Kapitalismus ein Kompromiss zwischen Familien- und Markt-Polis, im Konzernkapitalismus ein Kompromiss zwischen Industrie- und bürgerweltlicher Polis.

Konflikte zu bearbeiten, sind die *Bewährungsproben*.[5] Damit sind etwa Prüfungen, Wettbewerbsregeln, politische Wahlen, Tarifverhandlungen oder Einstellungstests gemeint. Mit dem Instrument der Bewährungsprobe setzt der „Geist" dem Kapitalismus Schranken gegen allzu ungehemmtes Profitstreben und gewinnt damit an Legitimität, auch bei seinen Gegnern. Erfolgskriterien, die im Kapitalismus gelten, müssen immer wieder ihre Legitimität erweisen und sich gegenüber Kritik behaupten. Zum Beispiel ist in einem marktorientierten Rechtfertigungssystem der Profit nur dann legitim, „wenn die marktwirtschaftliche Bewährungsprobe den strengen Vorgaben der Chancengleichheit entspricht" (Boltanski und Chiapello 2003, S. 66). Bewährungsproben sind die institutionellen Mittel, mit denen die Kritik umgesetzt wird. Wenn die Kritik vom Kapitalismus anerkannt wird, schlägt sich das in veränderten Bewährungsproben nieder – zum Beispiel, indem bei Einstellungsgesprächen ‚Kreativität' heute höher bewertet wird als bürokratie-affine Kompetenzen wie etwa Pünktlichkeit oder Ordnungssinn.

2.3 Der Kapitalismus und die Achtundsechziger (Krise und Kritik)

Den ökonomisch-sozialen Hintergrund für den Aufstieg des neuen Geistes sehen Boltanski und Chiapello zunächst in der Krise des fordistisch organisierten Kapitalismus, der seinen Höhepunkt in der Mitte des Jahrhunderts, zwischen den 1940er und 70er Jahren, hatte. Die Überwindung der organisatorischen Krise gelang seit den 1980er Jahren durch Börsenorientierung, Globalisierung und Flexibilisierung der Arbeit. Der neue Kapitalismus ist durch Vernetzung der Unternehmen, variable Produktionsformen und Globalisierung der Finanzen geprägt. Unternehmen sind nun ‚schlank', Chefs sind nicht mehr ‚autoritär', die Organisationsstrukturen werden unscharf, alles verändert sich ständig, Innovation und Kreativität sind gefragt.

Der fordistische Kapitalismus war aber auch in einer Legitimationskrise. Sie wurde durch die Alternativkultur der 1960er Jahre genährt, aus der starke Forderungen nach individueller Autonomie, Authentizität (gegen Entfremdung), Selbstverwirklichung, Hedonismus, Expressivität usw. kamen. Diese Werte gehen nicht in erster Linie auf die (im engeren Sinn *politischen*) Ideen der ‚Achtundsechziger' zurück, sondern auf Ideale diverser alternativer Bewegungen, die sich mit dem

---

[5] Bewährungsproben (*épreuves*) sind immer *Kraftproben*, d. h. Auseinandersetzungen, in denen Stärke und überlegene Fähigkeiten zum Einsatz kommen. Wenn eine Situation Rechtfertigungszwängen unterliegt, die von den Akteuren auch akzeptiert werden, wird aus der Kraftprobe eine *legitime Bewährungsprobe* (Boltanski und Chiapello 2003, S. 72).

Stichwort ‚Kulturrevolution' zusammenfassen lassen.[6] Diese Kritik war antikapitalistisch, doch im zweiten Schritt, so die These des AutorInnenteams, half sie mit bei der Überwindung der Legitimationskrise, indem die neuen Werte nun für die Erneuerung des Kapitalismus positiv interpretiert werden konnten.[7] Die 68er-Ideen und jene der Alternativkultur waren zunächst gegen die Leistungsgesellschaft gerichtet – jetzt aber kommen die einstmals rivalisierenden Werte zusammen: Leistung und Kreativität, Erfolg und Autonomie, Askese und Hedonismus.

2.4 Die Realität des neuen Geistes

Die These, dass ‚die Achtundsechziger' dem Kapitalismus geholfen hätten, wenn auch unfreiwillig, enthält zweifellos ein Provokationspotenzial, dem das Buch einen Teil seines Erfolgs verdankt. Aber ist sie auch überzeugend begründet? Boltanski und Chiapello haben großen Aufwand betrieben, um diese Frage empirisch zu beantworten: Im Unterschied zu den 1960er Jahren findet man diese Ideen in den Management-Texten der 90er Jahre. Wie haben sie den Weg dorthin gefunden? Das *New Management*, so die Begründung, habe mit seiner neuen Unternehmensphilosophie auf die Künstlerkritik reagiert und Forderungen nach Kreativität, Authentizität und Autonomie aufgegriffen. Außerdem gibt es Hinweise, dass ein Teil der Achtundsechziger direkt für den Kapitalismus zu arbeiten begann. Unternehmensberater und Management-Trainer entstammen häufig der 68er-Bewegung. Die Arbeit für den Kapitalismus sollte ihnen die Möglichkeit zu authentischer Selbstdarstellung und Selbstverwirklichung bieten. Diese neuen Unternehmensberater „kannten sich aus mit der Machtkritik Foucaults", sie verstanden sich darauf, autoritäres Chefgebaren bloßzustellen. „Umgekehrt verstanden sie sich darauf, die außerordentlichen Fähigkeiten, die in jedem Menschen schlummern, humanistisch freizulegen, indem man ihm mit Achtung begegnet und ihm seine Ausdrucksmöglichkeiten lässt." (Boltanski und Chiapello 2003, S. 253)

---

[6] Boltanski und Chiapello unterscheiden *Künstlerkritik* und *Sozialkritik*. Die Kritik am Kapitalismus, dass er Freiheit und Kreativität unterdrücke und zu Sinnverlust und Entfremdung führe, wird „Künstlerkritik" genannt, weil Künstler die Selbstbestimmung der Arbeit und die Autonomie des Subjekts besonders gut verkörpern (Chiapello 1998). Dagegen setzt die „Sozialkritik" (der Gewerkschaften und der Arbeiterbewegung) auf soziale Gerechtigkeit, angemessene Entlohnung und Bekämpfung der Armut.

[7] Die organisatorische Überwindung der Krise erzeugte allerdings ein neues Legitimationsproblem. Insbesondere die Flexibilisierung der Arbeit war eine sozialpolitisch heikle Entwicklung, deren ideologische Absicherung bis heute nicht ganz gelungen ist; der Konflikt zwischen Autonomie und Prekariat, zwischen Flexibilität als Selbstbestimmungschance und Flexibilität als Verlust von Sicherheit, ist heute allgegenwärtig.

Ein weiterer kritischer Punkt wurde in der Sekundärliteratur von Anfang an problematisiert (z. B. Wagner und Hessinger 2008): Was sagen die Management-Texte über die *Praxis* des Kapitalismus aus? Zunächst handelt es sich ja ‚nur' um Texte, Semantiken, Diskurse, nicht anders als bei Max Webers Textauszug aus einer Schrift von Benjamin Franklin („Zeit ist Geld..."), mit dem er den ursprünglichen „Geist" des Kapitalismus illustriert hatte (Weber 1980, S. 31–32). In den Texten mögen zutreffende Leitbilder oder Ideale zum Ausdruck kommen; aber sind sie in der Praxis verankert? Boltanski und Chiapello können zu dieser Frage zwar keine empirische Evidenz anbieten, sie verweisen aber, wie gezeigt, vor allem auf institutionelle Mechanismen wie Bewährungsproben, durch die bestimmte Ideale in sozialen Strukturen verankert werden können. Wenn zum Beispiel in Bewerbungsgesprächen eher Kreativität als Disziplin gefragt ist, dann hat dies Handlungsrelevanz. Solche Bewährungsproben genauer zu untersuchen, wäre also ein wichtiger Test für die Theorie.

3 Der Geist des Kapitalismus und das Geschlechterverhältnis

3.1 Die feministische Kritik am Kapitalismus

Wie eingangs erwähnt, befassen sich Boltanski und Chiapello so gut wie gar nicht mit den Geschlechterverhältnissen. Dennoch erscheint es lohnenswert, die Studie mit der Frage zu konfrontieren, was der „neue Geist des Kapitalismus" für eine GeschlechterGesellschaftsTheorie bedeuten könnte.[8] Die naheliegende Vermutung ist, im Anschluss an *Der neue Geist des Kapitalismus*, der neue Geist habe nicht nur die ‚68er'-, sondern auch die feministische Kritik aufgesogen und produktiv verarbeitet (und Boltanski und Chiapello hätten das übersehen oder ignoriert). Die Kritik hätte somit den Kapitalismus in Bezug auf Gender modernisiert. Es wäre also zu prüfen, ob sich bestimmte Elemente des neuen Geistes bzw. der projektbasierten Polis auf die feministische Kritik zurückführen lassen.

---

[8] Das ist auch der Tenor der feministischen Kritik, der die Leerstelle *Gender* selbstverständlich nicht entgangen ist (Holtgrewe 2008; Fraser 2009). Holtgrewe kommt in ihrer Auseinandersetzung mit *Der neue Geist des Kapitalismus* zu dem Ergebnis, dass in der Konstruktion der Poleis das Geschlecht systematisch vernachlässigt werde – die Rechtfertigungsordnungen hätten diesbezügliche „Ausblendungen und undurchschaute Bestands- und Reproduktionsvoraussetzungen" (Holtgrewe 2008, S. 280). Das gelte für alle Polis-Formen, aber vor allem die projektbasierte Polis blende Familien- und Reproduktionsverhältnisse und die Benachteiligung der Frauen, etwa durch „Gewährleistungsarbeit" (Holtgrewe 2008, S. 295), völlig aus.

Ein wichtiger Strang der feministischen Arbeit war bekanntlich die Kritik am patriarchalen Kapitalismus (vgl. z. B. Beer 1987). Aus feministischer Perspektive kritisierten Soziologinnen die Ausbeutung der Frauen aufgrund ihrer kostenlosen Reproduktionsarbeit und stellten damit auch klar, dass die erfolgreiche Arbeit der Männer im Kapitalismus ohne die ‚Frauen im Hintergrund‘, mit ihrer unentgeltlichen Arbeit im Haushalt des Familienernährers, aber auch mit ihrer Emotionsarbeit in Organisationen (als Sekretärinnen, Assistentinnen usw.), nicht möglich wäre. Reproduktions- und Emotionsarbeit werden dabei gleichzeitig abgewertet, und dort, wo Frauen von der Erwerbsarbeit nicht ausgeschlossen sind, ist ihre Entlohnung häufig schlechter.

Ein Theorie-Problem der feministischen Kapitalismuskritik war allerdings das ungeklärte Verhältnis von ‚Klasse und Geschlecht‘. So hatte der Einwand leichtes Spiel, dass Frauen aus Unter- und Oberschicht nicht unbedingt dieselbe Interessenslage hätten. Diese Fragen werden inzwischen unter Stichworten wie Intersektionalität (Winker und Degele 2009) oder Pluralität (Diversity) von Ungleichheiten, zunehmend auf globaler Ebene (Walby 2009) behandelt. Damit hat sich aber die Kritik am Kapitalismus möglicherweise verflüchtigt. Sie wurde in den Hintergrund gedrängt, zugunsten der Pluralität von Benachteiligungen in diversen Kontexten. Gleichwohl gibt es immer noch einen florierenden Diskussionsstrang ‚Geschlecht als Strukturkategorie‘, bei dem *Arbeit* (insbesondere das Verhältnis von Erwerbs- und Reproduktionsarbeit) und die entsprechenden Benachteiligungen von Frauen weiterhin im Mittelpunkt stehen – doch weitgehend ohne Verwendung des Kapitalismusbegriffs (besonders auf empirischer Ebene, wo eher der Staat angesprochen ist, der für Gleichstellungspolitik und Vereinbarkeitsprogramme zuständig sein soll).

Im Kern zielte die feministische Kritik an der kapitalistischen Geschlechterordnung darauf ab, die manifeste oder latente Relevanz von Geschlecht – bezogen nicht nur auf Personen, sondern auch auf Eigenschaften, Kompetenzen und Tätigkeitsfelder – als Kriterium für differentielle Wertigkeit (Ungleichheit) zurückzuschrauben. Gleichwohl sollte Geschlecht nicht völlig irrelevant werden, damit auch Besonderheiten der jeweiligen Geschlechter Anerkennung finden und positive Effekte für das Gemeinwesen haben könnten.

3.2 Neue Formen der Herrschaft?

Für die Frage, wie das Geschlechterverhältnis im neuen Geist des Kapitalismus bzw. in der projektbasierten Polis – wenn auch nur latent oder virtuell – vorkommt, ist es zunächst sinnvoll, die Herrschaftskonzeption in *Der neue Geist des Kapitalismus* zu untersuchen. Herrschaftstheoretisch schließen Boltanski und Chiapello mit der

Maxime, dass Herrschaft im Kapitalismus legitimiert sein muss, an Max Weber an, verändern aber mit dem Aufgreifen der Netzmetaphorik die Perspektive. Zwar äußern sich Boltanski und Chiapello kaum zu patriarchalen Formen von Herrschaft, doch müssten selbstverständlich auch diese legitimiert sein. Das gilt insbesondere für die Idee der Gerechtigkeit, die zentral für den Geist des Kapitalismus ist: Geschlechtergerechtigkeit in Bezug auf den Zugang zu Projekten und Netzwerken ist dann eine wesentliche Forderung.

Im Kontext des „neuen Geistes" geht es nicht mehr um stabile Herrschaftspositionen, sondern um temporäre Projektdominanz. Die Ablehnung von Hierarchien und Befehlsstrukturen könnte sich auch gegen das patriarchale Prinzip richten. Das heißt allerdings nicht, dass es keine herrschende Klasse mehr gibt. Zu dieser gehören im neuen Kapitalismus jedoch nicht mehr nur die alten Führungskräfte (*cadres*) und die klassischen ‚Manager', sondern zunehmend auch Projektleiter, Teamkoordinatoren und Berater (*coaches*). Sie sind eher Teamleiter als Befehlsgeber, sie können mit Mitarbeitern umgehen. Sie sind eher kreativ als bürokratisch, sie werden zu Vordenkern und Impulsgebern. Zwar wird für Boltanski und Chiapello die herrschende Klasse immer noch weitgehend im ökonomischen Kernbereich rekrutiert. Aber für führende Positionen kommen verstärkt die Führungsfiguren der erfolgreichen Künstlerkritik in Frage. Und damit könnte auch der Frauenanteil in der Führungselite – in der herrschenden Klasse – steigen.

Der globale Kapitalismus ist immer noch ein Machtsystem, aber er hat auch zunehmend den Charakter einer vernetzten Welt. Wie Manuel Castells (1996; vgl. dazu Degele in diesem Band) sehen auch Boltanski und Chiapello den Kapitalismus zunehmend als Netzwerkstruktur. Dennoch lässt sich ihr Ansatz nicht als ‚Theorie der Netzwerkgesellschaft' charakterisieren. Im Unterschied zu Castells meint das AutorInnenpaar, dass Netzwerke allein keine Rechtfertigungslogik bieten könnten (Boltanski und Chiapello 2003, S. 149–152). Erst durch die projektbasierte Polis, als einem normativen System, das in einer vernetzten Welt Schranken setzt, erhält ein Netzwerk Legitimität.

In der Netzwerktheorie verlieren die Individuen, die sich vernetzen, tendenziell ihre festen Eigenschaften (Alter, Geschlecht) (Boltanski und Chiapello 2003, S. 199–200), die Bedeutung askriptiver Merkmale schwindet. Das gilt auch für Klassenunterschiede: Ein Festhalten an patriarchaler Klassenherrschaft ist nicht vorgesehen. Der *Klassenhabitus* verliert an Bedeutung. In einer vernetzten Welt kommt es nicht mehr so sehr auf die Herkunft an, sondern mehr auf die Fähigkeit, auch zu neuen sozialen Welten Kontakte knüpfen zu können. Zum Beispiel verliert der elitäre, auf die eigene Klasse arrogant bezogene Sohn der Bourgeoisie seinen Vorsprung (Boltanski und Chiapello 2003, S. 164). Im Umkehrschluss, so können wir weiterdenken, verbessert die Aufsteigerin mit der Fähigkeit, sich in mehrere soziale Welten hineinversetzen zu können, ihre Chancen. Auch der männliche Aufsteiger kennt nicht nur zwei Klassenwelten, er kennt auch zwei Geschlechterwelten, und er kennt dabei nicht nur die hegemoniale Männlichkeit, die stärker mit der herrschenden Klasse verbunden ist.

3.3 Selbstverhältnisse

Die strukturellen Veränderungen im Zusammenhang mit der Transformation der kapitalistischen Rechtfertigungsordnung haben auch Auswirkungen auf die subjektive Seite. Der Geist des Kapitalismus muss (in jeder Epoche) ein passendes Arbeitsethos vermitteln, mehr noch: eine zur Wirtschaftsform passende Lebenshaltung, eine Basis-Identität, einen Charaktertypus – möglicherweise mit Vorteilen für ein Geschlecht, vielleicht aber auch geschlechtsneutral.

Der idealtypische Charakter des neuen Kapitalismus, so lässt sich zunächst etwas plakativ sagen, ist das mobile, flexible Individuum, das fortwährend in Projekte eingebunden ist und ständig an neuen Netzwerken arbeitet. Dieser Projektmensch ist ‚Unternehmer in eigener Sache‘ oder Unternehmer seiner selbst. Der ‚schwerelose‘ flexibel-mobile Kontaktmensch hält sich nicht mehr so stark an Besitz oder gar an Immobilien fest, für ihn sind befristete Nutzungsrechte, Miet- und Leihverhältnisse (Leasing) wichtiger. Auch feste Machtpositionen sind ihm nicht so wichtig. Dafür ist ihm aber umso wichtiger, meinen Boltanski und Chiapello, sich selbst zu besitzen, über sich selbst zu verfügen, sich als „das Produkt seiner eigenen Arbeit an sich selbst" zu verstehen, sich selbst gegenüber Verantwortung zu übernehmen (Boltanski und Chiapello 2003, S. 208).

Da im neuen Kapitalismus Teamfähigkeit und Vernetzung im Vordergrund stehen und alte Hierarchien geschwächt sind, muss die Kontrolle der Mitarbeiter stärker auf Selbstkontrolle umgestellt werden. Aber Selbstkontrolle funktioniert nur, wenn es eine Eigenmotivation gibt, ein Interesse an der Firma, ein Verantwortungsgefühl für das Gemeinsame. Mit einem Wort: Wenn das *Selbstmanagement* funktioniert. Deshalb hat sich eine florierende Selbstentfaltungsindustrie entwickelt, mit dem *Coach* als wichtiger neuer Figur, die nicht zuletzt dazu da ist, den neuen Führungskräften zu helfen, sich selbst besser zu verstehen, Selbstreflexion zu betreiben, letztlich: Selbst-Regierung zu ermöglichen. Die neuen Herrschaftsverhältnisse gehen also auch in Richtung Selbstthematisierung, Selbstkontrolle und Selbstmanagement.[9]

---

[9] Es gibt interessante Parallelen zwischen dem Ansatz von Boltanski und Chiapello und dem Konzept der Gouvernementalität von Foucault. In beiden Theorien geht es um die Verknüp-

Allerdings sind in der konnexionistischen Welt (Netzwerke) und der projektbasierten Polis Spannungsverhältnisse eingebaut, die für die Subjekte zu großen
Problemen führen können: Spannungen zwischen Authentizität und Flexibilität,
zwischen ‚Charakter‘ und Mobilität, zwischen Einzigartigkeit, Kreativität, Innova-
tionsfähigkeit und Anpassungsbereitschaft. Ebenso spannungsvoll ist das Verhältnis von Askese und Hedonismus, von Leistungsintensität und Lebensqualität. All
das lässt vermuten, dass hier auch die Quelle der häufig diagnostizierten neuen
Überforderungskrise (Burn-out-Syndrom) liegt.

3.4 Feminisierung des Kapitalismus oder Modernisierung des Patriarchats?

Welche Konsequenzen haben nun diese Eigentümlichkeiten des neuen Geistes und
der projektbasierten Polis für die Geschlechterverhältnisse – oder anders herum
gefragt: Inwieweit sind Elemente der feministischen Kritik in den neuen Geist ein-
geflossen?

Zunächst lässt sich konstatieren, dass im Verlauf der historischen Entwicklung
ein Prozess der Ent-Patriarchalisierung in Gang kommt. In den alten Polis-Formen sind patriarchale Strukturen noch deutlich zu sehen: Der Patriarch im Fami-
lienkapitalismus hat das Geschlechterverhältnis zur Voraussetzung, wie es sich in
der bürgerlichen Familie des 19. Jahrhunderts herausgebildet hatte. Der Übergang
vom patriarchalen Familien- zum Manager-Kapitalismus bringt einen Wandel der
hegemonialen Männlichkeit mit sich, einen Bedeutungsverlust der Figur des patriarchalen Unternehmers. Zwar bleiben die Frauen dabei weiterhin auf die Sphäre
der Häuslichkeit und der Emotionalität beschränkt, doch die Stärkung von univer-
salistischen Kriterien (Leistung, rationale Organisation, ‚zielgesteuerte Unterneh-
mensführung‘) bereitet auch den Boden für den Abbau patriarchaler Herrschaft.
So findet sich in der entsprechenden Management-Literatur der 1960er Jahre zum
Beispiel Kritik an der alten Praxis der Patronage, der zufolge Söhne von Unterneh-
mern selbst dann relativ leicht Führungspositionen bekamen, wenn ihre Fähigkeiten wenig überzeugend waren (Boltanski und Chiapello 2003, S. 105–106).

Auch beim Übergang zum „neuen Geist" ändert sich das Geschlechterverhältnis bzw. die Bedeutung der Kategorie Geschlecht. Der „neue Geist" des Kapitalismus setzt auf Flexibilität, Mobilität und auf *gesteigerte Individualität*. Jede Form
der Steigerung von Individualität stellt überkommene Hierarchien in Frage, also

---

fung von Herrschaft und Subjektivität in dem Sinn, dass sich Herrschaft zunehmend auf
Selbstbeherrschung verlagert. Vgl. dazu auch Michalitsch in diesem Band.

auch die Geschlechterhierarchie (zumindest dann, wenn ‚Individualität' nicht doch latent stärker mit ‚Männlichkeit' verknüpft ist). Hier lässt sich eine Parallele zu Niklas Luhmann und zur Theorie der funktionalen Differenzierung erkennen (vgl. Weinbach in diesem Band). Ein Festhalten an der Geschlechterasymmetrie oder auch nur an der Relevanz der Kategorie Geschlecht wird dort in der Regel als Modernisierungshemmnis gesehen, gerade auch, wenn Modernisierung als Individualisierung verstanden wird.

Aber auch mit Blick auf die Eigenschaften, die in der projektbasierten Polis gefördert werden, ist eine *Tendenz der Feminisierung des Kapitalismus* erkennbar. Die neue projektbasierte Polis und das Networking setzen Kommunikationsfähigkeit, Empathie, Teamfähigkeit usw. voraus, also eher Eigenschaften und Kompetenzen, die als ‚weiblich' gelten. ‚Arbeit' wird durch ‚Aktivität' ersetzt, es geht darum, Projekte zu initiieren, das schließt auch Projekte des guten Lebens und antikapitalistische Projekte mit ein, ebenso Projekte, die sich gegen tradierte männliche Herrschaft wenden. Eine gute Networkerin muss eine flexible Führungspersönlichkeit sein, die gut zuhören kann, mit jedem redet, nicht arrogant auftritt. Sie muss Ideen anderer aufgreifen können, daraus kreativ etwas machen, sie muss ein „offener und neugieriger Geist" (Boltanski und Chiapello 2003, S. 160) sein. Es geht der guten Teamplayerin nicht in erster Linie um ihren individuellen Karriere-Erfolg, denn das Projekt ist immer eine Gemeinschaftsaufgabe. Die Projektinitiatoren sind Teamplayer, Integrationsfiguren, Impulsgeber.

Dies sind Implikationen aus den Beschreibungen des neuen Geistes. Empirische Befunde hierzu sind allerdings noch spärlich und nicht sehr eindeutig. Über Erfolgskriterien in projekt- und netzförmig strukturierten Arbeitsfeldern wissen wir noch nicht allzu viel (Holtgrewe 2008, S. 299). Einige Studien deuten darauf hin, dass Frauen mehr Chancen in der projektbasierten Polis haben könnten (Smith-Doerr 2004; McKinsey 2007, 2010).[10]

Von einer Feminisierung des Kapitalismus zu sprechen mag gleichwohl gewagt erscheinen. Diese Entwicklung ist ambivalent und widersprüchlich, es gibt Gegentendenzen. Auf der einen Seite fördert der neue Geist ‚feminisierte' Werte (Empathie, Kommunikationsfähigkeit, psychologisches Geschick), auf der anderen Seite fördert und fordert er auch Werte wie Flexibilität und Mobilität, die vor allem von netzwerkorientierten männlichen Singles gut zu verfolgen sind, aber auch von klassischen Familienmännern, die sich ganz auf ihre Karriere konzentrieren können.

---

[10] Weitere Hinweise bei Holtgrewe (2008, S. 299–303). – Frauen seien im Durchschnitt die besseren Führungskräfte im Sinne von Coaching und Teamworking. Wenn sie es zur Managerin gebracht haben, hätten sie einen erfolgreicheren Führungsstil als Männer. Es gibt Untersuchungen, die darauf hindeuten, dass Unternehmen höhere Profite machen, wenn in den Führungsetagen mehr Frauen sitzen (Eagly 2007).

Im globalisierten Kapitalismus könnte eine neue männliche Elite aufsteigen, die sich noch stärker von der Familie löst, mit einer Orientierung an „transnational business masculinity" (Connell und Wood 2005; vgl. Meuser 2010). Auch gibt es Hinweise, dass die feministische Gleichstellungsforderung, die in der Terminologie von Boltanski und Chiapello der Sozialkritik entspricht, eher in bürokratischen Organisationen und staatlich stärker kontrollierten Bereichen erfolgreich ist (Holtgrewe 2008, S. 299) als in der projektbasierten Polis, deren Logik, wie gezeigt, askriptive Merkmale nicht favorisiert.

3.5 Das Leben als Projekt

Eine Gegentendenz zur Feminisierung des Kapitalismus – also eine Erneuerung männlicher Vorherrschaft (Re-Patriarchalisierung) – zeigt sich besonders, wenn man das Verhältnis von bezahlter Erwerbsarbeit und unbezahlter Arbeit in der Privatsphäre in den Fokus rückt. Flexibilität und Mobilität, wie sie der neue Geist fordert, ist auf Single-Männer und auf mehr oder weniger klassische männliche Familienversorger zugeschnitten. Sie sind mobil, weil sie sich nicht um Familie und Kinder kümmern müssen, während Frauen eher immobil sind. Pendeln von einer Familienwohnung zum Projektort ist eine männliche Angelegenheit, ebenso das *networking* spätabends und am Wochenende (Gill 2002; Manske 2007). Boltanski und Chiapello sprechen von Immobilität als neuer Form der Ausbeutung. Erfolg in der projektbasierten Polis setzt Zeitsouveränität (man muss selbst sehen, wie man mit seiner Zeit klarkommt) und große zeitliche Verfügbarkeit (Kopräsenz bei Projekten) voraus, kurz: entgrenzte Arbeitszeiten bzw. einen Abbau der Grenze zwischen Beruf und Privatleben, die bisher eine Schutzgrenze gegenüber der Rationalisierung des Privatlebens war. Verfügbarkeit und entgrenzte Arbeitszeiten sind also für alle Frauen eher ein Problem, die nicht ungebunden sind. In den Werbeagenturen zum Beispiel sitzen vorwiegend junge Männer, und gerade die Werbewirtschaft gehört zu jenen Branchen, in denen die Trennung zwischen Privatleben und Berufsarbeit am stärksten aufgebrochen wurde (Koppetsch und Burkart 2002; Koppetsch 2006).

Aufhebung der Grenze heißt aber nicht nur Verfügbarkeit und Flexibilität, sondern auch, dass die Arbeitswelt Eigenschaften präferiert, die bisher eher der Privatsphäre zugeschrieben wurden, wie Hochschild (1997) gezeigt hat: *work becomes home*. Der Arbeitsplatz wird emotionalisiert und behaglich gemacht. Umgekehrt allerdings scheint die Logik der Projektförmigkeit auch im Privatleben spürbar zu werden: *home becomes work*. Das Privatleben wird der Logik der neuen Ökonomie unterworfen, rationalisiert und kommerzialisiert (Hochschild 2003). Die Lebens-hilfe-Bücher, die Hochschild analysiert, „können als Äquivalent der Management-literatur für die Sphäre der Intimität und Sorge gelten" (Holtgrewe 2008, S. 282). Für Frauen ist gerade die Flexibilität äußerst ambivalent. Auf der einen Seite können flexible Arbeitszeiten dazu beitragen, das Vereinbarkeitsproblem besser zu bewältigen. Außerdem kommt sie den Frauen entgegen, weil sie es möglich macht, bisherige ‚weibliche' Eigenschaften bzw. solche, die einst für die Privatsphäre ty-pisch waren, ins Arbeitsleben einzubringen. Doch auf der anderen Seite bedeutet Flexibilisierung der Arbeit für die Frauen meist auch, dass sie nun umso stärker auch im Privatleben gefordert sind: Sie müssen eher mit der Doppelbelastung fertig werden. Man muss jedenfalls, um in der Netzwelt erfolgreich zu sein, rücksichtslos gegenüber der eigenen Familie werden. Es ist wichtiger seine Zeit zu nutzen für Kontakte mit wichtigen Personen, „anstatt sie im Freundes- und Verwandtenkreis bzw. im Kontakt mit Menschen zu vergeuden, deren Umgang lediglich ein affek-tives oder spielerisches Vergnügen bietet" (Boltanski und Chiapello 2003, S. 205).

Nicht zuletzt hat die Logik der Projekt-Polis Konsequenzen für das ganze Leben. Im neuen Kapitalismus muss auch das eigene Leben als eine Folge von Projekten aufgefasst werden. Man „verzichtet darauf, lebenslang ein einziges Projekt (eine Berufung, einen Beruf, eine Ehe etc.) zu verfolgen", man ist mobil und ungebun-den, immer offen für neue Kontakte (Boltanski und Chiapello 2003, S. 169). Der Lebenslauf wird von der Suche nach neuen ‚Projekten' bestimmt, in denen sich private und berufliche Ziele und Wünsche wechselseitig ergänzen und befruchten.

In einem Buch zur Abtreibungsproblematik spricht Boltanski vom „elterlichen Projekt" und von der „projektgebundenen Zeugung": Man bekommt nicht einfach ein Kind – es ist ein Projekt, in dem man sich selbst realisieren kann. Das elter-liche Projekt in einer projektbasierten Polis – hier wird der Begriff ganz auf das Privatleben bezogen – erweise sich als „Bollwerk gegen die Fragmentierung und bildet einen der möglichen Wege auf der Suche nach einem ‚authentischeren' Le-ben" (Boltanski 2007, S. 186).[11] Aber die projektgebundene Zeugung im Zeitalter der möglichen Entkopplung von Sexualität und Fortpflanzung – durch Verhütung – macht Abtreibung nicht hinfällig, denn Verhütung kann misslingen: So wird die Abtreibung zu einem misslungenen Projekt.

---

[11] In der familienweltlichen Polis dagegen steht die Zeugung eines Kindes im Kontext der Verwandtschaftserwartungen; und in der bürgerweltlichen Polis steht sie im Kontext staat-licher Erwartungen (Bevölkerungsnachwuchs).

3.6 Die Paradoxie der feministischen Kritik

Welche Hinweise gibt es nun, dass die feministische Kritik zur Stabilisierung des kritisierten Kapitalismus beigetragen haben könnte? Der Feminismus hat offenkundig den Kapitalismus – oder zumindest ‚dessen' Geschlechterordnung – sowohl im Sinne der Sozialkritik (Gerechtigkeit, Gleichheit) als auch im Sinne der Künstlerkritik (Anerkennung, Autonomie, nichtentfremdete Arbeit) in Frage gestellt. Aber warum sollte dies den Kapitalismus oder die Geschlechterordnung stärken?

Folgen wir Boltanski und Chiapello, dann ist die Rolle jeglicher Kritik zweischneidig: Die KritikerInnen stehen immer in der Gefahr, dass sie dem Kapitalismus letztlich mehr nützen als schaden. Ein ähnliches Problem der „Entwaffnung der Kritik" (Boltanski und Chiapello 2003, S. 211) könnte auch die feministische Kritik haben. Ohnehin ist in diesem Sinn jegliche ‚reformistische' Kritik problematisch; sie kann immer schon als Versuch verstanden werden, die Herrschaft durch Modernisierung zu stabilisieren.

Komplizierter als mit den eher offensichtlichen ‚Reformen' ist es mit den paradoxen, nichtintendierten Effekten von Kritik. Arlie Hochschild hat zum Beispiel schon vor zwanzig Jahren darauf aufmerksam gemacht, dass die Kommerzialisierung der Privatsphäre als nichtintendierte Folge der Kritik des Ausschlusses der Frauen aus der kapitalistischen Ökonomie betrachtet werden könne.[12] Indem Frauen die traditionelle Rolle verließen, meint Hochschild, wurde die Familie geschwächt, und dies förderte die Kommerzialisierung des privaten Lebens, die McDonaldisierung der Familie, etwa durch Fast-Food und andere zweifelhafte Rationalisierungen des häuslichen Lebens. In einem ihrer stark vereinfachenden, plakativen aber prägnanten Sprachbilder heißt es, dass Frauen heute vielleicht in der Situation wären, „to jump from the frying pan of patriarchy into the fire of capitalism" (Hochschild 2003, S. 148).

Man mag Hochschild an diesem Punkt für konservativ halten: Sie scheint letztlich eine ‚warme' Familienwelt gegenüber einer ‚kalten' Rationalität zu präferieren – eine etwas naive, allzu plakative Gegenüberstellung. Sie scheint dabei sogar die Nachteile der alten Familienwelt in Kauf zu nehmen, wenn sie sagt, die alten konservativen Werte, gegen die der Feminismus kämpfte – Familie, Gemeinschaft, Kirche – hätten eine Kommerzialisierung verhindert oder jedenfalls abgemildert, solange sie stark waren (Hochschild 2003, S. 23).

---

[12] Der Text, in Anlehnung an Weber *The commercial spirit of intimate life and the abduction of feminism* betitelt, geht auf einen Vortrag beim Frankfurter Soziologiekongress (1990) zurück. Hier zitiert nach Hochschild (2003, S. 13–29).

Wie auch immer: Die Denkfigur passt jedenfalls gut zu einer Interpretation des *Der neue Geist des Kapitalismus*, bei der man an die Stelle von – je nachdem ‚Künstlerkritik' oder ‚Sozialkritik' – ‚feministische Kritik' setzt. Der Feminismus würde dann unbeabsichtigt den kommerziellen ‚Geist' der neuen Privatverhältnisse legitimieren, weil er die Rationalität präferiert und somit in Kauf nimmt, dass die alten emotionalen Bindungen geschwächt werden und die Kommerzialisierung des Intimlebens damit leichtes Spiel hätte. Der Feminismus würde so die weitere Durchdringung des Privatlebens mit kapitalistischen Prinzipien fördern – und damit vielleicht hinterrücks auch die männliche Herrschaft stabilisieren.[13]

Auch Fraser (2008, 2009) meint, mit Bezug auf *Der neue Geist des Kapitalismus*, „second-wave feminism" (der sich mehr auf Identität und Anerkennung statt auf ökonomische Fragen konzentrierte – also eher ‚Künstlerkritik' als ‚Sozialkritik') habe unwissentlich den neuen Geist des Kapitalismus unterstützt. Die Hinwendung zum Kulturalismus in der feministischen Kritik, die Entkopplung der Anerkennungsfrage von der Umverteilungskritik, habe ungewollt dem Neoliberalismus in die Hände gespielt. Nach Fraser hat außerdem die feministische Kritik am Familieneinkommen letztlich mit dazu beigetragen, die Flexibilisierung der Arbeit zu verstärken oder zumindest attraktiver zu machen – nicht zuletzt durch die Frauen, die überall auf der Welt mehr Teilzeitarbeit machen – und damit die Kommodifizierung der Arbeit zu verstärken.

Gemäß der Analyse von Boltanski und Chiapello gibt es aber durchaus Möglichkeiten für die feministische Kritik, erfolgreich auf den Kapitalismus Einfluss auszuüben. Ein Ansatzpunkt sind die Bewährungsproben, da diese ein wichtiges institutionelles Mittel der Durchsetzung des neuen Geistes sind: „Die Wirkung der Kritik auf den Kapitalismus erfolgt über den Einfluss, den sie auf die zentralen Bewährungsproben des Kapitalismus ausübt." (Boltanski und Chiapello 2003, S. 74) Mittels Bewährungsproben wird die Wertigkeit von Personen und damit die Auslese und Statuszuweisung gesteuert. Die weitere Ausgestaltung der Bewährungsproben (Einkommensregeln, Rekrutierungsmechanismen, Entscheidungsprozeduren usw.) im Sinne von Geschlechtergerechtigkeit ist ein naheliegendes Feld, in dem die Kritik Einfluss geltend machen kann. Zwar hat der Kapitalismus ein Interesse daran, dass bestimmte Tätigkeiten gering entlohnt werden, aber letztlich hat er kein Argument, warum Frauen schlechter bezahlt werden sollten; oder warum Frauen

---

[13] Ähnlich lässt sich auf der Basis von Überlegungen zur Rationalisierung des Privatlebens durch das Modell der egalitären Partnerschaft argumentieren: Das Eintreten für eine gerechte Arbeitsteilung kann dazu führen, an Stelle des Gabentausches in der Paarbeziehung Prinzipien des ökonomischen Tausches, der marktorientierten Berechnung, einzuführen (Koppetsch und Burkart 1999; Burkart und Koppetsch 2004).

einen Betrieb nicht genau so gut oder besser führen können sollten. Das askriptive Kriterium Gender passt nicht mehr zum neuen Geist.

4   Fazit und Ausblick: Kapitalismus, Feminismus und die neue Elite

4.1   Der Kapitalismus und die feministische Herausforderung

Fassen wir zusammen: Der Kapitalismus erhöht seine Erfolgschancen, wenn er immer wieder die Kritik von außen aufgreift und versucht, sie in sein System zu integrieren – soweit es nicht die grundsätzliche Profitorientierung in Frage stellt. So hat er es – laut Boltanski und Chiapello – mit den Werten der Achtundsechziger gemacht, und so müsste er es in analoger Weise auch mit den Werten des Feminismus machen. Würde der Kapitalismus in seinen neuen Geist nicht feministische Forderungen einbeziehen, verlöre er einen wichtigen Teil seiner Legitimation. Er muss auch die Gruppen ‚begeistern', die bisher weniger vom Kapitalismus profitierten: die Frauen, oder auch die bisher marginalisierten Männer. Er muss die Gerechtigkeitsidee auch in Bezug auf Geschlechterverhältnisse aufgreifen.

Patriarchale Prinzipien werden obsolet. Ein Team muss nicht zwangsläufig einen männlichen Chef haben (wenn überhaupt einen Chef). Wenn es richtig ist, dass es im 20. Jahrhundert zu einer „Feminisierung der Kultur" (Cancian 1987) und einer „Psychologisierung der Ökonomie" (Illouz 2006) gekommen ist, dann wäre der „neue Geist" des Kapitalismus stärker als frühere Formen mit Fähigkeiten und Eigenschaften kompatibel, die bisher eher für ‚Weiblichkeit' standen. Die alte Asymmetrie der Geschlechterdifferenz erscheint als obsoletes Relikt, deren Beachtung für den fortgeschrittenen Kapitalismus eher hinderlich wäre – der Traditionalismus war immer ein großer Feind des Kapitalismus, wie schon Karl Marx und Max Weber wussten. Mögen auch männerbündische Netzwerke den Einzug der Frauen in solche Projekte und Netzwerke noch verhindern – es entspricht nicht mehr dem neuen Geist.

Trotz aller Errungenschaften der Geschlechterpolitik wäre es jedoch verfrüht, einen Niedergang männlicher Dominanz oder sogar eine Feminisierung des Kapitalismus (einen Aufstieg weiblicher Dominanz) als unvermeidliche Trends zu konstatieren. Die Verarbeitung der Kritik kann ebenso zu einer Modernisierung patriarchaler Strukturen beitragen. Es gibt immer wieder Hinweise, dass die Zugeständnisse aufgeschlossener Männer an die feministische Kritik an der Oberfläche und der diskursiven Ebene verbleiben und dass in der Alltagspraxis die alte Ordnung reformiert und stabilisiert wird (Koppetsch und Burkart 1999; Burkart 2007a, 2007b).

4.2 Gesellschaftstheoretische und zeitdiagnostische Konsequenzen

Welche zeitdiagnostische Reichweite hat die Theorie des neuen Kapitalismus, welche Visionen und Ängste sind mit dem neuen Geist verbunden, und was bedeutet der Ansatz in *Der neue Geist des Kapitalismus* für eine GeschlechterGesellschafts-Theorie?

Zunächst zur Frage der Reichweite des neuen Geistes des Kapitalismus. Die projektbasierte Polis ist eine Rechtfertigungsordnung, die in idealtypischer Weise besonders die Veränderungen im Managementbereich von Kreativwirtschaft und Wissensökonomie zum Ausdruck bringt. Ihre Merkmale lassen sich empirisch an bestimmten Bereichen des Kapitalismus ablesen: Werbung und Beratung, Wissens- und Informationsökonomie, Biotechnologie. Es geht um das Schnittfeld von Ökonomie und Kultur (Kulturvermittlung, Kulturmarketing), also um Bereiche, wo ästhetische Standards und Profitinteresse vereinbar gemacht werden müssen. Dort, und besonders im Kontext des Internet, sind Netzwerkfirmen und projektorientierte Arbeitsformen stärker verbreitet als in den klassischen Industrie- und Dienstleistungsökonomien.

Ohnehin ist die kapitalistische Wirtschaft nicht zwingend mit einer bestimmten Rechtfertigungsordnung verbunden. So herrschte laut *Der neue Geist des Kapitalismus* etwa im familienwirtschaftlichen Kapitalismus ein Kompromiss zwischen Familien- und Markt-Polis, im Konzernkapitalismus ein Kompromiss zwischen Industrie- und bürgerweltlicher Polis. Und auch im neuen Kapitalismus, so das Ergebnis der empirischen Analyse von Boltanski und Chiapello (2003, S. 185), rangiert die an Effizienz orientierte Industrielogik immer noch vor der Netzlogik, und auch der Marktlogik kommt immer noch eine erhebliche Bedeutung zu. Würde man die Analyse nach bestimmten Wirtschaftsfeldern aufschlüsseln, wäre die Dominanz der Netzpolis auf die genannten Branchen konzentriert. Auch für Funktionsbereiche außerhalb der Wirtschaft könnten andere Rechtfertigungsordnungen noch bedeutsam sein. Die empirische Analyse ist begrenzt, und es bleibt abzuwarten, ob und wie der Polis- und Netzwerkkapitalismus langfristig seinen Einflussbereich ausdehnen kann.

Die Frage der Reichweite lässt sich auch noch in sozialstruktureller Hinsicht aufwerfen. Auffallend ist bei vielen Beispielen, sowohl was die Beschreibungen der Projekt-Polis betrifft als auch die feministische Kritik daran, dass es nicht um Fabrikarbeit geht, nicht um einfache Büroarbeit, nicht um Händler und Handwerker – es geht um die neuen Wissens- und Kommunikationsbranchen und dabei stehen Kreativität, Innovation und Führungsaufgaben im Zentrum. Vielleicht gilt die projektbasierte Polis nur für ein bestimmtes Segment der Arbeitskräfte, für die hoch qualifizierten WissensarbeiterInnen. Ist der „neue Geist" nur das neue Rechtfertigungssystem für eine neue Elite, zu der allerdings zum ersten Mal die Frauen gehören – wenn auch nur die hoch qualifizierten? Die von Hochschild analysierte Unternehmenskultur gilt nicht einfach für ‚die Frauen' oder ‚die Männer' oder ‚die Beschäftigten'. Es sind vor allem die hoch qualifizierten Frauen und Männer, für die der Arbeitsplatz zum ‚Zuhause' wird. Diesen Frauen kommt diese Unternehmenskultur entgegen, sie haben eine Tendenz, wie die Männer, die Arbeit zuhause zu marginalisieren (Dierks 2006).

Zwar war in den letzten Jahren manchmal auch vom ‚*akademischen* Prekariat' die Rede – und damit wurde der Eindruck erweckt, es ginge den AkademikerInnen im neuen Kapitalismus schlechter. Das mag für bestimmte Bereiche nicht ganz unbegründet sein, aber insgesamt ist der neue Geist attraktiv für die höheren Bildungsschichten – und zwar für Männer und Frauen. Die Künstlerkritik und die Sozialkritik unterscheiden sich ja unübersehbar nicht nur in ihrer kulturellen, sondern auch in ihrer sozialstrukturellen Grundlage. Der neue Geist hat vor allem Werte der Künstlerkritik aufgenommen, die für einfache Arbeitstätigkeiten gar nicht relevant sind: Kreativität, Innovationskraft, Autonomie, Authentizität, Selbstverwirklichung – allenfalls Flexibilität kann als universell angesehen werden, doch hat auch sie wieder sehr unterschiedliche Auswirkungen für unterschiedliche Qualifikationsgruppen: Flexibilisierung bedeutet für die einen oft Prekarisierung, für die anderen Autonomiegewinn.

Als neues kulturelles Wertesystem ist der neue Geist des Kapitalismus ambivalent und löst unterschiedliche Ängste und Visionen aus. *Befürchtungen*, die sich für die gesellschaftliche Entwicklung aus der Analyse von Boltanski und Chiapello ergeben, sind: verstärkte und umfassende Prekarisierung, Zerstörung auch noch der letzten Sicherheiten und Gemeinschaftsbezüge, Flexibilisierung auf allen Ebenen, so dass auch die biographische Unsicherheit ins Unermessliche ansteigen könnte. Ebenso das Ausmaß an Selbst-Kontrolle und negativ verstandener Selbst-Herrschaft. Darüber hinaus ist auf der Organisationsebene zu befürchten, dass Netzwerk-Opportunismus, eine neue Vetternwirtschaft, Korruption usw. stärkeres Gewicht bekommen. Der neue Geist des Kapitalismus kann, auf der anderen Seite, die *Vision* eines gerechteren Kapitalismus unterstützen, in dem sowohl die Forderungen der Sozialkritik (Gerechtigkeit und Sicherheit) als auch jene der Künstlerkritik (Autonomie, Selbstverwirklichung, Abbau von Entfremdung) erfüllt wären: Eine Renaissance der Utopien des frühen Marx? Allerdings wirkt die Analyse von Boltanski und Chiapello in dieser Hinsicht seltsam altmodisch. Sie konzentriert sich auf zwei ‚alte' Bewegungen aus den 60er Jahren bzw. aus der Arbeiterbewegung. Dagegen werden drei der mächtigsten Bewegungen der letzten Jahrzehnte weitgehend ignoriert: die Nachhaltigkeits- und Ökologie-Bewegung (die ‚grüne' Kritik am Kapitalismus), die Diversity-Bewegungen (ethnische, sexuelle, religiöse Minderheiten) und eben die feministische Bewegung.

Was bedeutet der Ansatz von Luc Boltanski und Ève Chiapello für eine Ge-schlechterGesellschaftsTheorie? Welche Geschlechterordnung passt zum projekt- und netzwerkorientierten Gesellschaftssystem? Diesen Fragen muss sich die Theo-rie stellen, denn ohne die Berücksichtigung der Strukturkategorie Gender ist auch eine anspruchsvolle Zeitdiagnose wie *Der neue Geist des Kapitalismus* nur – meta-phorisch gesprochen – die Hälfte wert. Geschlecht hat strukturierende Kraft, zu-nächst in dem Sinne, wie sie den neuen Geist ‚beseelt': Begünstigt er ein Geschlecht (wie bisher: männliche Dominanz; oder anders als bisher: Feminisierung), wird eher Geschlechtsneutralität oder Abschwächung der Geschlechtsunterschiede (An-drogynisierung, De-Thematisierung von Geschlecht) gefördert? Wenn Geschlecht als eine von mehreren Ungleichheitsdimensionen betrachtet wird, kann sie leicht in die Theorie des neuen globalen Kapitalismus integriert werden: Geschlechter-gerechtigkeit ist die zentrale Forderung der (Sozial-)Kritik, Ungleichheit zwischen den Geschlechtern würde als überholtes und letztlich den Fortschritt behinderndes Relikt identifiziert. Wenn sich jedoch die Bedeutung von Geschlecht in verschie-denen Sphären und Bereichen unterschiedlich darstellt, wie etwa bei Walby (2009) oder in anderen kontextualistischen Ansätzen, ergeben sich auch unterschiedliche Konfliktlinien und entsprechende Partizipations- und Machtstrategien.

Könnte es vielleicht sogar eine neue Polis mit Geschlecht als Zentralkategorie geben, eine Art ‚Gender-Polis'? Wenn es eine familienweltliche Rechtfertigungs-ordnung geben konnte, wieso nicht auch eine geschlechterweltliche? In Gesell-schaften, in denen Geschlecht eine zentrale Strukturkategorie ist, deren gesell-schaftliche Bedeutung von der Verwandtschaft bis zur Ökonomie, vom Recht bis zur Politik reicht – wie in vielen traditionalen Gesellschaften – ist Geschlecht auch eine relevante Kategorie für die Feststellung der Wertigkeit und Größe von Per-sonen. Aber in der modernen Gesellschaft, in der funktionale Differenzierung zumindest zum Teil hierarchische Differenzierung (Klassenstruktur) abgelöst hat oder sie überlagert, und in der Netzwerke und Projekte wichtiger sind als askrip-tive Merkmale, kann Geschlecht kein Zentralbegriff der Rechtfertigungsordnung mehr sein. Deshalb hat die familienweltliche (hauswirtschaftliche) Polis mit der Leitfigur des Patriarchen ihre Bedeutung verloren. Schon eher wäre es sinnvoll, die bürgerweltliche Polis mit ihrer Orientierung am Allgemeinwillen zu stärken und auf die Geschlechterdimension zu fokussieren: Das Projekt der Aufklärung ist erst abgeschlossen, wenn die ‚andere Hälfte' voll inkludiert ist. Eine ‚reine' Gender-Polis ist gerade deshalb unwahrscheinlich, sie würde nicht zur neuen Ordnung des Kapitalismus passen. Dennoch muss Geschlecht einen festen Platz in der aktuellen Rechtfertigungsordnung haben, und sei es auch nur, um Gerechtigkeit, Fairness, Anerkennung, Subjektivität, Individualität und andere Werte immer wieder auf den Prüfstand der Kritik zu stellen, um dafür zu sorgen, dass diese Werte möglichst frei sind von latenten Bevorzugungen und Benachteiligungen einer Altersgruppe, einer ethnischen Gruppe oder eines Geschlechts; aber auch um zu prüfen, ob es die richtigen Werte sind für eine zukunftsfähige Gesellschaft.

Literatur

Beer, Ursula, Hrsg. 1987. *Klasse Geschlecht. Feministische Gesellschaftsanalyse und Wissenschaftskritik.* Bielefeld.

Boltanski, Luc. 2007 [2004]. *Soziologie der Abtreibung. Zur Lage des fötalen Lebens.* Frankfurt a. M.

Boltanski, Luc, und Ève Chiapello. 2003 [1999]. *Der neue Geist des Kapitalismus.* Konstanz.

Boltanski, Luc, und Laurent Thévenot. 2007 [1991]. *Über die Rechtfertigung. Eine Soziologie der kritischen Urteilskraft.* Hamburg.

Burkart, Günter. 2007a. Das modernisierte Patriarchat. Neue Väter und alte Probleme. *West-End. Neue Zeitschrift für Sozialforschung* 4 (1): 82–91.

Burkart, Günter. 2007b. Zukünfte des Geschlechterverhältnisses. Kommentar zum Siebten Familienbericht. *Zeitschrift für Soziologie* 36 (5): 401–405.

Burkart, Günter, und Cornelia Koppetsch. 2004. Die Ordnung des Paares und die Grenzen der Partnerschaft. *Psychotherapie und Sozialwissenschaften – Zeitschrift für Qualitative Forschung* 6 (2): 73–88.

Cancian, Francesca M. 1987. *Love in America. Gender and self-development.* Cambridge.

Castells, Manuel. 1996. *The rise of the network society.* Oxford.

Chiapello, Ève. 1998. *Artiste vs. managers. Le management cultural face à la critique artiste.* Paris.

Connell, Robert W., und Julian Wood. 2005. Globalization and business masculinities. *Men and Masculinities* 7 (4): 347–364.

Deutschmann, Christoph. 2008. „Kapitalismus" und „Geist des Kapitalismus". Anmerkungen zum theoretischen Ansatz Boltanski/Chiapellos. In *Ein neuer Geist des Kapitalismus? Paradoxien und Ambivalenzen der Netzwerkökonomie,* Hrsg. Gabriele Wagner und Philipp Hessinger, 127–143. Wiesbaden.

Dierks, Marianne. 2006. *Karriere! – Kinder, Küche? Zur Reproduktionsarbeit in Familien mit qualifizierten berufsorientierten Müttern.* Wiesbaden.

Eagly, Alice H. 2007. Female leadership advantage and disadvantage: Resolving the contradictions. *Psychology of Women Quarterly* 31 (4): 1–12.

Fraser, Nancy. 2008. *Scales of justice. Reimagining political space in a globalizing world.* Cambridge.

Fraser, Nancy. 2009. Feminism, capitalism, and the cunning of history. *New Left Review* 56 March-April. www.prosebeforehos.com/article-of-the-day/06/23/capitalism-and-the-co-opting-of-feminist-ideology/. Zugegriffen: 30. April 2011.

Gill, Rosalinde. 2002. Cool, creative, and egalitarian? Exploring gender in project-based new media work in Europe. *Information, Communication & Society* 5 (1): 70–89.

Hochschild, Arlie R. 1997. *The time bind. When work becomes home and home becomes work.* New York.

Hochschild, Arlie R. 2003. *The commercialization of intimate life: Notes from home and work.* Berkeley.

Holtgrewe, Ursula. 2008. Die Organisation der Ausblendung: Der „neue Geist des Kapitalismus" und die Geschlechterverhältnisse. In *Ein neuer Geist des Kapitalismus? Paradoxien und Ambivalenzen der Netzwerkökonomie*, Hrsg. Gabriele Wagner und Philipp Hessinger, 279–309. Wiesbaden.

Illouz, Eva. 2003. *Der Konsum der Romantik. Liebe und die kulturellen Widersprüche des Kapitalismus.* Frankfurt a. M.

Illouz, Eva. 2006. *Gefühle in Zeiten des Kapitalismus. Adorno-Vorlesungen 2004.* Frankfurt a. M.

Koppetsch, Cornelia. 2006. *Das Ethos der Kreativen. Vom bürgerlichen Beruf zur Kultur des neuen Kapitalismus.* Konstanz.

Koppetsch, Cornelia, und Günter Burkart. 1999. *Die Illusion der Emanzipation. Zur Wirksamkeit latenter Geschlechtsnormen im Milieuvergleich.* Konstanz.

Koppetsch, Cornelia, und Günter Burkart. 2002. Werbung und Unternehmensberatung als „Treuhänder" expressiver Werte? Talcott Parsons' Professionssoziologie und die neuen ökonomischen Kulturvermittler. *Berliner Journal für Soziologie* 12 (4): 531–549.

Manske, Alexandra. 2007. *Prekarisierung auf hohem Niveau. Eine Feldstudie über Alleinunternehmer in der IT-Branche.* München.

McKinsey & Company, Hrsg. 2007. *Women matter. Gender diversity, a corporate performance driver.* http://www.mckinsey.com/locations/paris/home/womenmatter/pdfs/Women_matter_oct2007_english.pdf. Zugegriffen: 30. Mai 2011.

McKinsey & Company, Hrsg. 2010. *Women leaders, a competitive edge in and after the crisis. Results of a global survey of almost 800 business leaders (women matter 3).* http://www.mckinsey.de/downloads/publikation/women_matter/women_matter_3_brochure.pdf. Zugegriffen: 30. Mai 2011.

Meuser, Michael. 2010. Geschlecht, Macht, Männlichkeit – Strukturwandel von Erwerbsarbeit und hegemonialer Männlichkeit. *Erwägen – Wissen – Ethik* 21 (3): 325–336.

Smith-Doerr, Laurel. 2004. Flexibility and fairness. Effects of the network form of organizations on gender equity in life science careers. *Sociological Perspectives* 47 (1): 25–54.

Wagner, Gabriele, und Philipp Hessinger, Hrsg. 2008. *Ein neuer Geist des Kapitalismus? Paradoxien und Ambivalenzen der Netzwerkökonomie.* Wiesbaden.

Walby, Sylvia. 2009. *Globalization and inequalities. Complexity and contested modernities.* London.

Weber, Max. 1980 [1920]. *Gesammelte Aufsätze zur Religionssoziologie.* Bd. 1. Tübingen.

Winker, Gabriele, und Nina Degele. 2009. *Intersektionalität. Zur Analyse sozialer Ungleichheiten.* Bielefeld.

Teil III
Revisionen

Konstellationen von Kritischer Theorie und Geschlechterforschung

Gudrun-Axeli Knapp

Zusammenfassung

In dem Beitrag werden einige Überlegungen darüber angestellt, was die Kritische Theorie sperrig machte für die feministische Rezeption und warum es sich dennoch lohnt, sich mit dieser Tradition auseinanderzusetzen. Neben der anhaltenden Relevanz ihrer erkenntnis- und methodenkritischen Reflexionen gibt es dafür einen doppelten Grund: Zum einen sind angesichts der gesellschaftlich-politischen Transformationsprozesse der Gegenwart Theorien, die darauf insistieren, die „Gewalt des Zusammenhangs" (Negt und Kluge) in einer kapitalismuskritischen, gleichwohl nicht-ökonomistischen Weise zu begreifen und die gesellschaftlich nahegelegten Formen „verwilderter Selbsterhaltung" (Adorno) auch in ihrer Psychodynamik zu erhellen suchen, von besonderer Bedeutung. Zum anderen repräsentiert die Kritische Theorie ein zeitdiagnostisch ausgerichtetes, selbstreflexives Denken, das sich Rechenschaft ablegt über seine eigene Funktion und Situation in der Gesellschaft. Daraus ergeben sich Anregungen auch für das Nachdenken über die Dialektik feministischer Aufklärung, die Kehrseite der Erfolge feministischer Kritik.

Constellations. Critical Theory and Gender

Abstract

The contribution reflects on those aspects of the early Frankfurt School tradition of Critical Theory which made it unwieldy for a broader reception by feminist theorists and aims to explain why a re-inspection of this tradition of

G.-A. Knapp (✉)
Brockdorff-Rantzaustr. 98, 24837 Schleswig, Deutschland
E-Mail: axeli.knapp@sozpsy.uni-hannover.de

H. Kahlert, C. Weinbach (Hrsg.), *Zeitgenössische Gesellschaftstheorien und Genderforschung*, Gesellschaftstheorien und Gender,
DOI 10.1007/978-3-531-19937-5_9, © Springer Fachmedien Wiesbaden 2015

theory might still prove fruitful for feminist critique today. In addition to the continuing relevance of Adorno's and Horkheimer's thoughts on epistemology and methodology, there are two reasons that constitute its renewed actuality: Firstly, in the context of present societal and political transformation processes, theories that allow to comprehend the 'force of interconnectivity' (Negt and Kluge) of capitalism critically in a non-economistic way and that also take into account the psychodynamic dimensions in processes of social transformation, are of particular significance. Secondly, Critical Theory represents a highly self-reflexive theory that gives an account of its own function and historical situation in society. Both aspects help to enhance our insights into the Dialectics of feminist Enlightenment, the dark sides of the successes of feminist Critique.

1 Einleitung

Dass die aus der Frauenbewegung hervorgegangene feministische Theorie und Geschlechterforschung mit ihren Fragestellungen nicht ohne weiteres an überkommene Theorietraditionen anschließen konnte, dürfte sich herumgesprochen haben. Entweder waren Geschlechterverhältnisse grundbegrifflich wie empirisch völlig ausgeblendet, galten als für die Analyse der Gesellschaft nachrangig oder wurden als komplementäre Rollendifferenz polarisiert und affirmiert. Verbreitet war und ist es auch, Geschlechterverhältnisse konzeptionell auf Intimbeziehungen und Familie zu beschränken, anstatt kulturelle Konstruktionen von Differenz und die geschlechtsvermittelte Strukturierung der Gesamtgesellschaft umfassend in den Blick zu nehmen. In spezifischer Weise betrifft dies auch die Kritische Theorie Theodor W. Adornos und Max Horkheimers, die sich in den *Studien über Autorität und Familie* (Horkheimer et al. 1987), aber auch in der *Dialektik der Aufklärung* (Adorno und Horkheimer 1998) an zentraler Stelle über die gesellschaftliche Lage der Frau, über Weiblichkeit und die Konstitution bürgerlicher Männlichkeit geäußert haben. Trotz einer Reihe proto-feministischer Fragestellungen und Einsichten machen es ihre androzentrischen Züge unmöglich, ohne deutliche Revisionen an die Kritische Theorie anzuknüpfen.

Im Folgenden sollen einige Überlegungen darüber angestellt werden, was die Kritische Theorie sperrig machte für die feministische Rezeption und warum es sich dennoch lohnt, sich mit dieser Tradition auseinanderzusetzen. Neben der anhaltenden Relevanz ihrer erkenntnis- und methodenkritischen Reflexionen gibt es dafür einen doppelten Grund: Zum einen sind angesichts der gesellschaftlich-politischen Transformationsprozesse der Gegenwart Theorien, die darauf insistieren, die „Gewalt des Zusammenhangs" (Negt und Kluge 2001) in einer nicht-ökonomistischen kapitalismuskritischen Weise zu begreifen und die gesellschaftlich nahegelegten Formen „verwilderter Selbsterhaltung" (Adorno 1998, S. 285) auch in ihrer Psychodynamik zu erhellen suchen, für die Schärfung des Analyse- und Kritikvermögens von Bedeutung. Zum anderen repräsentiert die Kritische Theorie ein zeitdiagnostisch ausgerichtetes, selbstreflexives Denken, das sich Rechenschaft ablegt über seine eigene Funktion und Situation in der Gesellschaft. Daraus ergeben sich Anregungen auch für das Nachdenken über die Dialektik feministischer Aufklärung, die Kehrseite der Erfolge feministischer Kritik.

2   Keine ‚Schule' – viel zu lernen

In der Rückschau auf seine in den 1930er Jahren verfassten Texte schrieb Max Horkheimer 1965 in einem Brief an den Fischer-Verlag:

> Ihre Begriffe kennt (die kritische Theorie) als Momente der historischen Konstellation wie als Ausdruck jenes Willens zur richtigen Gesellschaft, der in verschiedenen historischen Situationen theoretisch und praktisch verschieden sich äußert und zugleich als derselbe sich erhält. (Horkheimer 1988a, S. 13)

Der hier angedeutete Zusammenhang von Zeitdiagnose, politischem Veränderungsinteresse und selbstreflexiver Verortung stellt einen wesentlichen Zug der älteren Kritischen Theorie dar. Zeitdiagnose und Selbstreflexion werden artikuliert im Medium einer spezifischen Verbindung von Gesellschaftskritik, Erkenntnis- und Subjektkritik. Kritik, so die in der hegel-marxschen Tradition begründete Auffassung, sei dabei nicht von außen an die Gesellschaft heranzutragen – etwa als ethische Sollensvorstellungen, die aus abstrakten Prinzipien abgeleitet werden. Stattdessen sei sie als bestimmte Negation und immanente Kritik aus dem Spannungsverhältnis von gesellschaftlich Wirklichem und Möglichen zu bestimmen. Dies setzt eine Form der historisch fundierten Gesellschaftsanalyse voraus, die ein besonderes Augenmerk auf Konflikte, Widersprüche und Ungleichzeitigkeiten legt (Adorno 1990, S. 564). Ihr außerakademischer Emanzipationsanspruch und das Bewusstsein von der Historizität nicht nur der Gegenstände und ihrer Wahrnehmung (Horkheimer 1988b, S. 174), sondern auch der Begriffe, die zu deren Analyse gebildet werden können, unterscheiden die Kritische Theorie von disziplinären Theorietechniken und -strategien, die auf die Ausformulierung umfassender begrifflicher Systematiken im Sinne der Allgemeinen Soziologie oder eines Sets formaler Grundunterscheidungen setzen, die ubiquitär angewandt werden können.

Die Gesellschafts- oder weiter gefasst: Zivilisationskritik der ‚Frankfurter Schule' gilt den durch die Übermacht der Tauschlogik und identitätslogischen Denkens vermittelten Zusammenhängen zwischen gesellschaftlicher Objektivität, den Selbstverhältnissen der Subjekte und den Verhältnissen zwischen den Menschen. Im Fokus stehen die Pathologien einer kapitalistischen Gesellschaft, die dahin tendiert, alles, inklusive der kulturellen Produktion, den Imperativen der Verwertung zu unterwerfen. Trotz ihrer radikalen Kritik der instrumentellen Vernunft und zeitdiagnostisch pointierter Formulierungen zum „Zirkel" zwischen Individuation und Vergesellschaftung,[1] die ihnen den Vorwurf des performativen Widerspruchs einbrachten,[2] haben Horkheimer und Adorno, und dafür brauchten sie die psychoanalytische Theorie, grundsätzlich daran festgehalten, dass „die Uhren geschichtlicher und psychischer Zeit […] nicht gleich [laufen, G.-A. K.]" (Claussen 1988, S. 41). Kritische Theorie sucht in ihren (negativ-)dialektischen Reflexionen sowohl die historischen Konfigurationen der Vermittlung als auch die Differenz zwischen Subjektivität und gesellschaftlicher Objektivität zu bestimmen. 1966 schreibt Adorno:

> Relevant wird die Psychologie nicht allein als Medium der Anpassung, sondern auch dort, wo Vergesellschaftung im Subjekt ihre Grenzen findet […] Ob die Prozesse der Integration, wie es den Anschein hat, einzig das Ich zu einem Grenzwert schwächen, oder ob, wie in der Vergangenheit, die Integrationsprozesse stets noch, oder erneut, das Ich kräftigen können, danach ist mit Schärfe bislang kaum gefragt worden. (Adorno 1971, S. 92)

In den heutigen, meist von Foucault inspirierten Debatten über Selbstmanagement, Gouvernementalität und Subjektivierung unter den Bedingungen einer verschärften Vermarktlichung vieler Bereiche der Gesellschaft kann man Fortführungen solcher Fragestellungen sehen. Während die neueren Ansätze das Feld der Kulturanalyse auf verschiedene Weise erweitern (Reckwitz 2000), geht allerdings die über die Psychoanalyse eingeführte psycho- und triebdynamische Dimension der älteren Kritischen Theorie und damit eine genuin subjekttheoretische Perspektive in der Regel verloren.

---

[1] „Der Zirkel schließt sich. Es bedürfte der lebendigen Menschen, um die verhärteten Zustände zu verändern, aber diese haben sich so tief in die lebendigen Menschen hinein, auf Kosten ihres Lebens und ihrer Individuation, fortgesetzt, dass sie jener Spontaneität kaum mehr fähig scheinen, von der alles abhinge." (Adorno 1990, S. 18)

[2] Der Vorwurf verkennt, dass das Durchführen der Aporie bei Adorno sowohl bewusstes Ausdrucksmittel als auch Erkenntnismedium ist.

3   Denken in Dissonanzen – Verbindlichkeit ohne System

Die gängige Rede von der ‚Frankfurter Schule' legt ein einheitliches Lehrgebäude nahe, das es de facto nie gab, geschweige denn heute gibt. Obwohl Horkheimer und Adorno stets hervorheben, wie einig sie sich in ihrem Denken sind und Exegeten immer wieder auf die wechselseitige Beeinflussung der Beiden hingewiesen haben, sind selbst sie, die die ältere Kritische Theorie am nachhaltigsten prägten, doch nicht eins. Wie unter anderem aus den Rekonstruktionen von Buck-Morss (1977), Jay (1976), Schmid-Noerr (1997) und Wiggershaus (1986) hervorgeht, ist insbesondere Adorno, der die Kritische Theorie nach der Rückkehr nach Deutschland weiter entwickelt und geprägt hat, deutlich von gegenläufigen Vorstellungen Max Horkheimers und Walter Benjamins beeinflusst. Schon in den 1930er Jahren, als Horkheimer seine Schriften zum interdisziplinären Forschungsprogramm des Instituts und zum Verhältnis von traditioneller und kritischer Theorie verfasste (Horkheimer 1988a, 1988b), war der damals noch nicht dem Institut angehörende Adorno eher skeptisch gegenüber Vorstellungen, im Zusammenwirken der Einzelwissenschaften unter Anleitung der Sozialphilosophie zu einer Theorie der Gesellschaft als ganzer zu kommen. Für ihn existiert eine nicht aufzuhebende erkenntnistheoretische Kluft zwischen philosophischer Deutung und disziplinären Formen empirischer Forschung, der theoretisch und darstellungslogisch Rechnung zu tragen sei. Dabei hat er sich keinesfalls gegen empirische Forschung gewandt, im Gegenteil, er hat sie seit der Zeit in den USA kontinuierlich selbst betrieben oder angeleitet und die Spezifika und Grenzen dieser Erkenntnisform reflektiert. „Kein besonnener Sozialwissenschaftler", so schreibt er 1969, „kann der empirischen Forschung entraten; nicht nur, weil in Deutschland die losgelassene Spekulation [...] durch Lehren wie die von der Rasse als dem entscheidenden Faktor des Lebensprozesses aufs schwerste kompromittiert wurde", sondern auch weil sich seit dem Zusammenbruch des deutschen Idealismus das historische Verhältnis von Geist und Fakten von Grund auf verändert habe:

> Sagte Walter Benjamin, gewiß kein Positivist, einmal, dass die Gewalt des Daseins heute mehr bei Fakten als bei Überzeugungen liegt, so hat er dem Bewußtsein jener heute allgegenwärtigen Übermacht des Seienden Ausdruck verliehen, der der Geist nicht anders sich gewachsen zeigt, als indem er mit Seiendem, mit Fakten sich sättigt. (Adorno 1990, S. 539)

Solche Hinweise auf die Historizität der epistemischen Konstellationen von „Geist" und „Faktizität" sind, so meine ich, hoch aktuell auch für Gegenwartsdiagnosen, die dem veränderten Gewicht Rechnung tragen wollen, das neuen Repräsentaons- und Kommunikationsmedien in der Strukturierung von Wirklichkeit heute zukommt. Bei aller Verteidigung empirischer Forschung hat Adorno jedoch entschiedenen Einspruch dagegen erhoben, die sozialwissenschaftliche Tatsachenempirie, die mit ihren Umfragen und Einstellungsuntersuchungen am subjektiven Bewusstsein ansetzt, als einzig akzeptable Erfahrungsgrundlage wissenschaftlicher Erkenntnis zu verabsolutieren und zum Maßstab des theoretisch Denkbaren und der Begriffsbildung zu machen. Über die Jahre begründet er in mehreren seiner thematisch weit gespannten Arbeiten die Skepsis gegenüber einer auf einzelwissenschaftlicher Empirie aufbauenden, begrifflich durchformulierten Theorie der Gesamtgesellschaft sowohl erkenntnistheoretisch, methodologisch als auch zeitdiagnostisch.[3]

Für Adorno ist Gesellschaft kein formal-klassifikatorischer sondern ein historischer Begriff, der realgesellschaftliche Tendenzen reflektiert. Der Gesellschaftsbegriff *spricht* nicht nur, im Sinne des Nominalismus, von etwas anderem, sondern er *ist* auch jeweils ein anderer in der Reflexion verschiedener Gesellschaftsformationen. Unter bürgerlich-kapitalistischen Verhältnissen und den Bedingungen der Tauschwertproduktion bezieht sich der Begriff ‚Gesellschaft‘ nicht nur auf zunehmende Formen der Funktionsteilung und parallel dazu anwachsende Interdependenzen sondern darüber hinaus und vor allem auf die Formen der systemischen Verselbständigung und Heteronomie. „Vor aller besonderen Schichtung" (Adorno 1990, S. 14) manifestiert sich in dieser Form der Vergesellschaftung die Herrschaft des Allgemeinen über das Besondere, des Überhangs der Verhältnisse über die Einzelnen. Als Prozess und Vermittlung ist Gesellschaft nicht nach Kriterien ihrer unmittelbaren Gegebenheit erfassbar, sie erschließt sich auch nicht vollends über Verhalten und Handeln der vergesellschafteten Subjekte, durch welches sie sich gleichwohl vollzieht. In einer Auseinandersetzung mit Max Webers soziologischem Verstehensideal auf der einen und Durkheims Regel, soziale Verhältnisse wie Dinge

---

[3] So formuliert Adorno in dem 1957 veröffentlichten Text zum Verhältnis von Soziologie und empirischer Forschung prägnant, was später im Positivismusstreit zentraler Gegenstand einer Auseinandersetzung um den Gesellschaftsbegriff und das Verhältnis von Theorie und Empirie werden sollte: „Theoretische Gedanken über die Gesellschaft insgesamt sind nicht bruchlos durch empirische Befunde einzulösen: sie wollen diesen entwischen wie spirits der parapsychologischen Versuchsanordnung. Eine jede Ansicht von der Gesellschaft als ganzer transzendiert notwendig deren zerstreute Tatsachen. Die Konstruktion der Totale hat zur ersten Bedingung einen Begriff von der Sache, an dem die disparaten Daten sich organisieren." (Adorno 1990, S. 216) Eher historisch-zeitdiagnostisch angelegt ist das Argument, dass sich angesichts der Übermacht systemischer Herrschaft eine Form der Gesellschaftstheorie, die den Systemcharakter der Vergesellschaftung nur abbilde und damit verdoppele, verbieten würde (s. z. B. Adorno 1990, S. 361 sowie Adorno 1986, S. 167).

zu behandeln, auf der anderen Seite verteidigt Adorno zunächst das Rechtsmoment *beider* Zugänge, um dann zu konkludieren:

> Die Antithesis zu Weber indessen bleibt so partikular wie dessen Thesis, weil sie bei der Nichtverstehbarkeit sich beruhigt wie jener beim Postulat der Verstehbarkeit. Stattdessen wäre die Nichtverstehbarkeit zu verstehen, die den Menschen gegenüber zur Undurchsichtigkeit verselbständigten Verhältnisse aus den Verhältnissen zwischen Menschen abzuleiten. (Adorno 1990, S. 12)

Dieses Systemische der spätkapitalistischen Gesellschaft, die „Schwerkraft der gesellschaftlichen Verhältnisse", deren Zwangsmoment auf den Subjekten lastet und deren Fortbestand davon zehrt, „dass die Menschen dem, was ihnen angetan wird, auch ihr Leben verdanken" (Adorno 1990, S. 18), nennt Adorno „Totalität". Explizit grenzt er dieses Verständnis von Totalität ab gegen organizistische Vorstellungen von Gesellschaft als einer „Ganzheit" oder „Gestalt" im Sinne eines „Sozialatlas" und deren Theoretisierung als „wholism" (Adorno 1990, S. 210).

> Daß ohne Beziehung auf Totalität das reale, aber in keine handfeste Unmittelbarkeit zu übersetzende Gesamtsystem, nichts Gesellschaftliches zu denken ist, daß es jedoch nur soweit erkannt werden kann, wie es in Faktischem und Einzelnem ergriffen wird, verleiht in der Soziologie der *Deutung* ihr Gewicht. [...] Deuten heißt primär: an Zügen sozialer Gegebenheit der Totalität gewahr werden. (Adorno 1990, S. 315, Herv. i. O.)

Adornos Verfahren einer mit dem Mittel der „exakten Phantasie" arbeitenden konstellativen Deutung von Einzelphänomenen in ihrer Vermittlung durch das „Ganze", die er sich als einander wechselseitig erhellende „Ensemble von Modellanalysen" vorstellt, zielt darauf ab, „Verbindlichkeit ohne System" zu erreichen (Adorno 1998, S. 37). Die Kritikform, derer er sich dabei bedient, ist die einer fortwährenden negativ-dialektischen Reflexion der Dissonanzen „zwischen Denken und Wirklichkeit, zwischen Begriff und Gegenstand, Identität und Nicht-Identität" (Benhabib 1992, S. 110). In dieser Vorstellung von Erkenntnis manifestiert sich nicht nur der Niederschlag einer intensiven Auseinandersetzung mit der europäischen philosophischen Tradition und deren Erkenntniskritik, sondern auch die große Bedeutung der Ästhetik und der musikalischen Kompositorik für Adornos Denken. Der Name, den Adorno seiner Form der Gesellschaftsanalyse gegeben hat, geht auf Walter Benjamin zurück: „Physiognomik" als sich ins historische Material versenkende begriffliche Reflexion und Deutung, die am einzelnen Phänomen die Spuren und Male seiner gesamtgesellschaftlichen Vermittlung aufsucht. In der Konsequenz der historischen Erfahrung kann dies nur eine Physiognomik sein, die sich der Welt dort zuwendet, „wo sie ihr grauenvollstes Gesicht zeigt" (Wiggershaus 1986, S. 346). Der den Menschen von Hitler aufgezwungene neue kategorische Imperativ laute, das „Denken und Handeln so einzurichten, dass Auschwitz nicht sich wiederhole, nichts Ähnliches geschehe" (Adorno 1998, S. 356). Auschwitz, so Adorno, der damit eine für ihn unhintergehbare Perspektive im Blick auf die europäische Moderne formuliert, sei nicht als Ergebnis eines historischen Sonderwegs Deutschlands oder als einmalige Regression zu verstehen, sondern als Entwicklung, die in der historischen Gestalt der aufgeklärten Zivilisation selbst angelegt sei: „Der Faschismus ist als Rebellion gegen die Zivilisation nicht einfach eine Wiederholung des Archaischen, sondern dessen Wiederholung in der Zivilisation durch die Zivilisation selbst" (Adorno 1971, S. 61). Dieser Ausgangspunkt, der die ältere Kritische Theorie von anderen Formen der Gesellschaftsanalyse und -kritik unterscheidet, lässt keinen der klassischen Begriffe der Soziologie ungeschoren: Fortschritt, Aufklärung, Differenzierung, Individualität, Kommunikation, Humanität und insbesondere die Rede von der Modernität der modernen Gesellschaft. Sie alle werden gebrochen, problematisiert, dialektisiert, gedeutet auf dem Hintergrund historischer Kämpfe, rückübersetzt in die Sozial- und Kulturgeschichte ihrer Entstehung, ihres Progredierens, ihrer Widersprüche und ihres Scheiterns.

4   Geschlecht in der Kritischen Theorie

Der Herrschaftsaspekt im Verhältnis der Geschlechter und die Verfassung männlicher und weiblicher Subjektivität sind in der älteren Kritischen Theorie immer wieder thematisiert worden, ohne dass allerdings eine Theorie des Geschlechterverhältnisses ausgearbeitet worden wäre. Äußerungen zu den Geschlechterbeziehungen stehen häufig im Zusammenhang mit Überlegungen zur Situation der Familie und zur Frage nach der Konstitution zeitspezifischer psychischer Dispositionen. Dabei handelt es sich jedoch nicht im engeren Sinne um familiensoziologische oder sozialisationstheoretische Aussagen, sondern sie gewinnen ihr spezifisches Gewicht im Rahmen der sozialphilosophisch unterlegten Zeitdiagnose der Kritischen Theorie und im Kontext emanzipationstheoretischer Problemstellungen.

Das Versprechen gesellschaftlicher Emanzipation war für Horkheimer und Adorno historisch in Europa an eine Form von Individualität geknüpft, die sich erstmals in der liberalen Phase des aufstrebenden Bürgertums sowohl als machtvolle Ideologie als auch als spezifischer Sozialtypus bildet. Dabei gehen sie vom grundsätzlich zwischlächtigen Charakter der bürgerlichen Kultur und Selbstverhältnisse aus, von einem untrennbaren Zusammenhang zwischen wirtschaftlicher Selbsterhaltung und -disziplinierung, Befreiung und Unterdrückung. Die sich unter diesen Bedingungen herausbildenden psychischen Dispositionen, die Autonomie- und Destruktivitätspotenziale, nehmen zeitspezifisch unterschiedliche Formen an, mit einer als zunehmend wahrgenommenen Tendenz der Schwächung der psychischen Instanzen von Ich und Über-Ich.

Angesichts der tektonischen Verschiebungen in der Gesellschaft, die sich von einer Gesellschaft des Marktes und der selbstständigen Eigentümer in eine Gesellschaft verwandelt habe, die von Machtmonopolen industrieller und politischer Führungscliquen beherrscht sei sowie angesichts des um sich greifenden Konformismus und des Schocks über das ungeheure Ausmaß von Destruktivität inmitten einer fortgeschrittenen Zivilisation, die sie zu begreifen suchen, treibt die Frankfurter Intellektuellen die Frage um, wo in der Gegenwart überhaupt noch Potenziale entstehen können, die über den Horizont des Bestehenden hinausweisen? Wo und wie können Menschen in einer alternativlos erscheinenden Welt des Spätkapitalismus noch Erfahrungen machen, die daran erinnern, dass es in der Gesellschaft und im Verhältnis zur Natur auch anders zugehen könnte oder sollte? In der Suche nach Erfahrungspotenzialen, die das vorherrschende Nützlichkeits- und Verwertungsdenken transzendieren, rücken vor allem die Kunst, die utopische Dimension von Phantasie und Kindheit sowie die Familie, insbesondere die Mutter-Kind-Beziehung ins Blickfeld. Vor allem Max Horkheimer, der sich dazu vielfach geäußert hat, sieht in der frühen Mutter-Kind-Beziehung ein solches Potenzial, er betont daher das humanisierende Moment der bürgerlichen Familie und mütterlicher Praxis. Allenfalls dort habe man die Erfahrung machen können, bedingungslos Zweck und nicht Mittel zu sein. Dass Horkheimer dabei trotz seiner Kritik patriarchaler Herrschaft und der „Deformationen der weiblichen Natur", die mit dem fehlenden Subjekt-Status von Frauen in der Geschichte begründet werden, an der bürgerlichen Form der Rollendifferenz festhält, gehört zu den Antinomien in seinem Denken. So heißt es in seinen späteren, „unzensierten", wie Mechthild Rumpf (1989, S. 23) schreibt, Aufzeichnungen:

> Infolge einer nicht mißbrauchten väterlichen Autorität, infolge wahrer Mutterliebe, die ohne die Verschiedenheit der männlichen und weiblichen Aufgaben und Rechte erlöschen muß, haben nicht wenige bürgerliche Familien das Symbol eines Besseren dargestellt. (Horkheimer 1988c, S. 165)

Anstatt die androzentrischen und Mütterlichkeit idealisierenden Züge vor allem in Max Horkheimers Schriften noch einmal *en detail* vorzuführen werde ich mich im Weiteren auf einen Aufsatz Adornos beschränken, der sich 1955, in einer Phase, die heute in der Geschlechterforschung als die Blütezeit des ‚fordistischen' Ernährer-Hausfrau-Modells gesehen wird, zum „Problem der Familie" (Adorno 1986) äußert. Entgegen der verbreiteten Gepflogenheit, Familie als naturwüchsige Kerneinheit der Gesellschaft überhistorisch vorauszusetzen, hebt Adorno zunächst den durch und durch geschichtlichen Charakter der Familie hervor und betont, dass diese Institution eingebunden sei in gesamtgesellschaftliche Dynamiken und Widerspruchskonstellationen. Die in der Familie vorwaltenden Logiken und Beziehungsformen, ihre irrationalen Momente, stehen nach seiner Auffassung in einem spezifischen Vermittlungs- und Spannungsverhältnis zur gesellschaftlich herrschenden Form der Rationalität. Das Prinzip der rationalen Gesellschaft habe der Hilfe irrationaler Institutionen wie der Familie bedurft, um den Schein seiner natürlichen Rechtfertigung zu erwirken. Aber die Entfesselung der Produktivkräfte und die „Dynamik der Gesellschaft hat es der ihr ebenso immanenten und sie selbst zusammenhaltenden wie mit ihr unvereinbaren Familie nicht gestattet, unangefochten zu überdauern" (Adorno 1986, S. 305). Gegenwärtig werde der Familie die „Rechnung präsentiert"; nicht bloß für die „rohe Unterdrückung", die Frauen und Kinder bis an die Schwelle des neuen Zeitalters vom Familienoberhaupt vielfach erfahren haben, sondern auch „für ökonomisches Unrecht, die Ausbeutung hauswirtschaftlicher Arbeit in einer sonst den Marktgesetzen gehorchenden Gesellschaft" sowie für „all jene Triebverzichte, welche die Familiendisziplin den Mitgliedern auferlegt", ohne jene Aussicht auf eine Kompensation durch gesichertes und tradierbares Eigentum, wie sie das liberale bürgerliche Zeitalter zumindest den oberen Schichten versprochen hätte (Adorno 1986, S. 303).

In der Ideologisierung der Familie in den 1950er Jahren sieht Adorno eine fragwürdige Reaktionsbildung auf die „Erfahrung des Hinfälligen familialer Verhältnisse" (Adorno 1986, S. 303). Familienkult, konventionelle Übertreibung und emotionale Kälte seien zwei Seiten derselben Entwicklung. Zwar habe die bürgerliche Familie neben ihrer eminenten Funktion schon immer etwas Fassadenhaftes gehabt und Skepsis gegen die Familienideologie habe sich in der bürgerlichen Gesellschaft stets artikuliert, z. B. in der Jugendbewegung. Gleichwohl sei die Familienideologie auch der gesellschaftliche Vor-Schein eines Besseren gewesen. So konnten sich historisch in Ideologien der Fürsorge und Liebe Ideen von Menschenwürde und Gleichheit konkretisieren, die Bezugspunkte von Gesellschaftskritik und Emanzipationsbegehren wurden (Adorno 1986, S. 305). Aus diesem Grunde sei die für die Restaurationsphase der Bundesrepublik konstatierte Krise der Familie, die trotz aller Überhöhung faktisch zu einer residualen Kategorie werde, auch mehr als die dieser spezifischen Institution: „Die Krisis der Familie in ihrer gegenwärtigen Gestalt ist […] zugleich eine der Humanität" (Adorno 1986, S. 305). Zwar verweigert Adorno sich Spekulationen über die weitere Zukunft der Familie, sicher scheint ihm immerhin so viel:

dass die Bewahrung all dessen, was an der Familie als human, als Bedingung von Autonomie, Freiheit und Erfahrung sich bewährt hat, sich nicht einfach, durch Preisgabe der überholten Züge, konservieren lässt. Daß eine Familie der ‚Gleichrangigkeit' inmitten einer Gesellschaft sich verwirklichen läßt, in der die Menschheit nicht selbst mündig, die Menschenrechte nicht in weit fundamentalerem und universalerem Sinne hergestellt wären, ist wohl illusionär. Man kann nicht die Schutzfunktion der Familie erhalten und ihre disziplinären Züge beseitigen, solange sie ihre Angehörigen vor einer Welt zu beschützen hat, der der vermittelte oder unmittelbar gesellschaftliche Druck inhäriert und die ihn all ihren Institutionen mitteilt. Die Familie leidet an demselben wie alles Partikulare, das nach seiner Befreiung drängt: es gibt keine Emanzipation der Familie ohne die Emanzipation des Ganzen. (Adorno 1986, S. 307)

Dass die ältere Kritische Theorie Schritte weiblichen Autonomiegewinns, wie etwa berufliche Ausbildung und Erwerbsbeteiligung von Frauen, so eng, teilweise geradezu ableitungslogisch, mit der Aushöhlung der Substanz der Familie und ihrer Schutzfunktion verknüpft, ist ihr in der Geschlechterforschung zu Recht angekreidet worden; ebenso wurde kritisiert, dass Weiblichkeit und Mütterlichkeit nahezu in eins gesetzt werden, Individualität dagegen implizit als männlich vorausgesetzt ist. Auch das Argument, dass es „keine Emanzipation der Familie ohne die Emanzipation des Ganzen" gäbe, mag Skepsis hervorrufen, weil es bereits realisierte Schritte der Verbesserung zu unterschätzen scheint. Aus heutiger Sicht wird jedoch auch erkennbar, dass hier der Finger auf eine Wunde des Feminismus gelegt wird. Wenn Adorno 1955 die Verkürzung von Emanzipation auf prekäre öffentliche Teilhabe von Frauen und Imitation des patriarchalen Prinzips kritisiert, dann evoziert das im 21. Jahrhundert die Erinnerung daran, dass der Anspruch auf Emanzipation für viele Akteurinnen der Frauenbewegung in den 1970er Jahren einmal mehr umfasste als die Zulassung von Frauen zu Bildung, Ausbildung, Berufstätigkeit und politischer Partizipation. Es ging nicht allein um eine möglichst erträgliche ‚Work-Life-Balance' „an sich" und auch nicht um die bloße Eröffnung von Teilhabechancen an verschiedenen Sphären der modernen Gesellschaft, sondern um deren Verwirklichung unter den Bedingungen eines anderen Geschlechterverhältnisses in einer anderen Gesellschaft: Kein größeres Stück vom Kuchen, keine buntere Auswahl an Broten oder Torten, sondern eine andere Bäckerei sollte es einmal werden! Solche Forderungen entsprangen in den Jahren des Aufbruchs und nach dem Ende der Bescheidenheit nicht nur einem Überschuss an radikalem Pathos, mit dem eine jüngere Generation die vernagelte Welt der „formierten Gesellschaft" (so ein Wahlslogan von Ludwig Erhard 1965) herauszufordern suchte. Sie basierten auch auf ersten Einsichten feministischer Wissenschaftlerinnen in die Ko-Konstitution und Interdependenz zwischen einer spezifischen Form des Geschlechterverhältnisses und der Gesamtgesellschaft. Es gehört zu den Dialektiken feministischer

Aufklärung, dass mit dem wachsenden Bewusstsein von der komplexen Beziehung zwischen Veränderungen im Geschlechterverhältnis und gesamtgesellschaftlichem Strukturwandel sowie der Erfahrung der paradoxen Effekte von Aufklärungsarbeit und Gleichstellungspolitik (Knapp 2009; Lenz 2008; Wetterer 2003) heute die Notwendigkeit eines substanziellen Wandels zwar besser begründet werden kann, dessen Aussichten zugleich aber skeptischer beurteilt werden müssen.

5   Feministische Bezugnahmen auf die Kritische Theorie

Schon Begründer der Soziologie wie Marx, Durkheim und Weber hatten auf arbeitsteilige Trennungen von Hauswirtschaft und Betrieb und die damit möglich werdenden funktionalen Spezialisierungen und Leistungssteigerungen als Merkmale gesellschaftlichen Fortschritts hingewiesen. Ein in Soziologieseminaren in vielen Varianten verbreitetes Narrativ gesellschaftlicher Modernisierung in Europa berichtete von der allmählichen Übertragung der Herrschaftsfunktion vom feudalen Hausvater auf den Landesvater und schließlich auf den modernen Staat, der Entstehung und räumlichen Ausweitung von Märkten, einer Entfaltung der Produktivkräfte und der Rationalisierung einer arbeitsteiligen Produktion und Verwaltung, eines zunehmenden Funktionsverlusts des „ganzen Hauses"[4] und der damit einhergehenden Herausbildung einer auf Intimität, Generativität, Frühsozialisation und überwiegend personenbezogenen Formen der Arbeit, der Sorge und Pflege konzentrierten privaten Sphäre der Familie.

Feministische Wissenschaftlerinnen haben auf dem Hintergrund dieses überkommenen Narrativs vor allem die Faktizität und die ideologischen Seiten der Trennung von Öffentlichem und Privatem sowie die Herrschaftsverhältnisse in Staat, Wirtschaft und Privatbereich und deren Auswirkungen im weiblichen Lebenszusammenhang untersucht. Das Verhältnis von Patriarchalismus und Kapitalismus und deren durch einander vermittelte Modernisierung, die männerbündische Dimension des modernen Staates, aber auch Zusammenhänge von Klasse und Geschlecht waren zentrale Themenstellungen der sich konstituierenden Frauen- und Geschlechterforschung, insbesondere in den Sozialwissenschaften und der Geschichtswissenschaft. In kritischer Anknüpfung an die Frankfurter Schule hat insbesondere Regina Becker-Schmidt diese Analysen kontinuierlich weitergetrieben (Becker-Schmidt 1991, 2003; Becker-Schmidt und Krüger 2009). Affirmativen oder idealisierenden Konstruktionen polarer Geschlechtsrollen und weiblicher Praxis, die sich in den 1970er und 1980er Jahren in unterschiedlichen Ausprägun-

---

[4] Zur historischen Kritik des Konzepts des „ganzen Hauses" vgl. Opitz (1994).

gen sowohl in Theorierichtungen des Mainstreams finden ließen als auch im linken und feministischen Kontext, setzte sie die These von der „doppelten Vergesellschaftung" von Frauen entgegen.[5] Eine zentrale Stoßrichtung der These einer doppelten und widersprüchlichen Vergesellschaftung war es zunächst, in der Kritik des dominanten Ernährer-Hausfrau-Modells (und dem entsprechenden Blau-Rosa-Muster geschlechtstypischer Sozialisation) daran zu erinnern, dass historisch und quantitativ gesehen Erwerbs- und Subsistenzarbeit von Frauen nicht die Ausnahme, sondern, wenngleich in klassenspezifisch variierenden Formen, die Regel war. Auf diesem Hintergrund schien es theoretisch angemessener und empirisch produktiver, grundsätzlich von einer doppelten Einbindung von Frauen in den gesellschaftlichen Reproduktionsprozess auszugehen und dann deren jeweilige Ausprägungen, Verlaufsformen und Veränderungen zu spezifizieren.

Später hat Regina Becker-Schmidt diese Überlegungen gesellschaftstheoretisch ausgebaut und das Theorem vom dialektischen Ineinandergreifen zweier Relationalitäten formuliert, die die widersprüchliche Vergesellschaftung von Frauen bestimmen. Bei diesen beiden Relationalitäten handelt es sich zum einen um das Geschlechterverhältnis. Dieses wird verstanden als Ensemble jener sozialen Arrangements und Strukturierungen, durch welche die Geschlechter, quer zu sonstigen sozialen Positionierungen und Teilungen und ungeachtet ihrer empirischen Diversität im Einzelnen, als gesellschaftlich „versämtlichte" (Dohm 1986) Genus-Gruppen sowohl unterschieden als zueinander ins Verhältnis gesetzt werden. In den Blick kommen hier Geschlechterklassifikationen, die Verortungen und Relationierungen von Männern und Frauen im Ordnungssystem der Zweigeschlechtlichkeit, rechtliche Regelungen und Politiken, etwa die Systeme sozialer Sicherung sowie institutionelle Regime, die in ihren Programmen, Zeitökonomien und Strukturen Rollendifferenz unterstellen, wie sie Helga Krüger im „Institutionenansatz der Geschlechterforschung" empirisch untersucht und theoretisch innovativ gefasst hat (Krüger 2001). In den Blick kommen aber auch zählebige Praxis- und Interaktionsstrukturen wie etwa die Formen sexierter Arbeitsteilung im Privaten und im Beruf (Gottschall 2000; Wetterer 2002), deren Beharrlichkeit sich nicht allein aus normativen Überzeugungen, interessenrationalem oder opportunistischem Wollen bzw. Nicht-Wollen der einzelnen Akteure erklären lässt, sondern die auch auf

---

[5] Diese These geht zurück auf ein empirisches Forschungsprojekt, das Anfang der 1980er Jahre unter Leitung von Becker-Schmidt am Psychologischen Institut der Universität Hannover stattfand. Darin ging es um die Untersuchung der Lebensverhältnisse und der Erfahrungen von Akkordarbeiterinnen mit kleinen Kindern und einer Vergleichsgruppe von ehemaligen Akkordarbeiterinnen, die wegen der Kinder Erwerbsarbeit aufgegeben hatten (in einer ausführlichen Zusammenfassung: Becker-Schmidt 2004).

die materiellen, institutionellen und interaktionellen Bedingungen verweist, unter denen sich Handlungsmotive und -routinen ausbilden und Handlungen vollziehen.

Zum anderen handelt es sich um die – ihrerseits durch Strukturen des Geschlechterverhältnisses ebenso vermittelte wie diese vermittelnde – Relationalität zwischen den verschiedenen gesellschaftlichen Sphären. In der differenzierungstheoretisch erweiterten historisch-materialistischen Tradition, an die einige der feministischen Theoretikerinnen anknüpften, werden vor allem Zusammenhänge zwischen marktvermittelter Wirtschaft und Privatsphäre/Hauswirtschaft (oft verkürzt auf das irreführende Begriffspaar ‚Produktionsbereich – Reproduktionsbereich‘), Staat und Bildungssystem fokussiert, aber auch Wissenschaft und Recht werden in die Analysen gesellschaftlicher Statik und Dynamik einbezogen. Die verschiedenen Sphären oder Felder sind dabei nicht als in sich homogene, räumlich separierte Parallelwelten vorzustellen, sondern komplexe Praxissphären, die sich in ihren historisch zugekommenen Sinngebungen und Aufgaben, aber auch in ihren Institutionalisierungsformen unterscheiden. Sie stehen untereinander in Verhältnissen des Austauschs und der Abhängigkeit, der partiellen Autonomie wie der Intrusionen und Grenzüberschreitungen, deren Ausprägungen und Veränderungen zu untersuchen sind. Nicht nur in der Art und Weise ihrer Binnendifferenzierung, sondern auch in den Ungleichgewichten zwischen den Teilbereichen und der Form ihrer Vergesellschaftung untereinander, manifestieren und verbergen sich, so Regina Becker-Schmidt, Effekte sowohl vergangener als auch gegenwärtiger Machtkonstellationen und Herrschaftsverhältnisse (Becker-Schmidt 2004, S. 67).

Methodisch anknüpfend an Marx und Adorno untersucht Becker-Schmidt aus der Perspektive gegenwärtiger Problemlagen die Ungleichgewichte und Verkehrungen in der Art und Weise, in der die historisch getrennten Praxissphären (re-)kombiniert sind. Sie exemplifiziert die Paradoxien von Trennung und Verknüpfung materialiter vor allem mit Blick auf den Lebenszusammenhang von Frauen (Becker-Schmidt 2004, S. 69; Becker-Schmidt und Krüger 2009). Dabei wird ein in der europäischen Moderne zugespitzter ‚Konstruktionsfehler‘ in den Grundstrukturen des gesellschaftlichen Austauschprozesses sichtbar. Dieser ‚Konstruktionsfehler‘, der durch harmonisierende Ausdeutungen funktionaler Differenzierung verdeckt wird, besteht in einer durch Spezialisierungs- und Trennungsprozesse begünstigten, aber ungleich verteilten (temporären) Ausblendbarkeit der Belange und Anforderungen jeweils anderer Sphären, auf deren Leistungen der Gesamtprozess gleichwohl angewiesen ist. Die vergleichsweise weitgehende Ausblendbarkeit ihrer Belange betrifft in besonderer Weise, wenngleich in national- bzw. wohlfahrtsstaatlich unterschiedlichen Ausprägungen und beeinflusst von politischen Konjunkturen, die Sphäre der privaten Reproduktion (Familie/Intimbeziehungen/Hauswirtschaft) und darin besonders die Frauen. Diese Konstellation bricht gegenwärtig auf.

Die derzeit vielfach konstatierte Erosion der industriegesellschaftlichen Triade von Normalarbeitsverhältnis, Kleinfamilie nach dem Ernährer-/Hausfrau- bzw. Ernährer-/Zuarbeiterin-Modell und unterstützendem Wohlfahrtsstaat (zu ost- und westdeutschen Differenzen: Dölling 2003) legt nahe, dass wir es mit einer Krise zu tun haben, die die überkommene Art und Weise der Verknüpfung dieser drei Sphären auf grundsätzliche Weise tangiert. Das ‚Adult-Worker-Modell', das sich als Effekt weiblicher Partizipationsinteressen, als Erfolg staatlicher Gleichstellungspolitiken (Fraser 2009) aber auch als Vehikel neuerer Steuerungsformen ausbreitet, erweist sich unter *status quo*-Bedingungen als unvereinbar mit den Emanzipationsansprüchen von Frauen, an die es in pervertierter Form erinnert. Es erweist sich unter den Bedingungen des *status quo* auch als unvereinbar mit den Ansprüchen von Familien oder allgemeiner noch: den Ansprüchen aller auf ein gutes Leben in menschlichen Beziehungen zwischen Erwachsenen, Kindern und Alten. Damit steht das ‚Adult-Worker-Modell' unter den Bedingungen weitgehend durchgesetzter rechtlicher Gleichstellung zwar auf andere Weise aber der Sache nach nicht weniger grundsätzlich im Konflikt mit den Gerechtigkeits- und Solidaritätsversprechen der modernen Gesellschaft, wie dies schon für das bürgerliche Ernährer-Hausfrau-Modell galt.

6 Ausblick

Im Gegensatz zu den meisten soziologischen Gegenwartsdiagnosen, die den Bereich der privaten Reproduktion (Intimbeziehungen/Familie, Hauswirtschaft) nicht als Schauplatz gesellschaftlicher Grundkonflikte betrachten (Schimank 2002), war dieser für die Kritische Theorie zentral und wurde in seiner gesamtgesellschaftlichen Relevanz ernst genommen. Auch wenn manche der Aussagen zu Geschlechterbeziehungen aporetisch sind und anstößig bleiben und Horkheimer und Adorno selbst keine zureichende Theorie des Geschlechterverhältnisses formuliert haben, finden sich in den Texten der älteren Kritischen Theorie doch zahlreiche Hinweise darauf, wie man die auf der Agenda stehenden Analysen weitertreiben könnte. Um diese Anregungen fruchtbar machen zu können, gilt es jedoch, über den Androzentrismusvorwurf hinauszugehen und sich der analytischen Modelle der älteren Kritischen Theorie, insbesondere Adornos, noch einmal zu vergewissern.

Folgende Perspektiven bieten sich für diese Klärung an:

Angesichts der historischen Überschussproduktion an Naturalisierungen und Ontologisierungen im Geschlechterverhältnis, die mit dem Vordringen neuer biowissenschaftlicher Deutungen ein neues Niveau erreicht, aber auch angesichts der gleichzeitig revitalisierten entgegengesetzten Vorstellungen von der unendlichen

Plastizität und Verfügbarkeit menschlicher Natur halte ich Adornos negativ-dialektisches Denken nach wie vor für wichtig. Das Potenzial dieser identitätskritischen Reflexionsform für die feministische Theorie, auch für Brückenschläge zum Poststrukturalismus und zur dekonstruktivistischen Theorie, ist noch nicht ausgelotet.

Auch Adornos Diktum, es gälte vor allem, die „Nichtverstehbarkeit zu verstehen", den rational-irrationalen Zwangscharakter und die Heteronomie gesellschaftlicher Zusammenhänge, halte ich für herausfordernd und aktuell. Dies gilt sowohl in sozialtheoretischer Perspektive, das heißt bezogen auf die Frage nach der Verfasstheit von Sozialität, als auch in gesellschaftstheoretischer Hinsicht, das heißt bezogen auf Fragen nach systemischen Zusammenhängen historischer Großformationen. Dabei muss eine soziologisch konkretisierte Bestimmung von Krisentendenzen im Geschlechterverhältnis und in den darüber vermittelten Beziehungen zwischen den gesellschaftlichen Praxissphären über den durch die Kritische Theorie vorgegebenen Rahmen hinausgehen. Dies betrifft zum einen die systematische Berücksichtigung unterschiedlicher Verhältnisse sozialer Differenzierung und Ungleichheit und deren Zusammenhang untereinander. Zum anderen betrifft es das Problem, dass viele der wichtigen Einsichten der Geschlechtertheorie und -forschung sich nicht ohne Weiteres im Rahmen einer Subjekt-Objekt-Dialektik artikulieren lassen. Diese wäre zu kontrapunktieren durch den Blick auf Subjekt-Subjekt-Relationen und deren kulturtheoretische Entsprechungen. Dass sich die Produktivität dieses Vorschlags letztlich nicht in der formalen Kreuzbarkeit theoretischer Ansätze erweisen kann, sondern nur in der tiefer gehenden materialen Erschließung und Deutung gesellschaftlicher Konfliktkonstellationen und Krisen ist evident.

Last but not least wäre für ein besseres Verständnis der Gegenwart auch der Blick auf die Konstitutionsgeschichte der bürgerlich-kapitalistischen Moderne in Europa über die Kritische Theorie hinaus zu erweitern. Die neuere Globalgeschichte liefert zahlreiche Anhaltspunkte und Belege dafür, dass die Entwicklung Europas nicht unabhängig zu sehen ist von seinen kulturellen, politischen und ökonomischen Verflechtungen mit anderen Weltgegenden (Osterhammel 2009) und deren Formen der Modernisierung. Für eine Re-Inspektion der europäischen Moderne gibt es aktuell zahlreiche Anknüpfungspunkte in den Debatten zu Intersektionalität, zum Zusammenwirken unterschiedlicher Formen gesellschaftlicher Herrschaft, Spaltung und Differenzierung (Klinger et al. 2007; Knapp 2010), zur postkolonialen Theorie und den neueren Debatten um die multiple Moderne (Boatcá und Spohn 2010; Reuter und Villa 2010). Die sich im Anschluss an Adorno und die „Dialektik der Aufklärung" stellende Frage wäre: Welche Dialektiken verbinden die gesellschaftlich-politische Radikalisierung von ‚Differenz' im 19. und zu Beginn des 20. Jahrhunderts mit der kulturellen und institutionellen Durchsetzung universeller Werte (Freiheit, Gleichheit, Gerechtigkeit, Solidarität)? In welchem

Vermittlungsverhältnis stehen unterschiedliche gruppenbezogene Differenzkonstruktionen samt der damit verbundenen Positionierungen und Arten der gesellschaftlichen Inklusion und Exklusion zu jenen sich sphärenübergreifend über instrumentelle Rationalität und Identitätsdenken vollziehenden systemischen Zwängen, welche nach der älteren Kritischen Theorie „vor aller besonderen Schichtung" für Vergesellschaftung im Spätkapitalismus wesentlich sein sollen?

Literatur

Adorno, Theodor W. 1971. *Kritik. Kleine Schriften zur Gesellschaft*. Frankfurt a. M.

Adorno, Theodor W. 1986. *GS 20.1. Vermischte Schriften I*. Frankfurt a. M.

Adorno, Theodor W. 1990. *GS 8.1. Soziologische Schriften*. Frankfurt a. M.

Adorno, Theodor W. 1998. *GS 6*. Frankfurt a. M.

Adorno, Theodor W., und Max Horkheimer. 1998. *GS 3*. Frankfurt a. M.

Becker-Schmidt, Regina. 1991. Vergesellschaftung und innere Vergesellschaftung. Individuum, Klasse, Geschlecht aus der Perspektive der Kritischen Theorie. In *Die Modernisierung moderner Gesellschaften. Verhandlungen des 25. Deutschen Soziologentages in Frankfurt am Main*, Hrsg. Wolfgang Zapf, 383–395. Frankfurt a. M.

Becker-Schmidt, Regina. 2003. Mit Adorno gegen Adorno. Die Bedeutung seiner Kritischen Theorie für eine kritische Geschlechterforschung. In *Die Lebendigkeit der kritischen Gesellschaftstheorie. Dokumentation der Arbeitstagung aus Anlass des 100. Geburtstages von Theodor W. Adorno*, Hrsg. Andreas Gruschka und Ulrich Oevermann, 65–96. Wetzlar.

Becker-Schmidt, Regina. 2004. Doppelte Vergesellschaftung von Frauen. Divergenzen und Brückenschläge zwischen Privat- und Erwerbsleben. In *Handbuch Frauen- und Geschlechterforschung. Theorie, Methoden, Empirie*, Hrsg. Ruth Becker und Beate Kortendiek, 62–72. Wiesbaden.

Becker-Schmidt, Regina, und Helga Krüger. 2009. Krisenherde in gegenwärtigen Sozialgefügen: Asymmetrische Arbeits- und Geschlechterverhältnisse – vernachlässigte Sphären gesellschaftlicher Reproduktion. In *Arbeit. Perspektiven und Diagnosen der Geschlechterforschung*, Hrsg. Brigitte Aulenbacher und Angelika Wetterer, 12–42. Münster.

Benhabib, Seyla. 1992. *Kritik, Norm und Utopie. Die normativen Grundlagen der Kritischen Theorie*. Frankfurt a. M.

Boatcá, Manuela, und Willfried Spohn, Hrsg. 2010. *Globale, multiple und postkoloniale Modernen*. München.

Buck-Morss, Susan. 1977. *The origin of negative dialectics*. New York.

Claussen, Detlev. 1988. *Unterm Konformitätszwang. Zum Verhältnis von Kritischer Theorie und Psychoanalyse*. Bremen.

Dohm, Hedwig. 1986 [1876]. *Der Frauen Natur und Recht*. Neunkirch.

Dölling, Irene. 2003. Zwei Wege gesellschaftlicher Modernisierung. Geschlechtervertrag und Geschlechterarrangements in Ostdeutschland in gesellschafts- und modernisierungstheoretischer Perspektive. In *Achsen der Differenz. Gesellschaftstheorie und feministische Kritik II*, Hrsg. Gudrun-Axeli Knapp und Angelika Wetterer, 73–101. Münster.

Fraser, Nancy. 2009. Feminismus, Kapitalismus und die List der Geschichte. *Blätter für deutsche und internationale Politik* 54 (8): 43–57.

Gottschall, Karin. 2000. *Soziale Ungleichheit und Geschlecht. Kontinuitäten und Brüche, Sackgassen und Erkenntnispotentiale im deutschen soziologischen Diskurs.* Opladen.

Horkheimer, Max. 1988a. *Gesammelte Schriften. Schriften 1931–1936*, Bd. 3, 20–35. Frankfurt a. M.

Horkheimer, Max. 1988b. *Gesammelte Schriften. Schriften 1936–1941*, Bd. 4, 162–217. Frankfurt a. M.

Horkheimer, Max. 1988c. *Gesammelte Schriften. Nachgelassene Schriften 1949–1972*, Bd. 14. Frankfurt a. M.

Horkheimer, Max, Erich Fromm, Herbert Marcuse, Karl August Wittfogel, Ernst Manheim, Gottfried Salomon, Ernst Schachtel, Harald Mankiewicz, Paul Honigsheim, Kurt Goldstein, Fritz Jungmann, Marie Jahoda, Curt Wormann, Alfred Meusel und Hans Mayer. 1987 [1936]. *Studien zu Autorität und Familie. Forschungsberichte aus dem Institut für Sozialforschung.* Lüneburg.

Jay, Martin. 1976. *Dialektische Phantasie. Die Geschichte der Frankfurter Schule und des Instituts für Sozialforschung 1923–1950.* Frankfurt a. M.

Klinger, Cornelia, Gudrun-Axeli Knapp und Birgit Sauer, Hrsg. 2007. *Achsen der Ungleichheit. Zum Verhältnis von Klasse, Geschlecht und Ethnizität.* Frankfurt a. M.

Knapp, Gudrun-Axeli. 2009. „Trans-Begriffe", „Paradoxie" und „Intersektionalität" – Notizen zu Veränderungen im Vokabular der Gesellschaftsanalyse. In *Erkenntnis und Methode. Geschlechterforschung in Zeiten des Umbruchs*, Hrsg. Brigitte Aulenbacher und Birgit Riegraf, 309–325. Wiesbaden.

Knapp, Gudrun-Axeli. 2010. „Intersectional Invisibility": Anknüpfungen und Rückfragen an ein zentrales Konzept der Intersektionalitätsforschung. In *Fokus Intersektionalität. Bewegungen und Verortungen eines vielschichtigen Konzeptes*, Hrsg. Helma Lutz, Maria Teresa, Herrera Vivar und Linda Supik, 223–245. Wiesbaden.

Krüger, Helga. 2001. Gesellschaftsanalyse: der Institutionenansatz in der Geschlechterforschung. In *Soziale Verortung der Geschlechter. Gesellschaftstheorie und feministische Kritik*, Hrsg. Gudrun-Axeli Knapp und Angelika Wetterer, 63–91. Münster.

Lenz, Ilse, Hrsg. 2008. *Die Neue Frauenbewegung in Deutschland. Abschied vom kleinen Unterschied. Eine Quellensammlung.* Wiesbaden.

Lutz, Helma, Maria Teresa, Herrera Vivar und Linda Supik, Hrsg. 2010. *Fokus Intersektionalität. Bewegungen und Verortungen eines vielschichtigen Konzeptes.* Wiesbaden.

Negt, Oskar, und Alexander Kluge. 2001. *Geschichte und Eigensinn. Geschichtliche Organisation der Arbeitsvermögen. Deutschland als Produktionsöffentlichkeit. Gewalt des Zusammenhangs.* Frankfurt a. M.

Opitz, Claudia. 1994. Neue Wege der Sozialgeschichte? Ein kritischer Blick auf Otto Brunners Konzept des „ganzen Hauses". *Geschichte und Gesellschaft* 20 (1): 89–98.

Osterhammel, Jürgen. 2009. *Die Verwandlung der Welt. Eine Geschichte des 19. Jahrhunderts.* München.

Reckwitz, Andreas. 2000. *Die Transformation der Kulturtheorie. Zur Entwicklung eines Theorieprogramms.* Weilerswist.

Reuter, Julia, und Paula-Irene Villa, Hrsg. 2010. *Postkoloniale Soziologie. Empirische Befunde, theoretische Anschlüsse, politische Intervention.* Bielefeld.

Rumpf, Mechthild. 1989. *Spuren des Mütterlichen. Die widersprüchliche Bedeutung der Mutterrolle für die männliche Identitätsbildung in Kritischer Theorie und feministischer Wissenschaft.* Frankfurt a. M.

Schimank, Uwe. 2002. *Wer gegen wen? Der „Kampf der Götter" in der funktional differenzierten Gesellschaft.* Vortragsmanuskript Hannover. http://www.fernuni-hagen.de/ESGW/SOZ/weiteres/preprints/hannover.pdf: Zugegriffen 30. Januar 2011.

Schmid-Noerr, Gunzelin. 1997. *Gesten aus Begriffen. Konstellationen der Kritischen Theorie.* Frankfurt a. M.

Wetterer, Angelika. 2002. *Arbeitsteilung und Geschlechterkonstruktion. „Gender at Work" in theoretischer und historischer Perspektive.* Konstanz.

Wetterer, Angelika. 2003. Rhetorische Modernisierung: Das Verschwinden der Ungleichheit aus dem zeitgenössischen Differenzwissen. In *Achsen der Differenz. Gesellschaftstheorie und feministische Kritik II*, Hrsg. Gudrun-Axeli Knapp und Angelika Wetterer, 286–320. Münster.

Wiggershaus, Rolf. 1986. *Die Frankfurter Schule. Geschichte, Theoretische Entwicklung, Politische Bedeutung.* München.

Funktionale Differenzierung und Wohlfahrtsstaat: Zur gesellschaftstheoretischen Verortung der Geschlechterdifferenz

Christine Weinbach

Zusammenfassung

Der vorliegende Text bemüht sich um die gesellschaftstheoretische Verortung der Kategorie Geschlecht. Demnach liefert die funktionale Differenzierungsform der modernen Gesellschaft zwar die strukturellen Rahmenbedingungen für Geschlechtergleichheit. Doch der nationale Wohlfahrtsstaat zieht ab dem späten 19. Jahrhundert die patriarchale Familienordnung in diesen Rahmen ein, um die im Zuge funktionaler Differenzierung durchgesetzte Trennung von Haus- und Erwerbsarbeit zu regulieren. Der Text verortet die Kategorie Geschlecht auf der Meso-Ebene und versteht ihre gesellschaftsstrukturelle Relevanz in historischer Perspektive als Übergangsphänomen.

Functional Differentiation and the Welfare State: Localising Gender Differences in Terms of Social Theory

Abstract

The present paper tries to locate the category gender in terms of social theory. Thus, the form of functional differentiation of modern society provides the structural framework for gender equality. But since the late 19th century the national welfare state installs the patriarchal family regime into his framework in order to regulate the separation of house and gainful work enforced in the

C. Weinbach (✉)
Wirtschafts- und Sozialwissenschaftliche Fakultät, Universität Potsdam, August-Bebel-Str. 89, 14482 Potsdam, Deutschland
E-Mail: weinbach@uni-potsdam.de

H. Kahlert, C. Weinbach (Hrsg.), *Zeitgenössische Gesellschaftstheorien und Genderforschung,* Gesellschaftstheorien und Gender,
DOI 10.1007/978-3-531-19937-5_10, © Springer Fachmedien Wiesbaden 2015

wake of functional differentiation. The paper locates the category gender onto the meso-level and sees its socio-structural relevance historically as a transitional phenomenon.

1 Einleitung

Die vorgeschlagene Begegnung von Systemtheorie Luhmanns und Geschlechterforschung kann für beide Seiten fruchtbar sein. Die Systemtheorie wird mit dem Tatbestand askriptiver Zurechnungsmuster trotz funktionaler Differenzierung konfrontiert und daran ihr Inklusionsbegriff geschärft. Der Geschlechterforschung wird mit der Systemtheorie ein komplexer Theorierahmen angeboten, innerhalb dessen sich ganz unterschiedliche soziale Phänomene erfassen und miteinander verknüpfen lassen. Der vorliegende Text möchte daher die von der Geschlechterforschung beschriebenen Phänomene geschlechtlicher Ungleichheit in das systemtheoretische Gesellschaftsmodell integrieren und der Geschlechterforschung auf diese Weise eine systemtheoretische Perspektive auf die Kategorie Geschlecht eröffnen. Der Text versteht sich nicht als Einführung in Luhmanns Systemtheorie und er referiert auch nicht den Forschungsstand der systemtheoretischen Geschlechtersoziologie (vgl. dazu den Überblick bei Pasero 2010), sondern bemüht sich um eine eigenständige weiterführende Verknüpfung der beiden Forschungsstränge. Die Gliederung des Beitrags bewegt sich dabei entlang der Leitkategorien des vorliegenden Sammelbands: patriarchale *Macht* (Abschnitt 2), gesellschaftliche *Inklusion* (Abschnitt 3), gesellschaftlicher *Wandel* (Abschnitt 4), personale *Identität* (Abschnitt 5). Diese Leitkategorien sollen innerhalb des systemtheoretischen Theorierahmens in Beziehung zueinander gesetzt und ihre immanenten Verflechtungen offengelegt werden. Auf diese Weise soll zugleich das systemtheoretische Potenzial für die Bearbeitung von Fragen der Geschlechterforschung ausgelotet werden.

2 Macht in der patriarchalen Familienordnung

Heterosexuelle Geschlechterbeziehungen werden bis in die 1970er Jahre hinein in vielen Ländern der so genannten ‚westlichen' Welt als Über- und Unterordnungsverhältnis entworfen und durch ein gesellschaftliches Institutionengeflecht abgestützt, in dessen Mittelpunkt die patriarchale Kleinfamilie steht. In Deutschland wird die gesetzlich kodifizierte Vormachtstellung des Ehemanns und Vaters von konservativer Seite noch Mitte der 1950er Jahre mit der Notwendigkeit eines männlichen Letztentscheidungsrechts innerhalb der Familie begründet. Nicht um

Willkürrecht gehe es dabei, sondern um die Pflicht, den familiären (und damit staatlichen) Zusammenhalt zu garantieren, der durch eine Gleichberechtigung der Geschlechter – wegen der Konfliktgefahr durch letztlich unvereinbare Perspektiven der Eheleute – gefährdet sei (vgl. Weinbach 2002, S. 322–323). Die Begründung der konservativen Zeitgenossen zum ehelichen Geschlechterverhältnis ist somit tendenziell funktional gehalten und dokumentiert, dass ‚das Patriarchat' längst zu erodieren begonnen hat. In ihr blitzt zudem bereits ein Machtverständnis auf, das zwar in letzter Instanz mit der komplementär aufeinander bezogenen Natur der beiden Geschlechter begründet wird, sich in den 1970er Jahren jedoch als sozialwissenschaftliches Wissen durchzusetzen beginnt: dass Macht ein sozialer Mechanismus sei, der soziale Komplexität durch die Schaffung von ‚Intersubjektivität' ohne weitläufige ‚Aushandlungsprozesse' reduziert und damit als Garant sozialer Stabilität eingesetzt werde.

Der Soziologe Niklas Luhmann (1975a) entwickelt in dieser Zeit eine Systemtheorie, für die er an den Begriff *symbolisch generalisierte Kommunikationsmedien* von Talcott Parsons (vgl. Parsons und Schmelser 1956) anschließt und diesen kommunikationstheoretisch weiterführt. Unter symbolisch generalisierten Kommunikationsmedien versteht Luhmann Spezialsprachen, die doppelte Kontingenz beschränken, indem sie die Handlungs- und Verstehensmöglichkeiten der Kommunikationspartner begrenzen und die Entwicklung und Ausdifferenzierung spezialisierter, voraussetzungsvoller Kommunikationszusammenhänge erlauben. Macht als symbolisch generalisiertes Kommunikationsmedium ist somit – ähnlich wie der Machtbegriff bei Michel Foucault (vgl. Michalitsch in diesem Band) oder Norbert Elias (vgl. Treibel in diesem Band) – keine Substanz, die einem der beiden Kommunikationspartner gehört. Vielmehr motiviert Macht die sozialisierten Individuen dazu, der Machtkommunikation ihre psychischen und physischen Ressourcen zur Verfügung zu stellen und sich durch mitgeteilte Informationen und Verstehensleistungen kommunikativ zu beteiligen. Wie bei Foucault oder Elias gilt demnach, dass die Herstellung von Macht stets auf der Beteiligung *beider* Interaktionspartner basiert.

Machtkommunikation bezieht sich Luhmann zufolge immer auf jemanden, „der in seinen Selektionen dirigiert werden soll" (Luhmann 1975a, S. 8). Übertragen auf das patriarchale Geschlechterverhältnis ist es demnach die Ehefrau, die dem ‚männlichen Machtwort' Gehorsam schuldet; darüber herrscht im Prinzip Einigkeit. Auf der machttheoretischen Folie Luhmanns lässt sich die patriarchale Geschlechterbeziehung wie folgt analysieren: Mann (Ego) und Frau (Alter) verhalten sich in der patriarchalen Machtbeziehung als machtüberlegene und machtunterlegene Kommunikationspartner, die eine *Handlungsalternative* zum ‚männlichen Machtwort', das ist der Einsatz einer *Sanktion*, über die der Mann verfügt, vermeiden wollen, wobei die Frau daran als Machtunterlegene ein größeres Interesse hat.

Beide handeln, da Macht ihre Übertragungsleistungen dadurch erbringt, „dass sie die Selektion von Handlungen (oder Unterlassungen) angesichts anderer Möglichkeiten zu beeinflussen vermag" (Luhmann 1975a, S. 8). Das patriarchale Machtverhältnis ist daher nicht einfach mit einem Gewaltverhältnis gleichzusetzen, das der Machtunterlegenen keine Alternative ließe, sondern erst auf der Grundlage einer *doppelt* kontingenten *Selektivität* möglich, die Mann *und* Frau zu entsprechenden Selektionsleistungen motiviert.

In allen stabilen und ausdifferenzierten Machtbeziehungen – man denke an die Hegelsche Dialektik vom Herrn und seinem Knecht – existiert auch immer *Gegenmacht*. Die Machtposition des Machtüberlegenen stützt sich auf Voraussetzungen, die durch den Machtunterlegenen hergestellt werden und macht den Machtüberlegenen von den Leistungen des Machtunterlegenen abhängig. In Organisationen steht der „Macht des Vorgesetzten, unangenehme Arbeit zuzuweisen mit der Drohung, dass bei Ungehorsam Entlassung erfolgen würde, [...] die Macht des Untergebenen gegenüber, Kooperation zu entziehen in Fällen, in denen der Vorgesetzte darauf angewiesen ist" (Luhmann 2000, S. 201). Die machtunterlegene Ehefrau kann ihrem Gatten die Suppe und andere Dinge des täglichen Bedarfs, durch die sie seine Arbeitskraft reproduzieren hilft, versalzen; sie kann ihren ‚weiblichen Charme' einsetzen, um dem Gatten ihre Wünsche als die seinen ‚einzuflüstern'. Jean-Jacques Rousseau hat diese Strategie als weibliche Naturgabe ‚identifiziert': „Geistesgegenwart, Scharfsinn, feine Beobachtungsgabe sind die Wissenschaft der Frau; die Gewandtheit, sie für sich zu nutzen, ist ihr Talent" (Rousseau 1995, S. 772). In diesem Talent sieht Rousseau gar den unverzichtbaren Nebeneffekt, den Mann zu zivilisieren: „Wehe dem Jahrhundert, in dem die Frauen ihren Einfluß verlieren und wo ihr Urteil den Männern nichts mehr gilt! Das ist der letzte Grad der Verderbtheit" (Rousseau 1995, S. 783).

Systemtheoretisch orientierte Schriften zur ehelichen Geschlechterbeziehung haben, im Anschluss an Luhmanns *Liebe als Passion* (1982), das Machtverhältnis zwischen den Ehegatten im Kontext der Ausdifferenzierung von Ehe als Intimsystem thematisiert. Christoph Kucklick, der den Topos vom gewalttätigen, rohen Mann, der erst in seiner Beziehung zur Frau zivilisiert wird, als charakteristisch für die Zeit ab 1800 bezeichnet und von einer „negativen Andrologie" spricht (Kucklick 2008, S. 20), geht auf dieser Grundlage davon aus, „dass Geschlecht in der Moderne nicht hierarchisch, sondern heterarchisch organisiert ist" (Kucklick 2008, S. 216). Diese These ist sicherlich unangemessen stark. Dennoch kennt die Ehezweckdiskussion ab dem 16. Jahrhundert nun – neben den Ehezwecken Zeugung und Aufzucht von Kindern sowie der Vermeidung von Unzucht – auch den wechselseitigen (und damit implizit tendenziell heterarchischen) Beistand der Ehegatten (so Leupold 2003). Die Weiterentwicklung der Ehe als emotionsbasierte Reziprozitätsbeziehung führt im 18. Jahrhundert dazu, dass sie sich „aus einer Mehrzahl sozialer Verflechtungen und Kontrollen" herauslöst und eine „Umorientierung auf ein binnenfamiliales Milieu" vollzieht (Leupold 2003, S. 245–246). Die Beziehung der Ehegatten umfasst somit zunehmend aufeinander bezogene wechselseitige Rechte und Pflichten und ist *zugleich* als hierarchisches Geschlechterverhältnis konzipiert: Wie gesagt begründen die konservativen Bundestagsabgeordneten 1954 die Vormachtstellung des Ehemannes und Vater keineswegs mit einem Willkürrecht, sondern mit der Notwendigkeit zur Ausübung von *Pflicht*.

Der Bezug auf die unhintergehbare Natur der hierarchischen Geschlechterbeziehung in der Ehe wird in Deutschland durch das Eherecht des Bürgerlichen Gesetzbuchs (BGB) von 1900 gesetzlich abgestützt. Unterstellt wird, dass es sich bei Ehe und Familie um überindividuelle Institutionen handelt, die sowohl für den Staat als auch die Eheleute nicht zur Disposition stehen (Weinbach 2002, S. 321). Das BGB regelt bis in die 1950er Jahre hinein entsprechend lediglich einzelne Beziehungen, statt Ehe und Familie im umfassenden Sinne durch Rechtsbegriffe zu definieren:

> Das Familieninnere wird so weit wie denkbar frei von Rechtskonflikten gehalten, indem dem Ehemann ein nur bei ‚Missbrauch' begrenztes Bestimmungsrecht über die Frau (§ 1354) und die gesetzliche Vertretung sowie die vorrangige Bestimmungsgewalt hinsichtlich der Kinder eingeräumt wird (§§ 1627. 1630. 1634). (Schwab 1975, S. 297–298)

Mit Luhmann lassen sich solche Herrschaftspositionen als „Grenzstelle[n] des Systems" begreifen, die zwischen der Binnen- und Außenkommunikation des Systems vermitteln und daher „die Forderung nach einer entsprechenden Ausstattung mit Macht und mit Kompetenzen legitimieren" (Luhmann 1987, S. 280). Luhmann schreibt dazu, mit Blick auf die stratifizierte Gesellschaftsordnung:

> In der Einteilung von häuslicher und ziviler Gesellschaft war der Mann das Bindeglied gewesen. Dies gilt schon nicht mehr unter den Bedingungen funktionaler Differenzierung, die das 19. Jahrhundert wahrnimmt; aber die Gewohnheit, die Geschlechterdifferenz so zu sehen, trägt noch eine Weile. (Luhmann 1990, S. 209)

Dass die Herrschaftsposition des patriarchalen Haushaltsvorstands noch in den 1950er Jahren vielen Bundestagsabgeordneten plausibel erscheint, wird durch die politische *Beschreibung* der Gesellschaft als einer in Familien segmentierten Nation, deren Segmente notwendig durch männliche Familienvorstände repräsentiert werden, argumentativ unterfüttert (Weinbach und Stichweh 2001, S. 32; Weinbach 2002, S. 314). Das Familienoberhaupt, mit Sitz an der ‚Grenzstelle' des (Familien-)Systems, soll auch in der funktional differenzierten Gesellschaft zwischen der binnenfamilialen Kommunikation und den Entscheidungskommunikationen der funktional spezifizierten Organisationen (wie Schule, Betrieb, Presbyterium, etc.) vermitteln und bei Bedarf eine familienbezogene Letztentscheidung treffen können.

Dass diese patriarchale Herrschaftsposition in weiten Teilen bereits zur *Fassade* verkommen ist, als das BGB von 1900 die verheiratete Frau unter die Vormundschaft des Ehemanns stellt und damit das Mundialprinzip aus dem Allgemeinen Landrecht für die Preußischen Staaten von 1794 fortschreibt, kann im Anschluss an Luhmann auf die bereits irreversibel etablierte funktionale Differenzierungsform zurückgeführt werden, deren *autonom und selbstreferenziell operierende Funktionssysteme* mit universalistisch angelegten Programmen auf die Vollinklusion der Gesamtbevölkerung zielen. Ende des 19. Jahrhunderts ist diese Entwicklung für die Zeitgenossen sichtbar: Bürgerliche Frauen genießen bereits ein vergleichbar hohes Maß an Bildung, dürfen daraus jedoch keine ernsthaften Ambitionen entwickeln; verheiratete Frauen der Arbeiterklasse erwerben ein eigenes Einkommen, können darüber jedoch nicht frei verfügen; die Ausbildung einer politischen Peripherie in Form politischer Vereinigungen ermöglicht Frauen bereits die politische Inklusion, ohne dass ihnen aber das politische Wahlrecht zugestanden würde.

Erst in der zweiten Hälfte des 20. Jahrhunderts treibt das Politiksystem die Gleichstellung der beiden Geschlechter systematisch und beschleunigt voran. Ein Meilenstein auf diesem Weg ist die Individualisierung der Ehegatten. Auf dem Weg der Anpassung des BGB an Art. 3 Abs. 2 Grundgesetz (Gleichberechtigungsartikel) wird die Ehe mit dem reformierten Ehe- und Familienrecht (1977) erstmals als ein durch die Eheleute in gemeinsamer Absprache individuell gestaltbarer Beziehungsraum definiert. Diese „Dekomposition der Ehe in zwei autonome Individuen, die als Individuen zunächst abstrakt bestimmt werden, das heißt über Gleichheit der Rechte, Gleichheit des Anspruchs auf Selbstverwirklichung" (Leupold 2003, S. 252), ist eine zentrale Bedingung der Möglichkeit der Exklusionsindividualität *beider* Geschlechter.

3 Geschlechtsspezifische Inklusionsverhältnisse in der funktional differenzierten Gesellschaft

3.1 Limitierte Inklusion als Normalfall

Luhmann (1965) hat die These formuliert, dass Grundrechte der Ermöglichung von *Exklusionsindividualität* und somit letztlich funktionaler Differenzierung dienen. Grundrechte geben die notwendige Sicherheit für die selbstbewusste Selbstdarstellung der Individuen und erst auf dieser Folie könne „der Einzelne als *konkre-*

tes Individuum (und nicht nur in vorgezeichneten Rollen oder durch Ausführung von Vorschriften) Funktionsträger der Sozialordnung sein" (Luhmann 1965, S. 50, Herv. i. O.).

Exklusionsindividualität wird in systemtheoretischer Perspektive durch Funktionssysteme ermöglicht, deren Inklusionsrollen als Publikumsrollen für die Gesamtbevölkerung bereitgehalten werden und auf eine *individuelle* Inklusion aller Individuen *ohne* Bezug auf individuelle, geschlechtliche oder ständische Personenmerkmale abzielen (Göbel und Schmidt 1998, S. 104; auch Luhmann 1995, S. 237–264). *Spezifität* bezeichnet die Rollentrennung zwischen den Funktionsbereichen: Die Individuen rücken als *funktional definierte Personen* ausschließlich im Hinblick auf das Inklusionsthema in den Blick und werden nicht z. B. auch unter Berücksichtigung ihrer Geschlechtszugehörigkeit behandelt. Somit werde die *Generalisierung* der Publikumsrollen gewährleistet: Die Individuen seien nur *unter funktionsspezifischen Gesichtspunkten* – ohne Bezug auf externe Inklusionschancen und Rollenverpflichtungen – wie z. B. die Hausfrauenpflichten – relevant, mit der Folge, dass alle Individuen gleich behandelt werden. Damit sei die *Universalisierung* der Inklusionsrollen gewährleistet: Alle *funktional betroffenen Individuen* können inkludiert werden.

Obwohl die Funktionssysteme eine diesen Inklusionskriterien entsprechende inklusive Selbstbeschreibung längst ausgebildet hatten (vgl. dazu Luhmann 1997, Kap. 5), zielt das Ehe- und Familienrecht bis Ende der 1970er Jahre darauf ab, die *individuelle* Inklusion der Hausfrau und Mutter zu beschränken und soweit wie möglich durch ihren Ehemann zu vermitteln. Im Mittelpunkt der gesetzlich geregelten Inklusionsbeschränkung stehen vor allem der Zugang zum Arbeitsmarkt sowie die volle Geschäftsfähigkeit der verheirateten Frau, d. h. ihre *Zahlungsfähigkeit*: In Deutschland darf die verheiratete Frau erst ab 1962 ein eigenes Bankkonto führen, bis 1969 selbstständig keine über die alltägliche Familienreproduktion hinausreichenden größeren Anschaffungen tätigen und braucht bis 1977 für die Aufnahme einer Erwerbsarbeit die Zustimmung des Ehemanns.

Dass der Gesetzgeber die Inklusionsbeschränkungen der Ehefrau über ihren Zugang zu und ihren Umgang mit *Geld* an ihren Ehemann bindet, ist sicherlich kein Zufall. Der Zugang zum Medium Geld und die individuelle Zahlungsfähigkeit – also die individualisierte Vollinklusion in alle zentralen Bereiche des Wirtschaftssystems – sind für die individualisierte Inklusion in so gut wie alle gesellschaftlichen Funktionsbereiche wegen der *Geldabhängigkeit* der Inklusion vermittelnden, funktionsspezifisch orientierten *Organisationen* von zentraler Bedeutung.

Die Inklusion aller Individuen in die unterschiedlichen Funktionssysteme findet durch Organisationen statt, die „ihre Ziele an den Funktionen bestimmter Funktionssysteme, man denke an Banken, Krankenhäuser, Schulen, Armeen, politische Parteien", orientieren (Luhmann 2000, S. 405). Damit das Postulat der Voll-

inklusion realisiert werden kann, braucht es nicht nur ausreichend viele funktional spezifizierte Organisationen, sie müssen zudem über ausreichende *Geldmittel*
verfügen, um ihre funktionssystemorientierten Leistungen bereitstellen zu können
(vgl. Luhmann 2000, S. 405). Umgekehrt ist „Organisation [...] nur möglich, weil
Geld zur Verfügung steht" (Luhmann 1988, S. 321). Luhmann überlegt daher, „ob
über diese Kette: *Geldabhängigkeit der Organisationen – Organisationsabhängigkeit
der meisten Funktionssysteme* nicht eine latente Dominanz der Wirtschaft in der
modernen Gesellschaft sich durchsetzt" (Luhmann 1988, S. 321, Herv. i. O.): „Man
kann daran zeigen, dass die Abhängigkeit fast aller Funktionssysteme von Wirtschaft stärker ist, als oft angenommen wird" (Luhmann 1988, S. 323).

Dass die gesellschaftliche Inklusion der Individuen Geld kostet, kann sich negativ auf ihre individuelle Inklusionsfähigkeit auswirken. Christoph Deutschmann
hat in diesem Zusammenhang betont, „auf Dauer gestellte Einkommensarmut" sei
mehr als „bloß ein Mangel an Gütern. Sie ist Exklusion, weil sie den Betroffenen
die im Geld angelegten Wahlfreiheiten vorenthält und damit nicht nur materiell
benachteiligt, sondern indirekt auch von anderen Formen und Ebenen der Teilhabe
ausschließt" (Deutschmann 2009, S. 230).

Im Rahmen systemtheoretisch geleiteter Überlegungen ist für den Fall, dass der
Zugang zu einem Funktionssystem (z. B. Gesundheitssystem) die Inklusion in ein
anderes Sozialsystem gleichsam voraussetzt, von *limitierter Inklusion* gesprochen
worden: Wenn „Personen in ein Funktionssystem inkludiert werden in Abhängigkeit von der Inklusion in andere Leistungs- oder Publikumsrollen" (Göbel und
Schmidt 1998, S. 109), kommt es zur „*Integration* von Inklusionsmöglichkeiten
[...], die an der je spezifischen Person ansetzt und damit die Beweglichkeit des
Individuums innerhalb der einzelnen Funktionssysteme wechselseitig limitiert"
(Göbel und Schmidt 1998, S. 109, Herv. i. O.). Ist die Inklusion der Person also von
ihrer Teilnahme an Kommunikationsoperationen in einem anderen Funktionssys-
temkontext – z. B. einer Geldzahlung im Wirtschaftssystem – abhängig, verkehrt
diese Vorschaltung systemfremder Inklusionsleistungen die Universalität einer
Inklusionsrolle in *Partikularität* (nur bestimmte Personen haben Zugang zu den
Funktionssystemleistungen) und ihre Spezifität in *Diffusität* (Vermischung von
Themen aus unterschiedlichen Inklusionskontexten) (vgl. Luhmann 1995, S. 252).
Die Generalisierung der Rolle verwandelt sich in *funktionsunspezifische Diskriminierung*, weil nicht jeder, der die funktionsspezifische Leistung benötigt, Zugang zu
ihr erhält (vgl. Göbel und Schmidt 1998, S. 106).

Die Geldabhängigkeit der inklusionsvermittelnden Organisationen führt dazu,
dass limitierte Inklusion in gewisser Weise als *Normalfall* betrachtet werden kann.
Sie betrifft *alle* Individuen gleichermaßen – und kann im Idealfall durch den Einsatz von Geld erfolgreich bewältigt werden. Die gesetzlich beschränkte Inklusion
der verheirateten Frau hakt bis 1977 bei ihrem Zugang zu Geld und ihrer indi-

viduellen Zahlungsfähigkeit ein. Ihre Inklusionsbeschränkung zielt dabei auf verschiedene Kontexte des Wirtschaftssystems (Übernahme einer Erwerbsarbeit, Teilnahme am Geldverkehr, Einkauf größerer Güter oder Dienstleistungen). Abhängig vom Erwerbseinkommen ihres Mannes kann sie die inklusionsrelevanten Zahlungen streng genommen ohne sein Einverständnis nicht leisten. Ihrer Teilnahme an verschiedenen wirtschaftlichen Kommunikationen (Erwerbsarbeit, Teilnahme am Geldverkehr, Einkauf größerer Güter und Dienstleistungen) ist eine wirtschaftsfremde Kommunikation – das Einverständnis des Ehemanns – *vorgeschaltet*. Die gesellschaftliche Inklusion der verheirateten Frau bis 1977 ist damit *doppelt limitiert* – zum einen durch die Geldabhängigkeit der Inklusion vermittelnden Organisationen, zum anderen durch ihre finanzielle Abhängigkeit vom eigenen Ehemann.

3.2 Der moderne Wohlfahrtsstaat im Umgang mit limitierter Inklusion

Es ist der moderne *Wohlfahrtsstaat* in seiner Funktion als *Inklusionsmoderator* (im Anschluss an Luhmann vgl. dazu Bommes 1999), der den normativen Imperativ der Vollinklusion aufgreift und sich um die Inklusion seiner Mitglieder in alle für ihre Lebensführung unverzichtbaren Gesellschaftsbereiche bemüht. So wird er an vielen Stellen tätig, wo Geldzahlungen zu Inklusionsbarrieren werden könnten. Er nimmt über die Besteuerung abhängiger oder selbstständiger Erwerbsarbeit, Unternehmensgewinnen sowie Einkommen aus Kapitalbesitz Geld ein und verwendet es zur Subventionierung von Organisationskosten in Funktionsbereichen wie Breitensport oder Kultur, oder er trägt die vollständigen Organisationskosten, um, z. B. im Bereich der Schulausbildung, die Vollinklusion der Gesamtbevölkerung sicherzustellen. Dass seine Mitglieder darüber hinaus bei Bedarf *zahlungsfähig* sind, will der moderne Wohlfahrtsstaat im Rahmen seiner Arbeitsmarkt- und Beschäftigungspolitik durch ihre *Erwerbsintegration* gewährleisten.[1] *Berufstätigkeit* ist mit dem Übergang zur funktional differenzierten Gesellschaftsform nicht zufällig zum „Bezugspunkt einer schichtenunabhängigen Vollzugehörigkeit" geworden (Wobbe 2012, S. 45). Diese Vollzugehörigkeit über Erwerbsarbeit wird durch ihre Verknüpfung mit dem sozialen Sicherungssystem komplettiert. Es werden soziale Rechte erworben, die den Status *sozialer Staatsbürgerschaft* – der in Deutschland seit den 1980er Jahren *nicht* an nationale Staatsangehörigkeit gekoppelt sein muss (prominent dazu: Soysal 1994) – begründen: „[S]ocial citizenship usually depends upon being a worker for full access to such rights. Significant aspects to income

---

[1] Klaus Dörre bezeichnet „sozialstaatlich regulierte Lohnarbeit" im Anschluss an Robert Castel als „gigantische gesellschaftliche Integrationsmaschinerie" (Dörre 2007, S. 288).

maintenance payment by the state, pensions, and related welfare provision are provided as a result of waged employment." (Walby 1994, S. 386)

3.3 Der moderne Wohlfahrtsstaat als Konstrukteur geschlechtsbezogener limitierter Inklusion

Der moderne Wohlfahrtsstaat bemüht sich als Inklusionsmoderator um die Herstellung *individueller* Inklusionschancen für seine Mitglieder. Dennoch hat er bis 1977 die beschränkte Inklusionssituation der verheirateten Frau erst hergestellt und ihren Status sozialer Staatsbürgerschaft im Rahmen eines patriarchalen Ehe- und Familienmodells an den ihres Ehemanns gekoppelt. Gibt es dafür Gründe, die möglicherweise in der funktionalen Differenzierungsform liegen?

Luhmann zufolge setzt funktionale Spezifikation „hinreichend viele und häufig vorkommende Interaktionen voraus" (Luhmann 1975b, S. 160). Es muss, anders ausgedrückt, genügend Individuen geben, die an den funktionsspezifischen Kommunikationen teilnehmen, indem sie z. B. einer Erwerbsarbeit nachgehen und Güter kaufen, indem sie zur politischen Wahl gehen und den Entscheidungen der öffentlichen Behörde folgen oder indem sie am Breitensport teilnehmen. Das Problem ausreichend vieler Teilnehmer entsteht im Übergang von Stratifikation zu funktionaler Differenzierung und es wird nicht primär durch Bevölkerungswachstum, sondern durch den systematischen Abbau ständisch bedingter Inklusionsbeschränkungen gelöst (vgl. Luhmann 1975b, S. 161). Dazu muss die „feste (askriptive) Zuordnung von Personen zu bestimmten Teilsystemen der Gesellschaft […] für die Erwartungsbildung" aufgegeben werden (Luhmann 1977, S. 236), weshalb es zum „Bruch mit der Schichtungsordnung" kommt (Luhmann und Schorr 1988, S. 31).

Die Auflösung askriptiver Platzierung mit dem Ziel der Vollinklusion in die verschiedenen Funktionsbereiche beschränkt sich anfangs bekanntlich auf den männlichen Teil der Bevölkerung: „In anderen Worten: Während die soziale Klassen- oder Schichtzugehörigkeit […] im 19. Jahrhundert zurückgenommen wurde, rückte die Geschlechterzugehörigkeit in den Vordergrund" (Frevert 1995, S. 82). Frauen und Männer gelten nun, entsprechend dem neuen Zweigeschlechtermodell (vgl. dazu Laqueur 1992), als vollständig verschieden, wenn auch komplementär aufeinander verwiesene Geschlechter; ihre unterschiedliche Physiognomie wird als Ausdruck spezifischer Geschlechtercharaktere und geschlechtlicher Aufgabenbereiche begriffen (vgl. Hausen 1986). Dieses neue Geschlechtermodell reflektiert, wichtigen Einsichten der Geschlechterforschung zufolge, gesellschaftsstrukturelle Umbrüche, in deren Mittelpunkt die funktionale Trennung von Haus- und Erwerbsarbeit steht. Regina Becker-Schmidt sieht das Geschlechterverhältnis im Kapitalismus daher primär und grundlegend durch „die Beziehung zwischen Trennungs- und Differenzierungsprozessen und Tauschprinzipien" bestimmt (Becker-Schmidt 1987, S. 230; vgl. dazu näher Knapp in diesem Band) und somit vor allem durch die Trennung und Verknüpfung von Erwerbs- und Hausarbeit sowie die Hierarchisierung dieser Dichotomie als grundlegende und durchgängige Organisation des Geschlechterverhältnisses (vgl. Becker-Schmidt 1998).

Auch Luhmann sieht in der modernen geschlechtlichen Arbeitsteilung den Versuch, Folgen funktionaler Gesellschaftsdifferenzierung zu bewältigen:

> Die Geschlechterdifferenz diente nicht zuletzt der Trennung des Zeitbudgets von Haushalt und Beruf. Die Frau war im Hause und der Mann folglich im Beruf nach Bedarf zeitlich einsetzbar. So konnten die komplizierten Probleme der zeitlichen Synchronisation von familialen und beruflichen Pflichten vermieden werden – Probleme, die heute mehr und mehr akut werden und vor allem Frauen belasten. (Luhmann 1990, S. 209)

Auch aus systemtheoretischer Sicht gilt also, dass die funktional differenzierte Gesellschaft im Zuge der Autonomisierung ihrer Funktionsbereiche Probleme lösen muss, auf die mit dem System geschlechtlicher Arbeitsteilung – und für Männer und Frauen unterschiedliche gesellschaftliche Inklusionslogiken – reagiert wird. Luhmann hat diesem Zusammenhang bekanntlich keine weitere Aufmerksamkeit geschenkt. Vielleicht ist er seinem primären Interesse für die spezifischen Logiken der verschiedenen Funktionssysteme (vgl. seine Monographien zu den verschiedenen Funktionssystemen) zum Opfer gefallen. Insgesamt nämlich hat Luhmann einer institutionellen Ebene, auf der die unterschiedlichen Funktionsbereiche miteinander verwoben sind und wo die institutionellen Stützen geschlechtlicher Arbeitsteilung angesiedelt sind, keinen Platz in seiner Theorie eingeräumt (vgl. dazu kritisch Kaufmann 1997, S. 144; Münch 2006, S. 463; Schwinn 2001, S. 226). Es ist Michael Bommes' Verdienst (1999), diese Theorielücke konstruktiv geschlossen zu haben. Sein Vorschlag, den Wohlfahrtsstaat als *Form sekundärer Ordnungsbildung* zu fassen, ist mit Arbeiten aus der sozialpolitischen Geschlechterforschung kompatibel (erste Versuche bei Weinbach 2010), wonach die wohlfahrtsstaatliche Koordinierung von Sozialstaat, Familie und Arbeitsmarkt ein *wohlfahrtsstaatliches Dreieck* bildet (vgl. Überblick bei Gottschall 2000, S. 196–291) das wesentlich zur Institutionalisierung der geschlechtlichen Arbeitsteilung beiträgt.[2]

---

[2] Der Wohlfahrtsstaat wird hier nicht lediglich als Sozialstaat begriffen, der mögliche Folgen von Exklusionen aus anderen Funktionsbereichen auffängt, sondern ist umfassender gedacht. Vielmehr bemüht er sich darum, die Bedingungen für die Inklusion der sich auf seinem Territorium dauerhaft und legal aufhaltenden Individuen in die unterschiedlichen gesellschaftlichen Kommunikationen zu schaffen.

Bommes schließt an eine Prämisse der Theorie funktionaler Differenzierung an, der zufolge es für die soziale Verteilung der Individuen keine prinzipielle, z. B. schichtorientierte Lösung geben könne (vgl. Bommes 1999, S. 154). Auf dieser Folie erhält der Wohlfahrtsstaat seine besondere Funktion (vgl. Bommes 1999, S. 153), indem er zwischen den verschiedenen funktional orientierten Organisationen mit ihren je eigenen Inklusionsbedingungen vermittelt, um Inklusionschancen für seine Mitglieder zu generieren. Er setzt rechtliche Regelungen und/oder finanzielle Leistungen als Instrumente ein, um die funktional orientierten Organisationen zur Abstimmung ihrer Inklusionskriterien zu bewegen (Bommes 1999, S. 167). Dabei stellt er diesen Organisationen mit dem Lebenslauf als Institution (vgl. Kohli 2003) ein Muster zur Verfügung, an dem diese ihre Inklusionsbedingungen abgleichen können: „Individuen werden daraufhin beobachtet, ob ihre dokumentierte Vergangenheit die Erfüllung der Anforderung von Mitgliedschaftsrollen wahrscheinlich macht oder nicht. Dies mobilisiert zugleich Individuen, sich an dieser Form Karriere von Beginn an auszurichten" (Bommes 1999, S. 161). Wohlfahrtsstaat, Organisationen und Individuen orientieren sich somit an der Institution Lebenslauf „als sequentielles Programm, unterteilt in die Phasen der Kindheit/Ausbildung, des Erwerbs und des Ruhestandes, um die herum die Familie in der modernen Gesellschaft als Kernfamilie reorganisiert wird" (Bommes 1999, S. 168). Im – aus heutiger Sicht: alten – keynesianischen Wohlfahrtsstaatsmodell fungierte das *male breadwinner model* als normativer Fluchtpunkt dieser wohlfahrtsstaatlichen Ebene sekundärer Ordnungsbildung:

> Das mittelschichtorientierte Leitbild der Kleinfamilie bildete die Grundlage und das Zentrum eines dichten Geflechts von Administrationen, staatlicher Politiken und Programme und war der Schnittpunkt einer Vielzahl gesellschaftlicher Institutionen von der Schule bis zur Krankenversicherung. (Riegraf 2007, S. 81–82)

Die damit im Zusammenhang stehenden geschlechtstypischen Inklusionschancen drückten und drücken sich vor allem in geschlechtstypischen Lebensläufen aus (vgl. Krüger 1995).

4   Gesellschaftlicher Wandel

Aktuell lassen sich grundlegende Umbauten dieses wohlfahrtsstaatlichen Dreiecks vom *male breadwinner model* zum *individual adult worker model* beobachten: Indizien sind z. B. Kürzungen der Witwenrente, die Diskussion der beitragsfreien Familienversicherung für Ehegatten (Leitner et al. 2004a, S. 17), das 2008 in

Deutschland verabschiedete Unterhaltsrecht für Geschiedene, wonach die i. d. R. unterhaltsberechtigte geschiedene Frau mehr Eigenverantwortung übernehmen soll.[3] Die entscheidenden Anstöße dazu kommen vor allem von der OECD, die mit ihrer Schrift *Shaping structural change: The role of women* (1991)[4] wesentlich zur Ausformulierung des neuen Familienmodells beigetragen und mit ihrem Paper *Job Strategy* von 1994 die Vorlage für die Europäische Beschäftigungsstrategie (EBS) von 1997 geliefert hat (vgl. Heidenreich 2004, S. 206). Die Europäische Union wirkt hier wie ein ‚supranationaler Filter' (dazu Wobbe 2005), der an die Gesellschafts-analysen der OECD zu den Ursachen von Arbeitslosigkeit, der Zukunft der So-zialsysteme und der Bewältigung des demographischen Wandels anschließt, ihre Handlungsvorschläge aufgreift und in eigene politische Strategien umschreibt. Über entsprechende Regelungen wie beispielsweise die Europäische Beschäfti-gungsstrategie bzw. die umfassendere Lissabon-Strategie werden diese *weltgesell-schaftlichen Strukturvorgaben* an die europäischen Mitgliedsstaaten weitergereicht und sollen von diesen pfadabhängig umgesetzt werden.

Luhmann zufolge ist die funktional differenzierte Gesellschaft immer schon *Weltgesellschaft*, d. h. sie gilt ihm als ein umfassendes System, „das Nationalstaaten transzendiert und sich als eigenes Koordinatensystem über diese spannt" (Wobbe 2000, S. 6). Dabei sind die weltgesellschaftliche Politiksystemebene und die Ebene der Nationalstaaten durch Strukturvorgaben miteinander verknüpft: Als ein Funk-tionssystem der Weltgesellschaft ist das Politiksystem bereits mit der Entstehung der europäischen Nationalstaaten ab dem 18. Jahrhundert intern in Nationalstaa-ten segmentiert (vgl. Stichweh 2000, S. 7). Hier verweist eine gewisse Gleichförmig-keit der inneren Gestaltung der Politiksystemsegmente wiederum auf weltgesell-schaftliche Strukturvorgaben:

Der Staat faßt sich unter den Prämissen der Nationalstaatlichkeit selbst als ein Instru-ment auf, das dazu dient, die Verwirklichung der Interessen der Nation zu optimieren – und genau diese Selbstauffassung liegt im System der Weltgesellschaftlichkeit in der Form einer normativen Erwartung an Staatlichkeit vor. (Stichweh 2000, S. 58)

Dazu gehört, dass im Zuge der weltumspannenden Entstehung von Nationalstaaten mit dem Status der *Staatsangehörigkeit* allmählich Vollinklusion postuliert wird: Jedes Individuum der Weltgesellschaft solle einem Staate angehören und durch

---

[3] Zur Kritik an der Umsetzung dieses neuen Geschlechtermodells vgl. Lewis (2007).
[4] Der Report ist nicht mehr erhältlich. Vgl. für einen inhaltlichen Überblick: www.oecd.org/officialdocuments/publicdisplaydocumentpdf/?cote=OCDE/GD(93)69&docLanguage=En. Zugegriffen: 06. Januar 2012.

dessen allgemein bindende Entscheidungen berücksichtigt werden (vgl. Grawert
1984, S. 180). Die Inklusionsprogrammatiken der meisten Nationalstaaten zielen
folglich – zumindest bis Ende des 20. Jahrhunderts (zum Paradigmenwechsel vgl.
z. B. Weinbach 2005) – auf einen weitest möglichen Ausschluss von Ausländern.
Universale Menschenrechte und partikularistische Staatsbürgerrechte bilden hier
zwei Seiten einer Medaille.

Die *zunehmende Verdichtung weltgesellschaftlicher Kommunikation* ab Mitte des
20. Jahrhunderts führt allmählich zur Ausbuchstabierung des weltgesellschaftli-
chen Postulats der Vollinklusion durch internationale Organisationen (vgl. Stichweh 2000, S. 59). Mit der UN-Charta und der Allgemeinen Erklärung der Menschenrechte werden erstmals allgemein gültige Standards für politische und soziale
Staatsbürgerrechte festgesetzt und als weltgesellschaftliche Strukturvorgaben an
die einzelnen Nationalstaaten herangetragen. Verschiedene Menschenrechtskon-
ventionen der Vereinten Nationen, wie das *Übereinkommen zur Beseitigung jeder
Form von Diskriminierung der Frau* (1979/1981), folgen nach (zu Menschenrechten
vgl. Koenig 2005, S. 66–84; zu Frauenrechten z. B. Heintz et al. 2006).

Die Allgemeine Erklärung der Menschenrechte wirkt in Deutschland bereits auf
den Entwurf des Grundgesetzes, das schließlich zwischen Deutschenrechten und
Jedermannrechten unterscheidet (vgl. Hinken 1998, S. 257), und motiviert Forderungen nach einer verfassungsrechtlichen Codierung geschlechtlicher Gleichberechtigung sowie der Beseitigung des patriarchalen Ehe- und Familienrechts. Mit
den arbeitsmarkt- und beschäftigungspolitischen Vorschlägen der OECD aus den
1990er Jahren, die von der Europäischen Union aufgegriffen, in eine eigene Politik-
strategie transformiert und an ihre Mitgliedsstaaten weitergeleitet werden, geraten
die bis dahin weitgehend unangetastet gebliebenen Institutionen des wohlfahrtsstaatlichen Dreiecks, die bei der Festschreibung der geschlechtlichen Arbeitsteilung maßgeblich mitwirken, in den reformatorischen Fokus. Das Instrument des
Gender Mainstreaming – ebenfalls ein Produkt weltgesellschaftlicher Kommunikation, „auf der dritten Weltfrauenkonferenz der Vereinten Nationen 1985 in Nairobi
diskutiert und auf der vierten Weltfrauenkonferenz 1995 in Peking als neue Gleich-
stellungsstrategie propagiert" (Meuser und Neusüß 2004, S. 9) – wird nun von der
Europäischen Beschäftigungsstrategie (vgl. dazu Pilz 2010) aufgegriffen und soll
die Erwerbsquote von Frauen, auch mit kleinen Kindern, systematisch erhöhen
helfen. Dem liegen Projektionen zugrunde, wonach der europäische Wirtschafts-
raum nur bei einer deutlichen Erhöhung der Beschäftigungsquote sichergestellt
werden könne, und auf den demographischen Wandel und die daraus folgende
Arbeitskräfteknappheit sowie die Gefährdung der Sozialsysteme durch Einbezug
bislang arbeitsmarktferner Bevölkerungsgruppen (vor allem Ältere, Behinderte,
Frauen, aber auch Niedrigqualifizierte) reagiert werden müsse.

Wie im 19. Jahrhundert, so sieht sich der heutige (europäisierte) nationale Wohlfahrtsstaat also durch einen *Mangel* an hinreichend vielen und wiederholbaren funktionsspezifischen Interaktionen herausgefordert (vgl. auch oben, Abschn. 2.3). Abermals antwortet er darauf mit dem Abbau von Inklusionsbeschränkungen. Bezog er sich dabei im 19. Jahrhundert – unter Bezug auf national-demokratische und wirtschafts-liberale Werte – auf die ständischen Institutionen, welche weiterhin in die bereits weitgehend funktional differenzierte Gesellschaft hineinragten, so fokussieren die heutigen wohlfahrtsstaatlichen Bemühungen auf den Abbau derjenigen Bereiche des wohlfahrtsstaatlichen Dreiecks, die zur Verfestigung der geschlechtlichen Arbeitsteilung bei aller formalen Gleichstellung weiterhin beitragen. Die geschlechterpolitische Unterfütterung mit Gleichberechtigungsnormen dient dabei vermutlich vor allem der Herstellung von *commitment*, dessen diese Politik der De-Kommodifizierung so dringend bedarf. In einem Papier der Europäischen Kommission heißt es entsprechend wertegeladen:

> Wirtschaftliche Unabhängigkeit ist eine Voraussetzung dafür, dass Frauen und Männer ihr Leben selbstbestimmt gestalten können. Dies ist in der Regel dann der Fall, wenn sie ihren Lebensunterhalt selbst verdienen. (Europäische Kommission 2010, S. 4)

5 Geschlechtliche Identitäten

Hatte das Zweigeschlechtermodell des modernen Nationalstaats dazu geführt, die wohlfahrtsstaatlichen Institutionen geschlechtlicher Arbeitsteilung an das Konzept vom naturgegebenen Geschlechtskörper rückzubinden, so wird die geschlechtliche Arbeitsteilung heute als Ergebnis sozialer Konstruktionsleistungen begriffen. Männliche und weibliche Geschlechtsidentitäten sind vielgestaltiger geworden und können sogar vom Geschlechtskörper abweichen. Gesetzgebung und Rechtsprechung der letzten Jahre belegen das anschaulich. So ist mit dem Lebenspartnerschaftsgesetz das heterosexuelle Privileg der Trauung und Gründung einer Kleinfamilie weitgehend aufgehoben worden.[5] Vor diesem Hintergrund hat das Bundesverfassungsgericht im Januar 2011 anerkannt, dass die Geschlechts*identität* und nicht der Geschlechts*körper* der zum Lebensbund entschlossenen Leute dafür entscheidend ist, ob die Form der Ehe oder die einer eingetragenen Partnerschaft als angemessen zu gelten habe: Eine mit männlichen äußeren Geschlechtsmerkmalen geborene transsexuelle Frau, die zwar einen weiblichen Vornamen angenommen

---

[5] Auch wenn die gemeinsame Adoption noch ausgeschlossen ist, so dürfen die verpartnerten PartnerInnen in Deutschland aktuell zumindest Pflegekinder bei sich aufnehmen.

hatte, ohne allerdings eine Änderung des Personenstands mit dem dazu notwendi-
gen operativen Eingriff anzustreben, hat erfolgreich eingeklagt, sich mit ihrer Le-
benspartnerin verpartnern zu dürfen und nicht auf die Form der Heirat verwiesen
zu sein. Das Bundesverfassungsgericht begründet sein Urteil u. a. wie folgt:

> Die Dauerhaftigkeit und Irreversibilität des empfundenen Geschlechts bei Transsexu-
> ellen lässt sich nicht am Grad der operativen Anpassung ihrer äußeren Geschlechts-
> merkmale messen, sondern vielmehr daran, wie konsequent sie in ihrem empfundenen
> Geschlecht leben. (Bundesverfassungsgericht, Pressestelle 2011)

Das Bundesverfassungsgericht übernimmt hier die gendertheoretische Perspektive, der zufolge geschlechtliche Identitäten den Status sozialer Konstruktionen besitzen. Dass sich diese Sichtweise auf die Kategorie Geschlecht zunehmend durchsetzt,[6] lässt sich im Anschluss an Luhmann auf die fortgeschrittene funktionale
Differenzierungsform der ‚postmodernen' Gesellschaft zurückführen. Demnach
sind die Individuen immer nur temporär und nach Maßgabe funktionaler Bedar-
fe in die gesellschaftlichen Funktionsbereiche inkludiert (im Moment einer Geldzahlung in Wirtschaft, im Moment der politischen Wahl in Politik, beim Gottes-
dienstbesuch in Religion etc.); ihr ‚eigentlicher' Ort ist außerhalb der Gesellschaft.
Im Unterschied zur stratifizierten Gesellschaft wird die strukturelle Kopplung der
verschiedenen Funktionsbereiche hier nicht länger durch die „Einheit der Person"
(Kieserling 1999, S. 252) hergestellt. Individuen repräsentieren daher nicht länger
die Gesellschaft, sondern lediglich sich selbst. Interaktionssysteme reflektieren diesen Tatbestand, indem sie Personen als Bündel aus mehr oder weniger individuell zusammengestellten internen und externen Rollenverpflichtungen beobachten
(Weinbach 2007; siehe auch Luhmann 1997, S. 815). Welche jeweils externen eigenen Rollen in der konkreten Interaktion dabei als *plausibel* gelten, wird zum einen
über die Konditionierung sozialer Funktionsrollen – z. B. die Rolle der Arbeitneh-
merin während der Arbeitszeit –, zum anderen über Personenstereotype nahe gelegt. Bei Luhmann heißt es: „Da die Anwesenden sich als Personen sichtbar und
hörbar aufdrängen, kann an ihnen erkennbar werden, was sie außerhalb der Interaktion sonst noch zu tun haben. Wenn dies sich nicht von selbst versteht, weisen sie
darauf hin." (Luhmann 1997, S. 15). Auf der Folie dieser funktionalen Differenzierungsform wird die heteronormative Geschlechterdifferenz traditionellerweise dadurch hergestellt, dass Frauen in Interaktionen typischerweise externe Rollenverpflichtungen in Bezug auf Familie und Kinder unterstellt werden – und dass diese

---

[6] Zum Beispiel jüngst mit der deutschen Reform des Personenstandsrechts, die am 1.11.2013
in Kraft getreten ist.

Annahme selbst geschlechts*neutrale* Rollenerwartungen an sie geschlechtstypisch einfärben kann (dazu Weinbach 2004, S. 99):

> Selbst bei gleich(wertig)er Qualifikation und damit perfekter Substituierbarkeit am Arbeitsmarkt bleibt ‚Geschlecht' die Achillesferse der Egalisierung. Die erwartete geringere ‚Verfügbarkeit' von Frauen ist das zentrale diskriminierende Handicap für Frauen im Beruf. (Pasero und Ohlendiek 2003, S. 28)

Diese stereotyp unterstellte geringere Verfügbarkeit von Frauen reflektiert bislang die makrosozialen Strukturen eines wohlfahrtsstaatlichen Dreiecks, dessen Institutionen die geschlechtliche Arbeitsteilung abstützten, in Deutschland aber seit Anfang des 21. Jahrhunderts zunehmend unter Reformdruck stehen (siehe Abschnitt 4). Auf der Folie dieser Entwicklung wird die traditionelle Verknüpfung weiblicher Personenstereotype mit Familienpflichten vermutlich zunehmend gelockert werden, z. B. als Resultat familienpolitischer Programme zur Herstellung familienfreundlicher Beschäftigungsverhältnisse:

> Während beispielsweise die Kinderbetreuungsfrage noch überwiegend als Frauenproblem wahrgenommen wurde, rückt bei der DCC-Förderung [Dual Career Couple-Förderung; C. W.] erstmals das Privatleben des Mannes offiziell als positiv konnotierte Begleiterscheinung seiner Identität als Wissenschaftler in den Fokus. (Woelki und Väth 2010, S. 206)

6 Schluss

Der vorliegende Text knüpft an wichtige Einsichten der Geschlechterforschung an, denen zufolge das moderne Zweigeschlechtermodell eine Erfindung der modernen Gesellschaft ist. Die mit diesem Zweigeschlechtermodell verknüpften Inklusionsbeschränkungen für die (vor allem: verheiratete) Frau stehen dabei bereits von Anfang an im Widerspruch zum Postulat der Vollinklusion, das die funktional differenzierte Gesellschaft verficht. Weltgesellschaftliche Gleichberechtigungsnormen führen seit Mitte des 20. Jahrhunderts zwar zu einer zunehmenden Individualisierung auch der verheirateten Frau, werden jedoch zugleich durch die wohlfahrtsstaatliche Institutionalisierung des normativ geltenden *male breadwinner model* weiterhin konterkariert. Erst die systematische Vertiefung der europäischen Integration, wie sie vor allem seit der Europäischen Beschäftigungsstrategie vorangetrieben wird, führt zu einer systematischen Reform der wohlfahrtsstaatlichen Institutionen geschlechtlicher Arbeitsteilung in Orientierung am *individual adult worker model*.

Aus systemtheoretischer Sicht bestärken diese jüngeren wohlfahrtsstaatlichen Reformen die Vermutung, dass die geschlechtliche Arbeitsteilung und die auf sie bezogenen Geschlechterstereotype innerhalb der kapitalistisch geprägten Gesellschaft weniger eine gesellschaftliche Strukturkategorie darstellen, ihre sozialstrukturelle Relevanz dagegen vielmehr als *Übergangsphänomen* verstanden werden kann. Seinen Ort hat die Kategorie Geschlecht demnach, anders als z. B. Gudrun Axeli Knapp (in diesem Band) konstatiert, weniger auf der Makro- als vielmehr auf der Meso-Ebene, wo sie als wichtiger Bezugspunkt für die wohlfahrtsstaatliche Verknüpfung der funktional orientierten Institutionen zu einer Ebene sekundärer Ordnungsbildung fungiert hat und in weiten Teilen noch fungiert. Mit dem aktuellen Umbau dieser Ebene sekundärer Ordnungsbildung wird auf die individualisierte Inklusion aller Individuen abgezielt und soll der soziale Staatsbürgerstatus der verheirateten Frau seine Vermitteltheit verlieren. Männer und Frauen sollen nun gleichermaßen an Erwerbsarbeit teil- und Zugang zum Inklusionsmedium Geld haben. Was letztlich für alle Geschlechter bleibt, ist die Geldabhängigkeit der Inklusion vermittelnden Organisationen – das Problem *limitierter Inklusion als Normalfall*. Der aktivierende Sozialstaat adressiert es an alle Individuen – mit dramatischen Folgen für die Ausgestaltung der Familienarbeit sowie die geschlechtliche Identität der Individuen (vgl. dazu z. B. die Sammelbände Leitner et al. 2004b; Manske und Pühl 2010). Damit setzt sich zugleich die Form funktionaler Gesellschaftsdifferenzierung weiter durch.

Literatur

Becker-Schmidt, Regina. 1987. Frauen und Deklassierung, Geschlecht und Klasse. In *Klasse Geschlecht. Feministische Gesellschaftsanalyse und Wissenschaftskritik*, Hrsg. Ursula Beer, 187–235. Bielefeld.

Becker-Schmidt, Regina. 1998. Trennung, Verknüpfung, Vermittlung: Zum feministischen Umgang mit Dichotomien. In *Kurskorrekturen. Feminismus zwischen Kritischer Theorie und Postmoderne*, Hrsg. Gudrun-Axeli Knapp, 84–125. Frankfurt a. M.

Bommes, Michael. 1999. *Migration und nationaler Wohlfahrtsstaat. Ein differenzierungstheoretischer Entwurf*. Opladen.

Bundesverfassungsgericht, Pressestelle. 2011. *Pressemitteilung Nr. 2/2011 vom 28. Januar 2011 über den Beschluss vom 11. Januar 2011, 1 BvR 3295/07*. www.bundesverfassungsgericht.de/pressemitteilungen/bvg11-007. Zugegriffen: 20. September 2011.

Deutschmann, Christoph. 2009. Geld als universales Inklusionsmedium moderner Gesellschaften. In *Inklusion und Exklusion: Analysen zur Sozialstruktur und sozialen Ungleichheit*, Hrsg. Rudolf Stichweh und Paul Windolf, 223–239. Wiesbaden.

Dörre, Klaus. 2007. Prekarisierung und Geschlecht. Ein Versuch über unsichere Beschäftigung und männliche Herrschaft in nachfordistischen Arbeitsgesellschaften. In *Arbeit und Geschlecht im Umbruch der modernen Gesellschaft. Forschung im Dialog*, Hrsg. Brigitte Aulenbacher, Maria Funder, Heike Jakobsen und Susanne Völker, 285–301. Wiesbaden.

Europäische Kommission. 2010. *Mitteilung der Kommission an das Europäische Parlament, den Rat, den Europäischen Wirtschafts- und Sozialausschuss und den Ausschuss der Regionen. Strategie für die Gleichstellung von Frauen und Männern 2010–2015*, KOM/2010/0491 endg. http://eur-lex.europa.eu/LexUriServ/LexUriServ.do?uri=CE-LEX:52010DC0491:DE:NOT. Zugegriffen: 20. September 2011.

Frevert, Ute. 1995. *„Mann und Weib, und Weib und Mann". Geschlechterdifferenzen in der Moderne*. München.

Göbel, Markus, und Johannes F. K. Schmidt. 1998. Inklusion/Exklusion: Karriere, Probleme und Differenzierungen eines systemtheoretischen Begriffspaares. *Soziale Systeme. Zeitschrift für soziologische Theorie* 4 (1): 87–117.

Gottschall, Karen. 2000. *Soziale Ungleichheit und Geschlecht. Kontinuitäten und Brüche, Sackgassen und Erkenntnispotentiale im deutschen soziologischen Diskurs*. Opladen.

Grawert, Rolf. 1984. Staatsangehörigkeit und Staatsbürgerschaft. *Der Staat* 23: 179–204.

Hausen, Karen. 1986. Die Polarisierung der „Geschlechtscharaktere" – Eine Spiegelung der Dissoziation von Erwerbs- und Familienleben. In *Frauenmacht in der Geschichte. Beiträge des Historikerinnentreffens 1985 zur Frauengeschichte*, Hrsg. Jutta Dalhoff, 363–393. Düsseldorf.

Heidenreich, Martin. 2004. Beschäftigungsordnungen zwischen Exklusion und Inklusion. Arbeitsmarktregulierende Institutionen im internationalen Vergleich. *Zeitschrift für Soziologie* 33 (3): 206–227.

Heintz, Bettina, Dagmar Müller und Heike Schiener. 2006. Menschenrechte im Kontext der Weltgesellschaft. Die weltgesellschaftliche Institutionalisierung von Frauenrechten und ihre Umsetzung in Deutschland, der Schweiz und Marokko. *Zeitschrift für Soziologie* 35 (6): 424–448.

Hinken, Günter. 1998. Die Rolle der Staatsangehörigkeit bei der Konzeption des Grundgesetzes. In *Einwanderung und Einbürgerung in Deutschland. Jahrbuch Migration 1997/1998. Studien zu Migration und Minderheiten*, Bd. 6, Hrsg. Dietrich Thränhardt, 179–264. Münster.

Kaufmann, Franz-Xaver. 1997. Geht es mit der Integrationsfunktion des Sozialstaates zu Ende? In *Differenz und Integration. Die Zukunft moderner Gesellschaften Bd. 1. Verhandlungen des 28. Kongresses der Deutschen Gesellschaft für Soziologie in Dresden 1996*, Hrsg. Stefan Hradil, 135–153. Frankfurt a. M.

Kieserling, André. 1999. *Kommunikation unter Anwesenden. Studien über Interaktionssysteme*. Frankfurt a. M.

Koenig, Matthias. 2005. *Menschenrechte*. Frankfurt a. M.

Kohli, Martin. 2003. Der institutionalisierte Lebenslauf: ein Blick zurück und nach vorn. In *Entstaatlichung und soziale Sicherheit*, Hrsg. Jutta Allmendinger, 525–545. Opladen.

Krüger, Helga. 1995. Prozessuale Ungleichheit. Geschlecht und Institutionenverknüpfung im Lebenslauf. In *Sozialstruktur und Lebenslauf*, Hrsg. Peter A. Berger und Peter Sopp, 133–153. Opladen.

Kucklick, Christoph. 2008. *Das unmoralische Geschlecht. Zur Geburt der Negativen Andrologie*. Frankfurt a. M.

Laqueur, Thomas. 1992. *Auf den Leib geschrieben. Die Inszenierung der Geschlechter von der Antike bis zu Freud*. Frankfurt a. M.

Leitner, Sigrid, Ilona Ostner und Margit Schratzenstaller. 2004a. Einleitung: Was kommt nach dem Ernährermodell? Sozialpolitik zwischen Re-Kommodifizierung und Re-Familialisierung. In *Wohlfahrtsstaat und Geschlechterverhältnis im Umbruch. Was kommt nach dem Ernährermodell?* Hrsg. Sigrid Leitner Ilona Ostner, und Margit Schratzenstaller, 9–27. Wiesbaden.

Leitner, Sigrid, Ilona Ostner und Margit Schratzenstaller, Hrsg. 2004b. *Wohlfahrtsstaat und Geschlechterverhältnis im Umbruch. Was kommt nach dem Ernährermodell?* Wiesbaden.

Leupold, Andrea. 2003. Liebe und Partnerschaft: Formen der Codierung von Ehe. In *Frauen, Männer, Gender Trouble. Systemtheoretische Essays,* Hrsg. Ursula Pasero und Christine Weinbach, 217–274. Frankfurt a. M.

Lewis, Jane. 2007. Arbeit, Familie und Gleichstellung. Politikentwicklung auf europäischer Ebene. *Kurswechsel* 1: 48–61.

Luhmann, Niklas. 1965. *Grundrechte als Institution. Ein Beitrag zur politischen Soziologie.* Berlin.

Luhmann, Niklas. 1975a. *Macht.* Stuttgart.

Luhmann, Niklas. 1975b. *Soziologische Aufklärung 2. Aufsätze zur Theorie der Gesellschaft.* Opladen.

Luhmann, Niklas. 1977. *Funktion der Religion.* Frankfurt a. M.

Luhmann, Niklas. 1982. *Liebe als Passion. Zur Codierung von Intimität.* Frankfurt a. M.

Luhmann, Niklas. 1987. *Soziale Systeme. Grundriß einer allgemeinen Theorie.* Frankfurt a. M.

Luhmann, Niklas. 1988. *Die Wirtschaft der Gesellschaft.* Frankfurt a. M.

Luhmann, Niklas. 1990. *Soziologische Aufklärung 5. Konstruktivistische Perspektiven.* Opladen.

Luhmann, Niklas. 1995. *Soziologische Aufklärung 6. Die Soziologie und der Mensch.* Opladen.

Luhmann, Niklas. 1997. *Die Gesellschaft der Gesellschaft.* Frankfurt a. M.

Luhmann, Niklas. 2000. *Organisation und Entscheidung.* Opladen.

Luhmann, Niklas, und Eberhard Schorr. 1988. *Reflexionsprobleme im Erziehungssystem.* Frankfurt a. M.

Manske, Alexandra, und Katharina Pühl, Hrsg. 2010. *Prekarisierung zwischen Anomie und Normalisierung. Geschlechtertheoretische Bestimmungen.* Münster.

Meuser, Michael, und Claudia Neusüß. 2004. Gender Mainstreaming – eine Einführung. In *Gender Mainstreaming. Konzepte – Handlungsfelder – Instrumente,* Hrsg. Michael Meuser und Claudia Neusüß, 9–22. Bonn.

Münch, Richard. 2006. Religiöse Pluralität im nationalen Verfassungsstaat. Funktionale Grundlagen und institutionelle Formung aktueller Konflikte. *Berliner Journal für Soziologie* 16 (4): 463–484.

OECD. 1991. *Shaping structural change: The role of women. Report by a high level group of experts to the secretary-general.* Paris.

Parsons, Talcott, und Neil J. Smelser. 1956. *Economy and society. A study in the integration of economic and social theory.* London.

Pasero, Ursula. 2010. Systemtheorie: Perspektiven in der Genderforschung. In *Handbuch Frauen- und Geschlechterforschung. Theorie, Methoden, Empirie.* 3., erw. und durchges. Aufl., Hrsg. Ruth Becker und Beate Kortendiek, 252–256. Opladen.

Pasero, Ursula, und Lutz Ohlendiek. 2003. Gary S. Becker revisited: Rational Choice, Humankapital, Diskriminierung. In *Gender – From costs to benefits,* Hrsg. Ursula Pasero, 15–30. Wiesbaden.

Pilz, Lars O. 2010. *Von der Europäischen Beschäftigungsstrategie zur Integration der Beschäftigungspolitik in der Europäischen Union?* Baden-Baden.

Riegraf, Birgit. 2007. Der Staat auf dem Weg zum kundenorientierten Dienstleistungsunternehmen? New Public Management geschlechtsspezifisch analysiert. In *Arbeit und Ge-*

schlecht im Umbruch der modernen Gesellschaft. Forschung im Dialog, hrsg. Brigitte Aulenbacher, Maria Funder, Heike Jakobsen und Susanne Völker, 78–94. Wiesbaden.

Rousseau, Jean-Jacques. 1995. *Emile oder Über die Erziehung*. Stuttgart.

Schwab, Dieter. 1975. Familie. In *Geschichtliche Grundbegriffe. Historisches Lexikon zur politisch-sozialen Sprache in Deutschland*, Bd. 2, Hrsg. Otto Brunner, Werner Conze und Reinhard Koselleck, 253–301. Stuttgart.

Schwinn, Thomas. 2001. Staatliche Ordnung und moderne Sozialintegration. *Kölner Zeitschrift für Soziologie und Sozialpsychologie* 53 (2): 211–232.

Schwinn, Thomas. Hrsg. 2004. *Differenzierung und soziale Ungleichheit. Die zwei Soziologien und ihre Verknüpfung*. Frankfurt a. M.

Soysal, Yasemin Nuhoglu. 1994. *Limits of citizenship. Migrants and postnational membership in Europe*. Chicago.

Stichweh, Rudolf. 2000. *Die Weltgesellschaft. Soziologische Analysen*. Frankfurt a. M.

Walby, Sylvia. 1994. Is citizenship gendered? *Sociology* 28 (2): 379–395.

Weinbach, Christine. 2002. Systemtheorie und Gender. Überlegungen zum Zusammenhang von politischer Inklusion und Geschlechterdifferenz. *Soziale Systeme. Zeitschrift für Soziologische Theorie* 8 (2): 307–332.

Weinbach, Christine. 2004. *Systemtheorie und Gender. Das Geschlecht im Netz der Systeme.* Wiesbaden.

Weinbach, Christine. 2005. Europäische Konvergenzen: Zur Restitution von Staatsangehörigkeit in Deutschland, Frankreich und Großbritannien. *Berliner Journal für Soziologie* 15 (2): 199–218.

Weinbach, Christine. 2007. Überlegungen zu Relevanz und Bedeutung der Geschlechterdifferenz in funktional gerahmten Interaktionen. In *Geschlechtliche Ungleichheit in systemtheoretischer Perspektive*, Hrsg. Christine Weinbach, 141–164. Wiesbaden.

Weinbach, Christine. 2010. Hyperinklusion durch Hartz IV. Differenzierungstheoretische Überlegungen zur „Modernisierung" der Geschlechterrollen im SGB II. In *Prekarisierung zwischen Anomie und Normalisierung. Geschlechtertheoretische Bestimmungen*, Hrsg. Alexandra Manske und Katharina Pühl, 133–164. Münster.

Weinbach, Christine, und Rudolf Stichweh. 2001. Die Geschlechterdifferenz in der funktional differenzierten Gesellschaft. In *Geschlechtersoziologie. Sonderheft 41 der Kölner Zeitschrift für Soziologie und Sozialpsychologie*, Hrsg. Bettina Heintz, 30–52. Wiesbaden.

Wobbe, Theresa. 2000. *Weltgesellschaft*. Bielefeld.

Wobbe, Theresa. 2005. Die Verortung Europas in der Weltgesellschaft. Historische Europasemantik und Identitätspolitik der Europäischen Union. In *Weltgesellschaft. Theoretische Zugänge und empirische Problemlagen*, Hrsg. Bettina Heintz, Richard Münch und Hartmann Tyrell, 348–373. Stuttgart.

Wobbe, Theresa. 2012. Making up people: Berufsstatistische Klassifikation, geschlechtliche Kategorisierung und wirtschaftliche Inklusion. *Zeitschrift für Soziologie* 41 (1): 41–57.

Woelki, Marion, und Anke Väth. 2010. Gibt es ein Patentrezept für eine erfolgreiche Doppelkarriereförderung? Eine Reflexion aus der Gleichstellungsarbeit. In *Dual Career Couples an Hochschulen. Zwischen Wissenschaft, Praxis und Politik*, Hrsg. Elke Gramespacher, Julia Funk und Iris Rothäusler, 195–211. Opladen.